W0196845

JOSEF MEINRAD

»DA STREITEN SICH
DIE LEUT HERUM ...«

Aufgezeichnet von Gerd Holler

Mit 100 Abbildungen
und Dokumenten

WILHELM HEYNE VERLAG

MÜNCHEN

HEYNE SACHBUCH
19/592

Bildnachweis

Umschlagbild: Theatermuseum Wien; 1, 2 (S. Weitzmann, Wien); 4 (Hugo Gottschlich); 3, 5, 6, 12, 13, 14, 20, 24, 26, 33, 40, 52 (Privatarchiv J. Meinrad); 7, 9 (Wiener Mundus-Film); 8, 10, 16, 22, 35, 36, 39, 48 (Burgtheater Wien); 11 (Wien-Film); 15 (Paula Wessely Filmproduktion); 17 (Erma-Film, Wien); 18 (Johann Klinger, Wien); 19, 28, 29, 31 (Thalia-Film, Wien); 21 (Henk Jonker, Amsterdam); 23 (Foto Grimm, Berlin); 25 (Foto Stepan, Wien); 27 (Foto Brünjes, UFA); 30 (Foto Matignon, Paris); 32 (NDR Hamburg); 34 (Gamma-Film); 37 (Foto ZDF); 38 (Bruno Bernard); 41 (Ernst Kainersdorfer, Wien); 42 (Barbara Leppert, München); 43, 44, 45, 46, 47 (Janos Kálmar, Wien); 49 (Johann Kaspar Plaas, Augsburg); 50, 60 (ORF Fotodienst); 51, 55, 56, 57, 59 (Herbert Hübner, Wien); 53 (Photo Agency Donald Southern, London); 54 (Photo Victor Mor, Wien); 58 (Foto Votava, Wien); 61 (Teuto press, Bielefeld); 62, 63, 64 (Gerd Holler, Baden)

Der Autor konnte in einzelnen Fällen die Inhaber der Rechte an den reproduzierten Abbildungen nicht zweifelsfrei ausfindig machen. Er bittet, ihm eventuell bestehende Ansprüche mitzuteilen.

Besuchen Sie uns im Internet:
http://www.heyne.de

Umwelthinweis:
Dieses Buch wurde auf
chlor- und säurefreiem Papier gedruckt.

Ungekürzte Taschenbuchausgabe
im Wilhelm Heyne Verlag GmbH & Co. KG, München
Copyright © 1995 by Amalthea in der
F. A. Herbig Verlagsbuchhandlung GmbH, Wien, München
Printed in Germany 1998
Umschlagillustration: Deutsche Presse-Agentur/Bachmann, München
Umschlaggestaltung: Atelier Ingrid Schütz, München
Gesamtherstellung: Presse-Druck, Augsburg

ISBN 3-453-13881-3

*»Sie, lieber Josef Meinrad, sind für
mich in Ihrer Einfachheit, Ihrer
Schlichtheit, Ihrer Wahrhaftigkeit
der Würdigste.«*

Werner Krauß

Inhalt

Vorwort

Den eigentlichen Anstoß zu diesem Buch gaben die unzähligen Glückwunschschreiben zu Josef Meinrads achtzigstem Geburtstag vor zwei Jahren, die zu beantworten Meinrads Kräfte überstieg. So half ich als langjähriger Freund des Hauses bei der Abfassung der Dankesbriefe, und die zahllosen, in ehrlicher Bewunderung geschriebenen Briefe auch von hohen und höchsten Persönlichkeiten ließen in mir die Absicht reifen, das künstlerische Lebenswerk Josef Meinrads in seinem ganzen Umfang festzuhalten.

Solange Josef Meinrad auf der Bühne stand, hätte er in seiner bekannten Bescheidenheit nie in eine Biographie eingewilligt. Doch nun, nach Jahren des Abstands, erscheint sein Theaterleben ihm selbst wie ein ferner Traum; mit Staunen und Dankbarkeit betrachtet er Fotos, liest alte Rezensionen. Hätte ein Außenstehender begonnen, die Unterlagen zu sichten und das Privatleben zu erkunden, so hätte das wohl viel Unruhe in das beschaulich gewordene Leben gebracht. Mir als langjährigem Freund und Arzt und gerngesehenem Gast im Hause Meinrad stellte Frau Germaine die umfangreichen Ordner und Kartons bereitwillig zur Verfügung. Nach jedem Aufenthalt in Großgmain fuhr ich mit neuem Material nach Baden zurück. Vieles war von Frau Germaine sorgfältig archiviert worden, aber ebensoviel lagerte noch ungeordnet in großen Mappen – Korrespondenzen, alte Verträge, Programmzettel, Zeitungsausschnitte, Verehrerpost. Als wertvollste Hilfe für die Chronologie erwies sich das handschriftlich verfaßte Büchlein »Meine Vorstellungen«, in dem jede Vorstellung festgehalten ist: Siebentausendzweihundertsiebenundzwanzig Bühnenauftritte, penibel ergänzt mit Zeit und Ort, mit Stück und Autor, mit Rolle und Regisseur.

Von Anfang an war klar, daß diese Künstlerlaufbahn vor allem von ihrer beruflichen Seite zu erfassen war. Das Privatleben Josef Meinrads verlief unspektakulär, ohne Skandale. Nicht das laute Gesellschaftsleben, sondern die stille Häuslichkeit und der kleine Kreis der Freunde bedeuteten für den Schauspieler die einzig wahre Erholung. Das umfassende Künstlerporträt ergibt sich somit ausschließlich aus der Dokumentation. Anhand von Interviews und Rezensionen wird der Werdegang des beliebten und vielseitigen Schauspielers aufgezeichnet.

Dieses Buch wurde nicht im theaterwissenschaftlichen Sinne verfaßt, sondern für ein größeres Publikum geschrieben, das sich bis heute, nach Jahren künstlerischer Abstinenz, an den großen Schauspieler und seine Glanzleistungen erinnert. Sein *Valentin,* sein *Weinberl,* sein *Schnoferl* und *Nebel,* sein *Kampl* und *Fortunatus Wurzel,* sein *Liliom,* sein *Theodor* und sein *Don Quichotte* – unvergeßliche Eindrücke, die durch TV-Aufzeichnungen auch einem größeren Publikum zugänglich gemacht wurden. Diese Höhepunkte sowie der gesamte Werdegang des Künstlers werden hier erstmals dokumentiert.

Baden bei Wien, im Juni 1995   Dr. Gerd Holler

1
Kindheit und Jugend

> *Das Theater ist der seligste*
> *Schlupfwinkel derjenigen, die ihre*
> *Kindheit heimlich in die Tasche*
> *gesteckt und sich auf und davon*
> *gemacht haben, um bis an ihr*
> *Lebensende weiterzuspielen.«*
>
> Max Reinhardt

D ie amtliche »Wiener Zeitung« meldete am Dienstag, den 22. April 1913, die innen- und außenpolitischen Vorkommnisse des Vortages. Die wichtigste Meldung vom Montag lautete:
»Seine k. u. k. Apostolische Majestät haben mit Allerhöchster Entschließung vom 1. April d. J. den Propst des lateranischen Chorherrnstiftes Klosterneuburg, Friedrich Piffl, zum Fürst-Erzbischof von Wien allergnädigst zu ernennen geruht.«
In den Auslandsnachrichten stand der Generalstreik in Belgien an der Spitze, gefolgt von den Nachrichten aus Belgrad. Dort forderte die Serbische Kaufmannschaft die Regierung auf, den Boykott österreichisch-ungarischer Waren rigoros durchzuführen. Zugleich gab Belgrad bekannt, daß die diesjährigen Feiern auf dem Amselfeld besonders festlich begangen werden würden. In Brest lief das französische Schlachtschiff »Bretagne« vom Stapel, und in Villacoubley stürzte Leutnant Deblamont mit seinem Aeroplan zu Tode.
Die Nachrichten aus dem Inland nahmen sich dagegen bescheiden aus: Die ehemalige Wiener Schauspielerin Betti Banini feierte ihren hundertsten Geburtstag, im Burgtheater wurde am Montag *Husarenfieber* gespielt, und der

Fleischhauergeselle Anton Böhm war mit dem Fahrrad gestürzt und hatte sich einen Schenkelhalsbruch zugezogen. Das Wiener Gesundheitsamt hatte die Infektionskrankheiten der einzelnen Bezirke der letzten Woche bekanntgegeben. Danach erkrankten im 17. Bezirk (Hernals) neun Kinder an Scharlach, vier an Diphtherie, elf an Masern, zwölf an Keuchhusten, vier an Windpocken und drei an Mumps. Dem verantwortlichen Redakteur der »Wiener Zeitung« kann heute natürlich kein Vorwurf mehr gemacht werden, daß er – obwohl er im innenpolitischen Teil nur Nichtigkeiten gemeldet hatte – nicht auch die Geburt eines gewissen Josef Moučka draußen in Hernals für erwähnenswert hielt.

Am 21. April wurde dem Ehepaar Franz und Katharina Moučka im 17. Wiener Gemeindebezirk ein Knabe geboren. Neun Tage später erhielt er bei der Taufe in der nahen Marienkirche den Namen Josef. Die Familie Moučka war eine kinderreiche Familie und die Wohnung zu ebener Erde, an die noch ein kleines Milchgeschäft angeschlossen war, sehr beengt. Es war eine dieser typischen »Bassena-Wohnungen« aus der Gründerzeit, in der Zinshäuser am laufenden Band entstanden: ein kleines Vorzimmer, eine winzige Küche und zwei mittelgroße Zimmer. Hier wohnten, als Josef zur Welt kam, zwei Erwachsene und sechs Kinder.
Franz Moučka, 1858 in Krumoviř in Mähren geboren, war Sohn eines Kleinhäuslers. Sein Vater war früh gestorben, und so mußte er die bescheidene Wirtschaft, deren Ertrag kaum zum Überleben reichte, übernehmen. Im Jahre 1880 verkaufte Franz das kleine Anwesen und zog nach Wien. Da er mit Tieren aufgewachsen war und mit ihnen umzugehen verstand, fand er bei der Wiener Pferde-Tram eine Anstellung als Wagenführer. Damals verkehrten in den wichtigsten Straßen der Stadt, auch in die Vororte hinaus, Schienenwagen, die von einem oder zwei Pferden gezogen wurden.

Franz Moučka wohnte mit seiner Frau und seinen sechs Kindern in der Ferchergasse 17. Im selben Haus lebte Katharina Papež mit ihrem Mann und zwei Kindern.

Katharina Papež war 1869 in Böhmen zur Welt gekommen, zog 1881 nach Wien und verdingte sich als Dienstbotin. Das Los dieser Mädchen war hart, oft verfügten sie nicht einmal über eine eigene Kammer, sondern mußten sich mit dem sogenannten »Tafelbett« in der Küche zufriedengeben. Für sie war eine Heirat die einzige Chance, dem tristen Dasein zu entkommen. Für Katharina ergab sich diese Möglichkeit, als sie ihren Landsmann Johann Papež kennenlernte. Sie schlossen den Bund der Ehe; doch ihre beiden Kinder starben früh, und auch Johann Papež segnete bald das Zeitliche.

Ab dem Jahre 1900 wurde die Pferde-Tram eingestellt und die Linien elektrifiziert. Franz Moučka wurde zum Tramwayführer umgeschult. Er war Witwer geworden und konnte sich kaum um seine beiden Kinder – vier waren früh verstorben – kümmern. Er war froh, daß sich Katharina Papež ihrer annahm. Aus dieser Freundschaft wurde bald mehr, und so heirateten Franz Moučka und Katharina Papež am 23. Mai 1903 in der Marienkirche in Hernals. Dieser Ehe entstammten vier Kinder: Alois (geboren 1904), Agnes (geboren 1906), Maria (geboren 1910) und – beide Eltern waren für damalige Verhältnisse eigentlich schon »alt«, als sich im Jahre 1913 nochmals Nachwuchs einstellte – Josef. Vater Franz stand bereits im fünfundfünfzigsten, Mutter Katharina im vierundvierzigsten Lebensjahr.

Wenige Tage nach seiner Geburt wurde der kleine »Pepperl«, wie ihn die Mutter liebevoll nannte, in der nahen Marienkirche in Hernals von einem Kooperator namens Josef Hlawati getauft.

Bald nach dem ersten Geburtstag Josefs brach der Weltkrieg aus. Der Vater, damals bereits sechsundfünfzig Jahre alt und bei einem wichtigen »kriegswirtschaftlichen« Betrieb beschäftigt, war unabkömmlich und wurde nicht zu den Waffen gerufen. Die Mutter betrieb das Milchgeschäft und war daher in der Lage, ein wenig Milch, Brot und Käse für die Familie abzuzweigen. So war der Tisch zwar nicht üppig gedeckt, aber niemand in der Familie mußte während der Kriegsjahre hungern. Dieser Umstand kam der körperlichen Entwicklung Josefs zustatten, denn viele Kinder Wiens litten besonders in den letzten Kriegsjahren aufgrund von Unterernährung an Rachitis und Scrophulose.

Einer der ersten Kindheitseindrücke Josefs war – er muß zwei oder drei Jahre alt gewesen sein –, daß ihn die Mutter, wie damals üblich, mit Rockerl und Schürzchen ausstattete. So gerne er sich später verkleidete, so wenig hatte er damals Freude daran.

Seine Spielkameraden waren die Buben aus der Nachbarschaft, gespielt wurde auf der Straße, was damals völlig ungefährlich war. Vom Haus Nr. 17 war es nur ein Katzensprung zum nahen, mit Unkraut und Büschen bewachsenen Bahndamm der Vorortelinie – ein Paradies für Kinder. Häufig kam Josef nach einem Kampf um das »Fetzenlaberl« mit blutigen Knien und blauen Flecken nach Hause. Eine andere Lieblingsbeschäftigung des kleinen Pepi war das Zeichnen, stundenlang beschäftigte er sich mit Pinsel und Bleistift.

Die Mutter, eine tiefreligiöse Frau, eilte täglich zur Frühmesse und war ein treues und eifriges Pfarrmitglied in der nahen Marienkirche. Der Pfarrer dieser Gemeinde war Pater Teich von den Redemptoristen. Er wurde von seinen Kooperatoren Komarek, Smolik, Petru, Ivanek, Kartak und Kalous unterstützt. Wie die Namen schon sagen, waren sie alle, bis auf Pater Teich, böhmischer Abstammung. Sie hielten die Messen, Predigten, Kreuzweg- und Maiandachten in tschechischer Sprache, die von allen Gläubigen gesprochen wurde. Die Mutter des kleinen Pepi war auch Mitglied des

St.-Method-Vereins, der dem heiligen Methodus, dem Apostel der Slawen, geweiht war. Dieser hatte seine Gottesdienste in slawischer Sprache abgehalten, was den Unwillen Roms hervorrief. Doch konnte er Papst Johannes VIII. von dieser Art der Missionierung überzeugen und wurde zum Bischof von Mähren ernannt.

Hernals, der 17. Bezirk Wiens, hatte um die Jahrhundertwende über achtzigtausend Bewohner, und der Anteil der tschechischen Bevölkerung war bedeutend. Es war ein Arbeiter- und Industriebezirk. Neben vielen kleinen Handwerksbetrieben waren hier große Maschinen- und Metallfabriken, Chemiebetriebe, eine bekannte Wachsleinenfabrik und auch eine große Schnapsfabrik angesiedelt. Als bürgerliches Pendant zum proletarischen Element befand sich in Hernals ein »Höheres Erziehungsinstitut für Offizierstöchter«. Hermann Leopoldi hat mit seinem Lied »In einem kleinen Café in Hernals« den Bezirksnamen populär gemacht.

Der Alkohol spielte in den Kreisen der Arbeiterschaft eine große Rolle. Welche familiären Tragödien sich an den Wochenenden abspielten, wenn die Männer von Samstag abend bis Montag früh ihren Wochenlohn in den Branntweinstuben vertranken, ist bekannt. Neben der christlichsozialen und der sozialdemokratischen Partei hatte sich die Kirche dieses brisanten gesellschaftspolitischen Themas angenommen und einen Abstinenzverein gegründet. Sie wollte die Jugendlichen erreichen, bevor diese selbst mit Alkohol in Berührung kamen. So wurde in der Pfarre Hernals der »Schutzengelverein« gegründet, der später in den »Kreuzbund« überging und in Hernals von Karl Jindraček geleitet wurde. Die Pfarre stellte in der Gschwandtnergasse ein kleines Haus mit Garten als Jugendzentrum zur Verfügung, wo sich die jungen Menschen treffen konnten. Hier fanden sich die »Wilden« vom Bahndamm wieder.

Im Jahre 1919 begann für den kleinen Josef Moučka der Ernst des Lebens. Er trat in die fünfklassige Volksschule in Hernals ein. Nach seinen eigenen Angaben war er ein Schüler mit mäßigem Erfolg. Nur das Zeichnen, in dem er Klassenbester war, interessierte ihn. Auch die Musik nahm ihn gefangen, er sang gerne und gut. Eine gewisse Musikalität konnte man ihm nicht absprechen, auch wenn er auf seiner Geige über das »Kratzstadium« nicht hinauskam.

Für Pepi Moučka war es eine Selbstverständlichkeit, daß er bereits im Volksschulalter Ministrant wurde, und seine Mutter war stolz auf ihn. Pro Messe erhielt er den stolzen Betrag von zehn Groschen. Die jungen Priester der Pfarre lehrten die Ministranten nicht nur den Altardienst, sie nahmen auch Einfluß auf ihre Erziehung.

Es ist naheliegend, daß sich fast jeder Ministrant von den christlichen Zeremonien angezogen fühlte. In Wien gab es Geschäfte, die liturgische Geräte en miniature als Spielsachen verkauften, damit die Buben daheim unter Weihrauchwolken Messen und Vespern »spielen« konnten. Unser Ministrant aus der Ferchergasse hatte natürlich kein Geld, um solche Spielsachen zu erwerben, aber der Gedanke, einmal Priester zu werden, war ihm seither nicht mehr fremd. Es bedurfte nur eines Anstoßes. Dieser kam vom Pfarrer der Marienkirche, der den kleinen Josef schon seit längerer Zeit beobachtet hatte und dem er als braver, stiller, bescheidener und begabter Bub aufgefallen war. Am Ende der Volksschulzeit fragte Pater Teich die Mutter, ob es nicht ihr Wunsch wäre, Josef Priester werden zu lassen. Über die finanzielle Seite solle sie sich keine Sorgen machen, er könne ihrem Sohn ein Stipendium vermitteln. Die Mutter war überglücklich. »Ich wollte meine Mutter nicht enttäuschen«, sagt Josef Meinrad heute. »Ich wollte ihr eine Freude machen.«

Pater Teich hielt sein Versprechen und vermittelte Josef einen Freiplatz im Gymnasium der Redemptoristen (Liguorianer) in Katzelsdorf bei Wiener Neustadt. Der Orden, der sich vor allem der Jugendseelsorge widmet, war seinerzeit von Clemens Maria Hofbauer nach Österreich und Polen gebracht worden. Der Freiplatz war mit der Verpflichtung verbunden, nach der Matura in ein Priesterseminar einzutreten, Theologie zu studieren und Priester zu werden.

An der Hand seiner glücklichen Mutter und in Begleitung Pater Teichs hielt Josef, unter dem Arm einen Pappkarton mit seinen bescheidenen Habseligkeiten, in den ersten Septembertagen des Jahres 1924 Einzug in das Internat in Katzelsdorf. Er kämpfte mit den Tränen, als sich die Mutter von ihm verabschiedete und ihm ein Kreuzeszeichen auf die Stirn machte. Josef wollte tapfer sein, doch das Heimweh packte ihn in der ersten Zeit schon sehr. Er war aber auch noch aus einem anderen Grund unglücklich: ihm kamen bald Zweifel, ob das Priesteramt für ihn der richtige Beruf sein würde, wollte er doch im Grunde seines Herzens etwas ganz anderes werden, nämlich Maler. Und dann hatte er ja schon in der Volksschule Theater spielen dürfen; der Gedanke, Schauspieler zu werden, faszinierte ihn vom ersten Moment an.

Am 1. Oktober 1923 hatte die Volksschule Wien XVII *Wilhelm Tell* aufgeführt, und der kleine Pepi durfte erstmals als Wächter verkleidet die berühmten Bretter, die die Welt bedeuten, betreten. Die vorangegangenen Ferien waren mit intensiven Proben ausgefüllt gewesen. Im Jahr darauf hatte in der Volksschule die Aufführung von *Dr. Allwissend* stattgefunden, und wieder durfte Josef eine kleine Rolle spielen. Diesmal war er als Frau verkleidet. War ihm in seiner frühen Kindheit das Tragen von Mädchenkleidern ein Greuel, so schlüpfte er jetzt mit Vergnügen in dieses Kostüm. Gegen Ende der Volksschulzeit war der stille und eher in sich gekehrte Josef vollauf mit Theaterproben, Rollenstudium und Zeichnen beschäftigt, da blieb nicht mehr viel Zeit für die

Schule. Seine Zukunftsträume schwankten nun hin und her, einmal sah er sich als berühmten Maler und dann wieder als Schauspieler, die Mutter träumte hingegen von einer purpurnen Soutane.

Nachdem sich das erste Heimweh gelegt hatte, gefiel es Pepi im Internat immer besser. Am meisten aber imponierten ihm die grünen Studentenmützen. Weniger begeisterte ihn die Hausordnung, die täglich um sieben Uhr den Gottesdienst vorsah. Anschließend gab es ein karges Frühstück, danach begann der Unterricht. Nachmittags wurde Sport betrieben, und da Josef zu dieser Zeit seine Mitschüler bereits an Größe überragte, wurde er bei der Handball- und Fußballmannschaft ins Tor gestellt. Nie mehr hatte Katzelsdorf einen berühmteren Tormann! Neben der Ministrantentätigkeit engagierte er sich im Schülerchor. Den größten Spaß machte ihm jedoch die Theatergruppe des Internats. Seine erste Rolle in Katzelsdorf war die heilige Maria in einem Krippenspiel. Groß und übermäßig schlank, glich er einer gotischen Madonna. Im Jahre 1926 wurde *Julius Cäsar* von Shakespeare aufgeführt und im selben Jahr noch *Die eiserne Maske*. Zwei Jahre später sah man ihn als Teufel in einem Krippenspiel. »Diese Rolle war mir direkt auf den Leib geschrieben«, erzählt Josef Meinrad. »Der Teufel, den ich da spielte, war ein richtiger Spitzbub. Ich habe die Rolle geliebt, und obwohl der Text ziemlich lang war, kann ich ihn heute noch deklamieren:

Es gibt gescheite und dumme Teufel.
Ich bin ein gescheiter, das ist kein Zweifel.
Mir gehen die Seelen gern auf den Leim,
Trag' alle Tag' ein paar Dutzend voll heim.
Zwar sagt Majestät, der Höllenfürst,
Ich taug' nicht viel, ich gehör' in die Würscht.
Ich fang' meine Sach' zu langsam an,

Und viel zu human, da ist was dran.
Bin eben ein selten gemütliches Haus,
Mit mir läßt sich's leben, mit mir kommt man aus.
Fällt mir nicht ein, den Menschen zu raten
Zu Raub oder Brand oder Moritaten.
Die lustigen Sünder, die sind mein Fall,
Mein Stichwort hört man überall:
Man lebt nur einmal, und zwar nicht lang',
Ein Narr, wer nicht liebt Wein, Weib und Gesang.
Nur immer Lustigkeit und Dulliöh,
Da vergißt man den Herrgott eh,
Versagt ihm bald die schuldige Ehr'
Und denkt ans Kirchengehen nicht mehr.
So mancher tröstet sich in der Still',
Wenn das Gewissen sich regen will:
›Ich hab' kan umbracht, ich hab' net g'stohlen,
Mich kann unmöglich der Teufel holen.‹
Dabei hab' ich den Narrendattl
Mit einer Hand schon am Krawattl.
Und singt der lust'ge Sündenlümmel
›Verkauft's mei G'wand, ich fahr in Himmel‹,
So bin ich da, ihn einzuladen,
Sag' freundlich ›Fahr ma, Euer Gnaden‹,
Doch nicht zu Gott ins liebe Himmelreich,
Nein, in den höllischen Schwefelteich.
Ein Engel, o Graus, da weich' ich aus!
Schon wieder so ein Himmelsg'sicht,
Ich mag' die fromme G'sellschaft nicht!‹«

»Als ich dieses spitzbübische Teuferl spielte«, erinnert sich
Josef Meinrad, »war mir klar, daß meine Zukunft nicht am
Altar, sondern auf einer Bühne lag.«
Josef Moučka wurde durch sein Elternhaus und das Internat
charakterlich geprägt – daheim durch die bescheidenen, fast

ärmlichen Verhältnisse, durch die Mutter, die die Familie aufopfernd umsorgte und ihr, durch ihre Gläubigkeit und Güte, über viele Schwierigkeiten hinweghalf. Immer blieb sie der Mittelpunkt der Familie und das Vorbild für ihre Kinder. Noch heute spricht der Sohn in Ehrfurcht und großer Dankbarkeit von seiner Mutter. Nie fühlte er sich benachteiligt oder eingeengt, er blickt auf eine glückliche und unbeschwerte Jugend zurück. »Die Armut meiner Kindheit und Jugend hat zweifellos mein ganzes Leben geprägt«, erzählt der Künstler. »Wenn man aus solchen Verhältnissen kommt, lernt man den Wert auch kleiner Dinge und jeden Bissen Brot schätzen. Wenn man Not und schwere Zeiten am eigenen Leib verspürt hat, bewahrt man sich eine gewisse Demut. Ich hasse bis heute jegliche Form der Verschwendung, weil ich weiß, wie schwer viele Menschen arbeiten müssen, um sich das leisten zu können, womit manche Wohlhabenden leichtfertig umgehen.«

In den Klosterschulen herrschte zur damaligen Zeit »Zucht und Ordnung«, und die benediktinische Ordensregel »Ora et labora« (bete und arbeite) hatten schon Zehnjährige zu befolgen. Pflichtbewußtsein, Pünktlichkeit und Ordnungssinn drangen den jungen Menschen wie selbstverständlich in die Seelen und prägten sie für ihr Leben. Zur Stärkung der Selbstbeherrschung wurden bestimmte Übungen absolviert, wie Josef Meinrad berichtet: »Ich habe im Seminar so viel gelernt: Beherrschung, Disziplin und Ordnung. Wie oft haben wir das üben müssen: wenn wir durstig waren, einen Becher vollaufen zu lassen und ihn immer wieder auszuschütten. Und danach hat das Wasser doppelt so gut geschmeckt.«

Im Internat schloß sich Josef dem »Jugend-Kreuzbund« an, einer Vereinigung, die den Kampf gegen Alkohol und Nikotin auf ihre Fahnen geschrieben hatte. Er leistete das Versprechen, diesen Lastern abzuschwören, und hat es bis heute gehalten. Der »Jugend-Kreuzbund« war, wie damals alle Jugendbewegungen, auf Sport, Wanderungen und gesunde Lebensführung ausgerichtet, und natürlich fand auch eine ideologische Indoktrination statt. Josef war ein begeistertes Mitglied dieser Vereinigung. Es wurde viel gewandert, gesungen, und, was die Hauptsache war, es wurde Theater gespielt.

Es war nicht zu vermeiden, daß Josef durch diese Jugendbewegung auch mit dem anderen Geschlecht in Berührung kam. Die Begegnung mit einem Mädchen seiner Gruppe beunruhigte ihn beträchtlich. Wie waren gewisse Regungen mit seinem späteren Beruf als Priester vereinbar? In der vierten Klasse Gymnasium rang er sich zu dem Entschluß durch, nicht Priester zu werden. Der Rektor der Schule zeigte Verständnis für seinen Schützling. Einige Tage nach Schulschluß löste er zwei Fahrkarten von Wiener Neustadt nach Wien und lieferte Josef in der Ferchergasse bei der Mutter ab. »Sie war sehr deprimiert«, erinnert sich Josef Meinrad, »aber sie akzeptierte meinen Entschluß. Sie nahm mich wieder auf und umgab mich wie früher mit ihrer ganzen Liebe und Fürsorge.« Auf die Frage, was nun aus ihm werden sollte, antwortete er: »Maler oder Schauspieler, aber eher letzteres!«

Josef Moučka verließ das Juvenat der Redemptoristen in Katzelsdorf. Schauspieler wollte er nun werden.

Ein Hungerleiderberuf, meinten die besorgten Eltern, und eine Schande dazu! Die Sorgen der Eltern um das weitere Schicksal ihres Jüngsten waren nicht ganz unberechtigt. Josef hatte seinen Freiplatz im Juvenat Katzelsdorf verloren, und das Schulgeld für ein öffentliches Gymnasium in Wien konnten die Eltern nicht aufbringen. An eine Fortsetzung des Studiums war also nicht zu denken. In diesem Jahr wurde zwar der Inflation Einhalt geboten, doch trafen die Maßnahmen das Wirtschaftsleben und senkten den

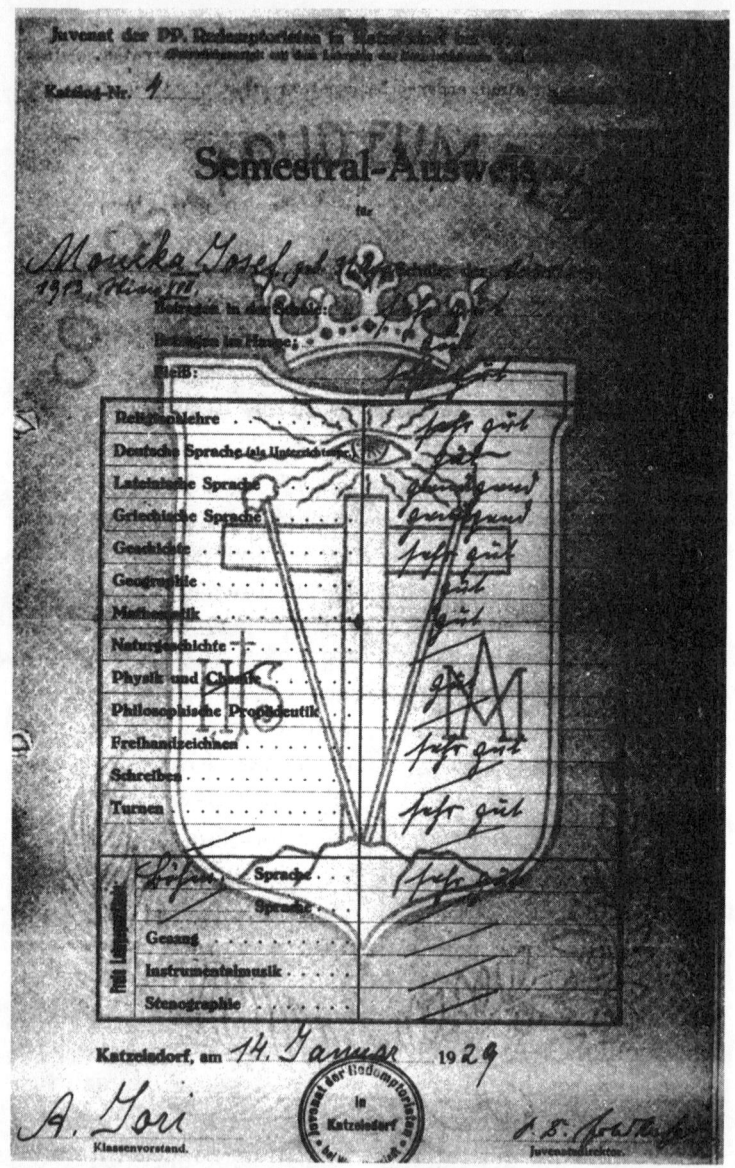

Das Abgangszeugnis des Josef Moučka aus dem Schuljahr 1928/29

Lebensstandard der Bevölkerung. Allein im Jahr 1928 gingen dreitausendzweihundertsechsundsiebzig Firmen in Konkurs, die Zahl der Arbeitslosen und ausgesteuerten Arbeiter betrug vierhundertachtzigtausend. Die dadurch ausgelöste Unzufriedenheit der Bevölkerung äußerte sich in Demonstrationen und Streiks und erreichte im Jahr 1927 mit dem Brand des Justizpalastes ihren Höhepunkt. Österreich stand an der Kippe zum Bürgerkrieg. Und in einer solch unsicheren Zeit wollte der »Pepperl« Schauspieler werden, wo schon so viele von ihnen durch Wien und die Provinz zogen, um Arbeit zu finden. Die wenigen Glücklichen unter ihnen waren »Spazierengeher« – der Schauspieler hatte zwar ein Engagement, wurde aber nur selten oder nie beschäftigt.

Daß »Pepperl« in einer so schwierigen Zeit ausgerechnet Schauspieler werden wollte, war für die Familie Moučka unfaßbar. Woher hatte der Bub diese krausen Ideen? Weder in der Familie des Vaters noch in der der Mutter gab es Verwandte, die dem fahrenden Volk nahe gestanden wären. Die Moučkas waren immer anständige Leute. Ja, »anständig«, um das ging es, denn Schauspieler zählten in jener Zeit nicht gerade zu den Vorbildern kleinbürgerlicher Moral.

Im alten Rom wurden Schauspieler noch als Sklaven gehalten, im Mittelalter waren sie Angriffen von den Kanzeln herab ausgesetzt, weil sie als »Genossen des Teufels« mit diesem im Bunde stünden. Im Jahre 816 gebot das Konzil von Aachen den Geistlichen, »Festlichkeiten zum Beispiel bei Hochzeitsfeiern an fürstlichen Höfen sofort zu verlassen, sobald Gaukler und Spielleute auftreten«. Bischöfen war es verboten, sich »Possenreißer« zu halten, denn Schauspieler gehörten keinem Stande an und galten als unehrlich und liederliches Volk. Die Nächte mußten sie außerhalb der Stadtmauern in Gesellschaft von Barbieren und Steinschneidern zubringen. Noch hundert Jahre zuvor erscholl der Ruf »Hängt's die Wäsch' weg!«, wenn Komödianten in die Stadt kamen. Und zu diesen Außenseitern fühlte sich der stille, bescheidene und brave Pepi Moučka hingezogen! Was wollte denn dieser immer so ruhige Bub auf der Bühne spielen? Doch nicht sein Leben lang einen stummen Diener oder Lakaien? Ein Schauspieler müßte doch aus sich herausgehen, sein Innerstes zum Äußeren kehren, sprühen, sich darbieten, und Josef brachte vor lauter Schüchternheit keine zehn Worte hervor.

Hans Weigel schrieb über den Beruf des Schauspielers: »Sie müssen sagen, was keiner gerne sagt, vor Hunderten von Zeugen, auf Kommando, aufs Stichwort, überzeugend, sie müssen anderntags albernste Albernheiten darbieten, stammeln, stolpern, lispeln, hinfallen, sie – denen laut Schiller der Menschheit Würde in die Hand gegeben ist – obliegen ihrem Amt, indem sie pflichtgemäß höchst würdelos Menschen zu Zeugen von Vorgängen machen, die besser im Dunkeln bleiben … Daß sie sich nicht schämen, ist von den zahlreichen großen Geheimnissen des Theaters wohl das allergrößte. Daß sie sich nicht schämen, macht sie zu Schauspielern. Sie haben diesen Beruf gewählt, sich zu ihm gedrängt, mit heftigerem Trieb, als man sonst Berufe wählt, ihm zuliebe Opfer gebracht, sind ihm verfallen, sie lassen nicht von ihm, sie leiden unter ihm, wohin immer er sie geführt haben mag, sie haben sich ihm zuliebe mit ihren Familien überworfen, ein Heim aufgegeben, einen geliebten Mann verlassen, auf Kinder verzichtet, auf Seßhaftigkeit und Vorsorgung, sie haben nicht die Genugtuung der Dauer über das eigene Leben hinaus, ja nicht einmal die gesicherte Dauer über den Augenblick hinaus oder auch nur die kontrollierbare, meßbare Wirkung des Augenblicks – sie wollen spielen, aber es ist nicht Spiel, sondern harte, hektisch verlaufende, ewig ungeplante Arbeit, deren höchster Sinn darin besteht, die Arbeit vergessen zu lassen und Spiel vorzutäuschen.«

Nun, das war die Situation des bald sechzehnjährigen Josef Moučka. Vorläufig war er jedenfalls zu jung, um Maler oder Schauspieler zu werden – und das war die Hoffnung der Eltern! In den kommenden Jahren der Reife würde sich der Sohn die Sache vielleicht doch noch überlegen.

Der Vater bestand jedenfalls auf einem »anständigen Beruf«, und die Mutter sagte ganz energisch »Nix da« zu den Plänen ihres Jüngsten. »Du wirst vernünftigen Beruf erlernen, sonst ich dir zeigen, wo Gott Wohnung hat!« meinte sie in ihrem böhmakelnden Dialekt, und ihr Sohn wird Jahrzehnte später als Diener Theodor im *Unbestechlichen* von Hugo von Hofmannsthal mit fast denselben Worten Lachen und Applaus ernten und darüber hinaus fürstlich honoriert werden.

Der Schule entronnen, mußte Josef Moučka auf Arbeitssuche gehen. Ab 1. Februar 1929 bekam er in der Lackfabrik des Herrn Frischauer in der Gumpendorferstraße eine Bürostelle. Von nun an saß er im Kontor und schrieb Rechnungen und Mahnungen für säumige Zahler. Die Arbeit war kein Honiglecken, denn der Betrieb begann um sieben Uhr morgens, und der Weg von der Ferchergasse in die Gumpendorferstraße war weit. Doch die in Katzelsdorf erworbene Disziplin kam dem angehenden Kaufmann zugute. Nach der Arbeit nahm der Lehrling in der Schauspielschule Kestranek am Getreidemarkt heimlich Unterricht im Sprechtheater und im Gesang. Durch die Vermittlung der Schauspielschule durfte er bereits nach dem ersten Ausbildungsjahr – in seinem Urlaub oder am Wochenende – bei den »Hans Sachs-Festspielen« in Korneuburg oder in einem Saal in der Arnethgasse – etwa als »Wastl« in Ludwig Anzengrubers *G'wissenswurm* – Theaterluft schnuppern.

Auch daheim hatte sich einiges verändert. Alle Kinder waren flügge geworden und hatten das Elternhaus verlassen, nur Josef wohnte noch in der Ferchergasse. Seine Stiefschwester Maria arbeitete als Krankenschwester in der Heilstätte Alland, seine Schwester Mizzi war in einen geistlichen Orden eingetreten und wurde zur Missionsschwester ausgebildet. Sie ging später in eine Missionsstation auf den Philippinen, wo sie vor einigen Jahren verstarb. Der Mutter fiel die Arbeit im Geschäft von Jahr zu Jahr schwerer; so übernahm der hilfsbereite Josef auch noch das Brotaustragen im Buckelkorb ...

2
Kaufmännische Lehre
und Schauspielausbildung

> *»Es bildet ein Talent sich in der*
> *Stille, sich ein Charakter in dem*
> *Strom der Welt.«*
>
> Johann Wolfgang von Goethe
> *(Torquato Tasso)*

Nachdem nun endgültig feststand, daß Josef Moučka die Bühnenlaufbahn einschlagen würde, legte er sich einen Künstlernamen zu, weil er dachte, daß sich kein Mensch seinen Namen einprägen könnte. Von nun an nannte er sich Josef Meinrad. Warum er gerade diesen Namen wählte, kann er heute nicht mehr erklären.

Mit jugendlichem Elan und großer Begeisterung trat er in die »Schauspielschule in der Neuen Galerie« im 1. Bezirk, Grünangergasse 1, ein, deren Besitzer Carlheinz Roth war. Ausbildungsziel dieser Schule war »die Heranbildung zum selbständig gestaltenden Darsteller«. Nach einem Test, bei dem drei bis vier Szenen und Monologe vorgesprochen werden mußten, erfolgte die Aufnahme von nur sechzehn Schülern in die erste Klasse, nach einstimmig erfolgter Zustimmung des Lehrkörpers. Die Ausbildungsdauer betrug zwei Jahre, nach dem ersten Jahr mußte eine neuerliche Prüfung zur Überstellung in die Fortgeschrittenenklasse abgelegt werden. Das Schulgeld betrug monatlich sechzig Schilling. Der Unterricht fand täglich von sechzehn bis einundzwanzig Uhr statt. »Es besteht daher die Möglichkeit«, lesen wir in der Schulordnung, »bei ungestörtem Studium tagsüber einer Erwerbstätigkeit nachzugehen.« Für den angehenden Mimen war diese Schule ideal, weil er nebenbei seine kaufmännische Lehre absolvieren konnte. Nur von Freizeit war nie mehr die Rede. Von sieben Uhr morgens bis neun Uhr abends arbeitete er im Kontor, zwischendurch büffelte er für seinen kaufmännischen Berufsabschluß und lernte die Rollen der deutschen Dramatiker.

Interessant waren Studienplan und Lehrkörper der Schauspielschule:

Ausdrucksbildung des Sprechens: Professor Leopold Hubermann, Johanna Sann
Gehörübung und Chanson: Kapellmeister Arthur Klein
Ausdrucksbildung des Körpers: Hede Juer
Körperliches Training: Edi Polz
Pantomime, Ensemblespiel: Regisseur Carlheinz Roth
Rollenaufbau: Professor Leopold Jessner
Rollenstudium: Albert Kleine, Karl Kyser, Professor Friedrich Rosental
Regisseur: Heinrich Schnitzler, Heinz Woester
Maskenbildung: Wille Bahner
Praktische Dramaturgie: Franz Theodor Czokor, Oskar Maurus Fontana, Georg Fraser, Fred Heller, Gina Kaus, Dr. Hans Müller
Kulturgeschichte: Egon Friedell
Bühnenbild, Theatergeschichte: Wille Bahner, Professor Emil Pirchan
Theaterrecht: Julius Martin

Im Jahr 1930 stand Josef Moučka auf keiner Bühne. Seine Energie konzentrierte er auf Beruf und Ausbildung, und die karge Freizeit an den Wochenenden verbrachte er im Hernalser »Abstinenzverein«. Dort sah er seine alten Freunde aus der Kinderzeit; vor allem mit seinem besten Freund, Leo Wurst, traf sich Pepi häufig. Dieser roch immer penetrant nach Pfeffer, Paprika und Zimt, weil er Lehrling in einer

Gewürzhandlung war. Meinrad erhielt im Verein den Spitznamen Dagobert.

Wie ein Zeitzeuge, Dr. Walter Hafner, glaubwürdig versichert, kam es eines Tages zu einem Aufstand der »Basis« im Kreuzbund. An einem Sonntagvormittag wurde nach demokratischen Spielregeln der Präses, ein Priester, einstimmig abgewählt und ein Mädchen zur Vorsitzenden des Bundes bestimmt. Die Wahl wurde mit beträchtlichen Mengen Weins (!) gefeiert. Die Abstinenzler waren »blau«! Eine Frau als Präses erwies sich natürlich als Eintagsfliege, der geistliche Herr stellte sehr bald wieder die von Gott gewollte Ordnung her.

Ab 1931 widmete sich Josef Moučka immer mehr dem Theater. Natürlich hatte er noch kein fixes Engagement, auch war er kein ständiges Mitglied eines Ensembles, doch bekam er durch die Vermittlung der Schauspielschule immer wieder kleine Rollen angeboten. Den Rest besorgte die Mundpropaganda, so daß er seine Sucht befriedigen und Leim und Schminke riechen konnte. So sehen wir ihn unter anderem im Clemens-Hofbauer-Saal in dem Stück *Dämon Alkohol* von Leo Wurst, im Lehrerhaus des 18. Wiener Gemeindebezirks als Atalus in Franz Grillparzers *Weh dem der lügt* und als Johannes im *Apostelspiel* von Max Mell. In diesem Jahr führten der »Katholische Mädchenbund Frohgemüt« und der »Kreuzbund«, Ortsgruppe Hernals, auch das Werk *Credo* von Leo Wurst auf. Regie führte Josef Meinrad, der auch die Hauptrolle des Simon Morris spielte. Es war seine erste Regiearbeit.

Dann wurde es einige Zeit still um den Schauspielereleven. Um so intensiver betrieb er seine weitere Ausbildung und seine Studien der Theaterwissenschaften. Einen großen Eindruck hinterließen die »Regeln für Schauspieler«, die von niemand Geringerem als Johann Wolfgang von Goethe stammten. Goethe hatte ein »Dilettantentheater« gegründet und diese Regeln von seinem Adlatus Johann Peter Eckermann für die nachfolgenden Schauspielergenerationen aufschreiben lassen. In den einundneunzig Paragraphen hatte Goethe alles, was die Schauspielkunst betraf, zusammengefaßt, für Josef Moučka wurde dieses Traktat zum täglichen Brevier. Der Paragraph eins handelte zum Beispiel von der »Beherrschung der Sprache und Bewegung«, Paragraph zwanzig von der »gesteigerten Rezitation«, der Paragraph siebenunddreißig von der »Körperhaltung auf der Bühne«. »Alle diese technisch-grammatikalischen Vorschriften«, lesen wir, »mache man sich zu eigen nach ihrem Sinne und übe sie stets aus, daß sie zur Gewohnheit werden. Das Steife muß verschwinden und die Regel nur die geheime Grundlinie des lebendigen Handelns werden.« Alles, was das Theater betraf, sog Meinrad gierig in sich auf. Um sich noch weiter zu vervollkommnen, immatrikulierte er im Jahre 1933 am »Wiener Volkskonservatorium«, das auch Schauspieler ausbildete.

Die »Beherrschung der Sprache«, wie sie der Dichterfürst forderte, war für den angehenden Schauspieler Meinrad ein nicht zu unterschätzendes Problem. Die Eltern sprachen daheim tschechisch, das die Kinder verstanden und teilweise selbst sprachen. Bediente man sich der deutschen Sprache, so war das böhmische Idiom nicht zu überhören. Den Rest der »Sprachverhunzung« übernahm er von den Freunden, die sich des »Hernalserischen« bedienten. So wuchs Meinrad in einem schauerlichen Gemisch von Tschechisch und deutschen Dialekten auf. Er selbst sprach im Umgang mit seiner nächsten Umgebung Vorstadtwienerisch. Wie der Künstler heute noch gesteht, bedeutete das »Erlernen« der Hochsprache für ihn eine beträchtliche Anstrengung, und noch sehr oft schlug bei ihm das Idiom der Vorstadt durch.

Seine karge Freizeit verbrachte Meinrad weiterhin im

»Kreuzbund«. Die jungen Leute unternahmen weite Wanderungen und verbrachten gesellige Abende mit Volkstanz. Das Geld für eine renommierte Tanzschule, wie sie seine Freunde besuchten, fehlte ihm. Im »Kreuzbund« lernte er auch seine erste große Liebe kennen: Mina Walant. Josef Meinrad war nun neunzehn Jahre alt, hochaufgeschossen, sehr schlank, blond, und er trug eine Brille, die ihm ein soigniertes Aussehen verlieh. Seine engsten Freunde waren Leo Wurst und Hans Pata, der als Statist am Burgtheater arbeitete.

Nach dreijähriger Lehrzeit legte Meinrad seine Prüfungen für die kaufmännische Ausbildung mit Erfolg ab. 1932 verließ er die Lackfabrik Frischauer.

Mitte der dreißiger Jahre – die wirtschaftliche Situation in Österreich war immer noch schwierig – war es für einen jungen Schauspieler praktisch unmöglich, auf einer etablierten Bühne Fuß zu fassen. Was einigermaßen florierte, war die Kleinkunst in den diversen Kellerlokalen und Kaffeehäusern. Immer wenn »die Zeit für den Untergang reif ist, ist dies die ideale Kabarett-Zeit«, schrieb Hans Weigel, der die Szene aus unmittelbarer Nähe erlebt hat.

Von 1933 bis 1938 befand sich im Café Dobner in der Wienzeile das Kabarett »Literatur am Naschmarkt«, damals zweifelsohne die beste Kleinkunstbühne Wiens. In der Reichsratstraße hatte sich ein Wochenendkabarett im Café Colonnaden unter dem Namen »Seeschlange« etabliert, und im Gastgarten eines Döblinger Kaffeehauses erfreute sich das Kabarett »Stachelbeere« leider nur weniger Zuschauer.

»Ein Brettl muß mir die Welt bedeuten. Dort halt’ ich Gerichtshof vor neunundvierzig Leuten«, hieß es in einem Lied. Mit diesen »neunundvierzig Zuschauern« hatte es eine besondere Bewandtnis: Das Wiener Veranstaltungsgesetz schrieb vor, daß Theater und Kabaretts dann Steuern

ROSTSCHUTZ-FARBWERKE
FRISCHAUER & COMP.
Fabriken technischer Anstriche, Lacke und Emaille
WIEN, VI., GUMPENDORFERSTRASZE 41
Fabriken: Wien, Prag, Berlin, Aspers (Württemb.), Düsseldorf a/R., Dort (Holland), Brugg (Schweiz)

Ihr Zeichen: Ihre Nachricht vom: Unser Zeichen: Tag:

Z e u g n i s .

   Wir bestätigen hiemit,dass Herr J o s e f M o u c k a ,
geb. am 21. April 1913,derzeit wohnbaft in Wien XVII.,
Ferobergasse 17 bei uns vom 1. Februar 1929 /:Eintausendneun-
hundertzwanzigneun:/ bis zum 1. Februar 1932 /:Eintausendneun-
hundertdreissigzwei:/ seine Lehrzeit als Büropraktikant
absolviert hat und von da ab bis zum heutigen Tage als Beamter
bei uns in Stellung war.

   Herr Moucka hat die ihm obliegenden Arbeiten stets in
verlässlicher und umsichtiger Weise zu unserer vollsten
Zufriedenheit erledigt,so dass wir ihn Jedermann als gewissen-
haften Arbeiter bestens empfehlen können.

   Herr Moucka verlässt am heutigem Tage auf eigenen
Wunsch unsere Dienste und wir wünschen ihm das allerbeste
auf seinem weiteren Lebenswege.

                                        Frischauer & Comp

Wien,am 30. September 1936.

Bankverbindungen: Postsparkassen-Konto: Drahtanschrift: Fernsprecher:
OSTERR. CREDITANSTALT —   WIEN A-2-595   FRISCHAUERCOMP WIEN   WIEN B-27-4-26
WIENER BANKVEREIN, WIEN   PRAG 20.549, ZAGREB 60.139   RUDOLF MOSSE CODE
MERKURBANK, WIEN   WARSCHAU 191.325

Dem Büropraktikanten Josef Moučka werden Verläßlichkeit und Umsicht bestätigt zu entrichten und eine Konzession vorzuweisen hätten, wenn mehr als 49 Zuschauer Platz fänden, und daher spielten in Wien viele Theater und Kabaretts nur vor neunundvierzig Besuchern.

Das schon erwähnte Kabarett »Seeschlange« spielte nur vom 28. Januar 1934 bis 11. Februar 1934, am nächsten Tag war Bürgerkrieg in Österreich. Das Kabarett »Stachelbeere« zog im Herbst von Döbling in die Räumlichkeiten der »Seeschlange« um, doch kam auch für sie bald das Ende. Im selben Kaffeehaus hatte eine monarchistische Bewegung ihr Vereinslokal, und als die »Stachelbeere« eines Tages in einem Sketch Otto von Habsburg »auf die Schaufel« nahm, protestierte der Verein und verlangte die Kündigung des Kabaretts. Der Besitzer des Lokals kam der Forderung nach, was das Ende des Kabaretts bedeutete.

Im Jahr des Bürgerkrieges wurden in Wien vier Kabaretts gegründet – nach dem Motto »Je schlechter die Zeit, desto besser für das Kabarett!« Zuerst entstand das »KIK« (Kleinkunst im Kasinotheater) im heutigen Moulin rouge in der Walfischgasse. Eine andere Kabarettbühne begann als »Brettl am Alsergrund« im Café City, Ecke Porzellangasse/Berggasse. Aus »Alsergrund«, »Brettl« und »City« ergab sich die Abkürzung »ABC«, unter welcher das Kabarett später berühmt wurde. Hans Weigel und Hans Lengenfelder schrieben für dieses Kabarett *Spuk im Verkehrsbüro, Lilly und Tilly* sowie einen Sketch über die Römer und ihren Präfekten *Sixtus Dahastus* im alten Vindobona.

Im Café Arkaden, Ecke Reichsratstraße/Universitätsstraße, hatte sich das Kabarett »Regenbogen« etabliert. 1935 fusionierten die beiden Kabaretts und nannten sich von nun an »ABC im Regenbogen«. Das Kabarett »ABC« gab sein Lokal im Café City auf und übersiedelte in das Café Arkaden. Dort beschäftigte man Jimmy Berg, Jura Soyfer, Leo

Askenasy, Peter Preses, Wilhelm Hufnagel und Rudolf Steinboeck von der »Literatur am Naschmarkt«.

Weigel schrieb für das »ABC« ein Chanson über den »Nichtarier« in Österreich:»Das Lied vom kleineren Übel«. Er veröffentlichte es mit dem ausdrücklichen Vermerk: »Nachdruck, öffentlicher Vortrag und Rundfunksendung innerhalb des österreichischen Bundesgebietes ohne weiteres gestattet.« Jura Soyfer schrieb für das »ABC« *Astoria, Weltuntergang* und *Vineta*. Weigel und Soyfer verfaßten gemeinsam für dieses Kabarett *Brand im Opernhaus* und *Plagiat, Plagiat*.

Das vierte Kabarett, das im Herbst 1934 gegründet wurde, war »Die Tribüne« – ein winziges Theater im Keller eines Kaffeehauses am Rathausplatz. Gleich zu Beginn der ersten Aufführungsserie war es Josef Meinrad gelungen, an diesem Theater ein fixes Engagement zu erhalten. Eine Zeitung berichtete:»Gleich die erste Vorstellung, die wir sahen, *Drei entzückende Soldaten,* versprach viel. Ein ausgezeichnetes Stück von Owen Hill (Pseudonym), unter der Regie des talentierten Carlheinz Roth vorbildlich herausgebracht. Man muß sich nur vor Augen halten, wie schwer es ist, in einem so kleinen Raum (für 49 Personen) in unmittelbarer Nähe des Publikums zu spielen. Die Darsteller verdienen ehrliches Lob, die reizende Geert Marburg, die begabte Fritzi Eckener und die Herren Meinrad, Wilfried, Schlott, Riedl, Walter Hans Boese etc.« Das Stück handelt von der Exaltiertheit eines Stars, einer Frau, die in ihrer Gier nach einem besonderen Erlebnis Traum und Wirklichkeit nicht mehr auseinanderhalten kann. Nach elf Vorstellungen en suite war Meinrads Gastspiel in der »Tribüne« wieder zu Ende.

Im Januar 1935 spielte Meinrad den Dr. Sieder in *Das weiße Rössl* im Volksbildungsheim Hernals und im Februar in der Wiener Urania den Wanderburschen im Märchenspiel *König Spitznas* von Walter Hans Boese.

URANIA-MÄRCHENSPIELE

unter der Leitung von Franz Rosak

Samstag, den 16. Februar 1935, 3 Uhr nachmittags
GROSSER SAAL

Uraufführung des Märchenspieles

König Spitznas

Ein heiteres Märchenspiel in 3 Bildern von Hans Walter Boese
Künstlerische Leitung: Franz Rosak
Regie: Walter Boese

Personen:

König Spitznas (Carel Sandow). Kratzefuß (Eduard Schestorade).
Meister Leder (Erwin Kosch). Frau Marie (Paula Elischer).
Evchen (Martha Nemec). Schnack (Ilse Scholtse). Wanderbursch
(Josef Meinrad). Der alte Mann (Lothar Hoßner). Klingklang
(Rosita Skorja). Der Erzähler (Walter H. Boese).

Schülerpreise!

Druck von Anton Wagner, Wien, XVII., Hormayrgasse 48

In »König Spitznas« spielte Josef Meinrad einen Bruder »auf der Walz«
(1935)

Meinrad war nun arbeitslos, und nachdem ein Engagement auf einer großen Bühne für ihn noch immer in unerreichbarer Ferne lag, bewarb er sich im Kabarett »ABC« im Café City. Dieses Kabarett stand unter der künstlerischen Leitung von Hans Margulies. Regisseur und Schauspieler war Leo Askenasy, der drei Jahre später aus Österreich emigrieren mußte und in Hollywood unter dem Namen Leo Askin eine große Karriere machte. 1995 erhielt er nach seiner Heimkehr nach Österreich unter großen Schwierigkeiten die österreichische Staatsbürgerschaft zurück.

Endlich gelang es Meinrad, bis in das Allerheiligste des »ABC« vorzudringen. Askenasy musterte Meinrad und meinte indigniert:»Zu lang ist er, zu mager ist er und scheen is' er a net. An Liebhaber gibt das nie im Leben!« Auf die Frage, was Meinrad denn spielen wolle, antwortete dieser aufgeregt in schönstem Hernalserisch:»I', i' spü' olles!« Dann muß der Regisseur dem jungen Meinrad in die zu kleinen Augen geschaut und erkannt haben, daß Meinrad das hat, was nur wenige Schauspieler besitzen und niemand erlernen kann: die reine Fröhlichkeit in den Augen und die Demut in einem großen einfachen Herzen. So jedenfalls erinnerte sich Askin später.

Josef Meinrad wurde engagiert. Als Gage erhielt er fünfunddreißig Groschen pro Abend. Das war etwas mehr, als damals ein Fahrschein für die Tramway kostete. Dazu meint der Künstler heute:»Im Anfang hat nicht die Gage gelockt, sondern daß man etwas darstellt und daß die Leute ruhig sein müssen, wenn man spricht.« Er begann sofort mit den Proben. Texte lieferten neben Weigel und Soyfer Fritz Eckhardt und Max Kolpe. Bei den ersten Aufführungen waren Irma Agoston, Mimi Bekker, Karl Bruck und Robert Lindner, der am Burgtheater noch eine große Karriere machen sollte, Meinrads Bühnenkollegen.

Die Zeiten waren schlecht, es wurde versteckte Zensur aus-

geübt. »Kabarett ist Notwehr, Kabarett ist Mini-Widerstand!« schrieb Hans Weigel. »Kabarett gedeiht in schlechten Zeiten, die aber nicht *ganz* schlecht sein dürfen. Wohlstand gibt für das Kabarett nichts her. Kabarett, das war Anlaß zur Notwehr gegen das Regime, gegen das System!«
Die »ABC«-Premiere fand im April 1935 mit *17 Kleinigkeiten* statt; das zweite Stück hieß *Viva Don Quichotte,* das dritte *Zwischen Übermorgen und Vorgestern.* Dieses Stück fand bereits Beachtung in Wien: »Das Alsergrund-Brettl im City bietet eine witzige Auslese heutiger Aktualitäten, die, teils im Märchengewand vergangener Zeiten, teils von Zukunftsmusik begleitet, ein Stückchen Weltgeschichte Revue passieren lassen ... Man spürt überhaupt, daß hier eine Spitzenleistung erreicht wurde, zu der Autoren, Schauspieler, der Komponist, die Bühnenbildner und nicht zuletzt der Regisseur Leo Askenasy ihr ganzes Können beigetragen haben ... Das ›ABC‹ hat sich mit seinem neuen Programm an die Spitze der Wiener Kleinkunstbühnen gestellt.« Und dem Kritiker der »Neuen Freien Presse« war besonders Meinrad aufgefallen: »Er gefällt wegen seiner frischen Natürlichkeit.«
Im Juli 1935 brachte das »ABC im Regenbogen« das neue Programm »ABC-D-Zug« heraus. Josef Meinrad wurde von der »Wiener Sonn- und Montagszeitung« bereits eine Karriere prophezeit: »Der junge, blonde Josef Meinrad, ein neuentdecktes Talent, wird sicher noch seinen Weg machen.«
Im Januar 1936 fand im »ABC im Regenbogen« die Premiere von *Wienerisches allzu Wienerisches* statt; das »Neue Wiener Tagblatt« berichtete darüber: »Das ›ABC im Regenbogen‹ bewährt sich damit als überaus ergiebiger Quell lokalkoloristischer Heiterkeit und echten, ungekünstelten Humors ... Das volkstümliche Element fand in den Damen Gisy Kraner und Fritzi Schorr drastische Interpretinnen, bemerkenswert auch die Herren Eduard Kautzner und Josef

Meinrad.« Hinter der Dame »Gisy« Kraner verbarg sich niemand anderer als Cissy Kraner.

Josef Meinrad war nun fixes Mitglied im Kabarett »ABC im Regenbogen«, die meisten anderen Partner und Partnerinnen wechselten. Eine Wiener Illustrierte schrieb: »Das ›ABC‹ ist eines jener kleinen Theater für neunundvierzig, die mit wenig Geld und unglaublich viel Idealismus begonnen haben, in den Kellern der Wiener Kaffeehäuser Theater zu spielen. Von der Decke bis zu ihren Brettern sind keine

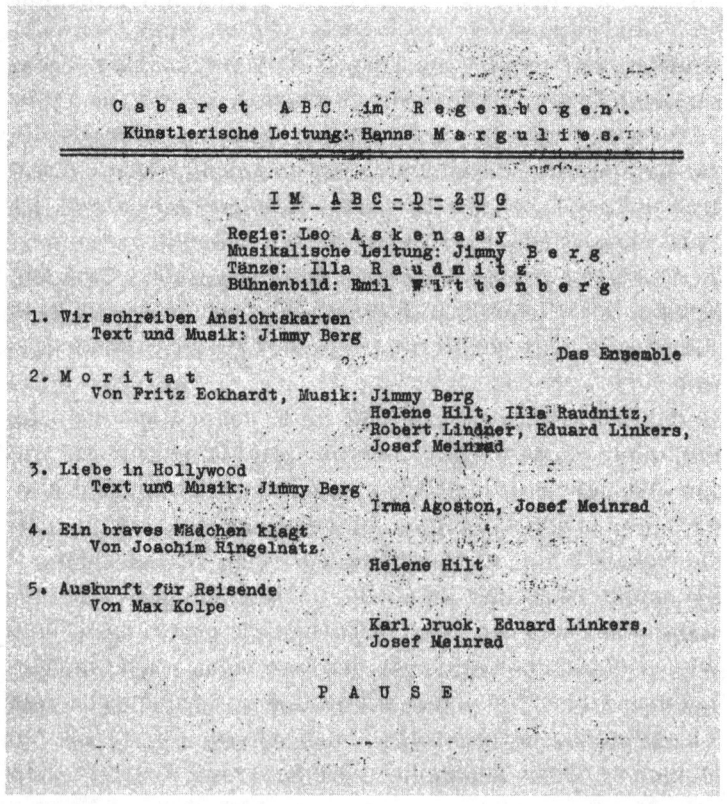

Cabaret ABC im Regenbogen.
Künstlerische Leitung: Hanns Margulies.

IM ABC-D-ZUG

Regie: Leo Askenasy
Musikalische Leitung: Jimmy Berg
Tänze: Illa Raudnitz
Bühnenbild: Emil Wittenberg

1. Wir schreiben Ansichtskarten
Text und Musik: Jimmy Berg
Das Ensemble

2. Moritat
Von Fritz Eckhardt, Musik: Jimmy Berg
Helene Hilt, Illa Raudnitz,
Robert Lindner, Eduard Linkers,
Josef Meinrad

3. Liebe in Hollywood
Text und Musik: Jimmy Berg
Irma Agoston, Josef Meinrad

4. Ein braves Mädchen klagt
Von Joachim Ringelnatz
Helene Hilt

5. Auskunft für Reisende
Von Max Kolpe
Karl Bruck, Eduard Linkers,
Josef Meinrad

PAUSE

Das neue ABC-Programm wurde von der Presse als »amüsant« und »geistreich« gelobt fünf Meter, und ihre neue satirische Revue haben sie *Zwischen Himmel und Erde* genannt. Man kann ruhig sagen, sie ist eine der besten, die auf diesen kleinen Wiener Bühnen gespielt werden, zwischen Himmel und Erde, und doch ganz zeitnah.«

Die gute Arbeit des Kabaretts fand auch über die Grenzen hinaus Anerkennung. Der Ölmagnat Mister Eisenschimmel aus Chicago fand so viel Gefallen an dem Programm des »ABC-Kabaretts«, daß er sich der Künstlertruppe annahm. Der gebürtige Wiener, der es in Chicago zum Ölmagnaten gebracht hatte, unterstützte das Ensemble finanziell! Doch darüber hinaus dürfte der Mäzen auch für die Verpflegung des Ensembles aufgekommen sein, denn im Archiv Meinrads finden sich penible Abrechnungen der Naturalleistungen wie Würsteln, Semmeln, Zigaretten, Bier und einige Flaschen »Kracherln«, die vermutlich für Josef Meinrad, den Antialkoholiker, bestimmt waren.

Über die Sommermonate spielte das »ABC« einunddreißigmal en suite ein *Heiteres Sommerprogramm* unter der Regie von Peter Preses. Den Großteil der Texte verfaßte Rudolf Spitz, die Musik stammte von Jimmy Berg. Neben Josef Meinrad spielten Robert Klein-Loerck, Peter Sturm und die Damen Carmen von Perwolf und Anni Maier.

Hans Weigel in seinen Erinnerungen: »Ich erinnere mich aus den Kleinkunstjahren an Josef Meinrad. Als ich im Herbst 1945 seinen Namen hörte, sah ich den dazugehörigen Schauspieler genau vor mir; einen schlanken, langen, hellen Burschen aus dem ABC. Ich hätte seine Gestalt, seine Art sich zu bewegen, genau beschreiben oder imitieren können. Ich wußte, daß ich ihn dort unten im Keller des Café Arkaden sehr oft gesehen hatte, privat und auf der Bühne, denn ich war Autor des ABC gewesen … Ich habe aus alten Papieren Programme des ABC hervorgeholt. Aus ihnen ersehe ich, daß Josef Meinrad in zwei Bildfolgen mitgespielt hat, bei deren Proben und Vorstellungen ich intensiv anwesend war. In zwei Einaktern hat er meine Texte gesprochen. Ich erinnere mich an die Texte, ich erinnere mich an andere Schauspieler des Ensembles genau, ich sehe sie in ihren Rollen vor mir, ich höre gewisse Sätze – aber an Josef Meinrads Gestalten erinnere ich mich nicht mehr.

... Es erscheint mir sehr bedeutsam. Einer, der im fünften Jahrzehnt seines Lebens ein Großer der Bühne sein wird, braucht dies in seinen ersten Theaterjahren noch nicht merken zu lassen! Ich spreche Josef Meinrad nichts ab, wenn ich hier sage, daß er damals als Schauspieler keinen Eindruck gemacht hat, im Gegenteil: ich rühme ihn. Man muß ja schließlich alle Berufe in jahrelanger Reife erarbeiten ... Das Große muß Gelegenheit haben, klein gewesen zu sein und in Ruhe zu wachsen.«

In dieser Zeit absolvierte Meinrad auch einen Vorbereitungskurs für den Tonfilm und nahm an einem Film-Wettbewerb teil. Er errang für seine Leistung sogar eine Silbermedaille – er hatte Aases Tod aus *Peer Gynt* von Henrik Ibsen vorgesprochen –, wurde aber zu seinem und unserem Glück nicht »entdeckt«.

Das Einkommen Meinrads war in dieser Zeit so gering, daß er davon seinen Lebensunterhalt nicht bestreiten konnte. Um überleben zu können, arbeitete er als Zeichner im Architekturbüro Friedrich Kaspar auf der Wiedner Hauptstraße.

Im Sommer 1936 hörte Meinrad zum erstenmal auf dem Salzburger Domplatz den *Jedermann* von Hugo von Hofmannsthal. Elf Jahre später wird er selbst vor dem Dom als »Guter Geselle« an der Tafel Jedermanns Platz nehmen – und zweitausendsechshundert Schilling Gage kassieren.

Waren die Jahre 1935 und 1936 für Josef Meinrad noch mit verschiedenen Aufführungen im »ABC im Regenbogen« ausgefüllt, so war das Jahr 1937 von großen wirtschaftlichen und persönlichen Problemen gekennzeichnet. Meinrad

Von der Hauptprüfung zum
Filmdarsteller=Wettbewerb

Wir veröffentlichen im nachstehenden ein Tableau von Photos der Teilnehmerinnen und Teilnehmer an der Hauptprüfung zum Filmdarsteller-Wettbewerb während der Internationalen Film-Festwochen. Diese Veröffentlichungen werden wir in den kommenden Ausgaben von „Mein Film" fortsetzen.

Obere Reihe von links nach rechts: Robert Lindner, Marci Doucha, Harry Fuß ; mittlere Reihe : Ola Obarska, Josef Monka, Hella Gerstl ; untere Reihe : Ernestine Wels, Hans Stech, Maria Sorna.

Mit Aases Tod aus »Peer Gynt« gewann Josef Meinrad die Silbermedaille des Filmwettbewerbs 1945 wirkte nur in zwei Aufführungen eines *Gemischten Programms* im Philadelphiatheater mit. Er war froh, daß er sich als Zeichner noch einigermaßen über Wasser halten konnte, obwohl auch die Bauwirtschaft schwere Einbußen hinnehmen mußte.

Mit zwei Bestätigungen über seine künstlerische Ausbildung bei den Regisseuren Carlheinz Roth und Walter Baer am »Universellen Lehrinstitut für Tonfilmkunst« des Herrn Anton Müller, Kohlmarkt 8–10, trat Josef Meinrad am 15. Mai 1937 zur Schauspielprüfung vor den »Ring der österreichischen Bühnenkünstler«. Er hatte drei Textstellen vorbereitet: den Valentin aus dem *Faust* von Johann Wolfgang von Goethe, den Johannes aus Max Mells *Apostelspiel* und einen Text aus *Peer Gynt*. Die Prüfung ergab, daß »Herr Josef Moučka – Josef Meinrad als Schauspieler die Eignung zum Bühnenberuf besitzt«.

Im Sommer 1937 beschloß Meinrad »auszuwandern«. Mit einem Beleuchter aus dem »ABC«, auch dieser arbeitslos wie viele Bühnenarbeiter, reiste der Künstler nach Paris, wo gerade die Weltausstellung stattfand. Zu Fuß! Für eine Fahrkarte fehlte beiden das Geld. Das wenige, das sie besaßen, mußte für die Wegzehrung herhalten. In Paris angekommen, waren sie restlos »abgebrannt«. Doch sie hatten Glück: sie lernten einen Wiener kennen, der in Paris eine Reinigungsanstalt betrieb. Meinrad erwähnte, daß er das Handwerk des Holzschnitzens beherrsche, das er von seinem Bruder erlernt hatte. Der neue Freund war begeistert und erteilte Meinrad den Auftrag, aus Edelhölzern Tierkreiszeichen zu schnitzen. Meinrad formte Stiere, Fische, Steinböcke, Zwillinge und Jungfrauen in sämtlichen Größen, ein gutes Geschäft, von dem einiges Geld für den Künstler abfiel. Als die beiden Tramper genug Geld für ihre Heimreise beisammen hatten, machten sie sich wieder zu Fuß auf den Weg nach Wien.

Prüfungsergebnis

~~Fräulein / Frau / Herr~~ Josef Moucka

Theatername: Josef Meinrad

hat die Prüfung bei der vom „Ring der österreichischen

Bühnenkünstler" errichteten Prüfungsstelle abgelegt.

Die Prüfung hat ergeben, daß Herr — ~~Frau / Fräulein~~

Josef Moucka — Josef Meinrad

als Schauspieler

die Eignung zum Bühnenberuf besitzt.

Der Vorsitzende
des Prüfungsausschusses:

Wien, am 15. Mai 1937.

»Herrn Josef Moucka – Josef Meinrad« wird die »Eignung zum Bühnen-
beruf« bestätigt (1937)

Das schicksalhafte Jahr 1938 begann für Josef Meinrad recht gut. Er hatte ein Engagement bei der »Neuen Wiener Bühne«, und in den Märztagen 1938 probte Meinrad intensiv im Theater an der Wien für *Gymnasiasten* von Wolfgang Boese unter der Regie von W. Ringhofer. Die umwälzenden politischen Ereignisse gingen fast spurlos an ihm vorbei.

Nach der Besetzung Österreichs durch das Deutsche Reich kam es merkwürdigerweise zu einem Aufblühen des Theaterlebens. Viele Schauspieler sahen in den veränderten Verhältnissen eine neue Chance. Sie glaubten an die neue, große Zeit und nahmen nicht zur Kenntnis oder wollten nicht zur Kenntnis nehmen, daß über Nacht alle jüdischen Kollegen und Kolleginnen, und es waren viele in Wien, aus der österreichischen Theaterwelt verschwanden – Schauspieler, Regisseure, Dramaturgen, Musiker!

Für Josef Meinrad waren das nicht begreifbare Ereignisse, weil sie so gar nicht seiner weltanschaulichen Maxime entsprachen. Hinzu kam diese ihm so verhaßte militaristisch-zackige Preußenwelle, die Österreich überschwemmte. Die Aufmärsche, die knallenden Stiefel auf dem Wiener Pflaster, das Gedröhne, das Laute. Wo waren viele seiner Freunde und Bekannten geblieben? Wo waren Askenasy, Hans Weigel, sein Lehrer Czokor? Er hörte, daß sein ehemaliger Lehrer, Egon Friedell, gestorben wäre. Erst später wurde ihm hinter vorgehaltener Hand zugetragen, Friedell hätte Selbstmord begangen, und noch viel später erfuhr er, daß Friedell sich durch einen Sprung aus dem Fenster seiner Wohnung der Verhaftung durch die Gestapo entzogen hatte.

Plötzlich verwandelten sich liebe Kolleginnen und Kollegen in Fanatiker, über Nacht tauchten »Illegale« ans Tageslicht, beanspruchten führende Positionen und begannen über die »reine Lehre« des tausendjährigen Reiches zu wachen. Ein Riß ging durch fast alle Ensembles, keiner traute mehr dem anderen.

DIE KOMÖDIE

I., Johannesgasse 4   Direktion: Ludwig Schurli   Telephon R 28-4-24

Beginn 16³⁰ Uhr		Ende gegen 19 Uhr.

1. Schüler-Aufführung

der Schauspielschule in der Neuen Galerie

Wien, I., Grünangergasse 1

geleitet von CARLHEINZ ROTH

Samstag, den 5. Februar 1938

TONI

Ein Schulmädchendrama in 9 Bildern von Gina Kaus.

Einstudiert unter der Leitung von Carlheinz Roth.

Personen:

Helene . . .	Erika Schneider
Berta . . .	Gottlinde Liebwald
Nelly . . .	Erica Neugebauer
Marie . . .	Gerti Wagner
Michael . . .	Josef Meinrad
Andreas . . .	Dr. Georg Schönbrunn
Frau Krieger, Tonis Mutter	Ruth Vejvoda
Der Lehrer Paschulke .	Hans Porstner
Schulmädchen . .	Schülerinnen der Anfängerklasse

1. Bild: Park neben der Schule,   2. Bild: Zimmer bei Tonis Mutter,   3. Bild: Vor Tonis Haus,   4. Bild: Zimmer des Andreas,   5. Bild: Zeichensaal,   6. Bild: Zimmer bei Frau Krieger,   7. Bild: Salon bei Nellys Eltern,   8. Bild: Starkissne   9. Bild: Bei Frau Krieger

PAUSE nach dem fünften Bild

Die Schauspielschule der »Neuen Galerie« führt in der Komödie Gina Kaus' »Toni« auf (1938)

Nun wurde auch von Meinrad ein »Ariernachweis« verlangt, er beschäftigte bei der Beschaffung der Dokumente mehrere tschechische Pfarrämter, die bestätigten, daß keiner seiner Vorfahren väterlicher- beziehungsweise mütterlicherseits auch nur einen Tropfen jüdischen Blutes in den Adern hatte. Mit seinem einwandfreien Ariernachweis trat er vor die »Reichstheaterkammer« und bekam daraufhin eine Arbeitsbewilligung. Damit war auch schon jeder Kontakt mit den Behörden des »tausendjährigen Reiches« beendet. Niemand wollte mehr etwas von ihm, weder die Partei noch eine ihrer Organisationen. Er hatte Glück! Weltanschaulich stand Meinrad seit Jugendtagen in einem ganz anderen Lager. Er schwor aber in dieser Zeit, sich nie politisch zu engagieren. Auf ihn paßten die Worte, die Mortimer in *Maria Stuart* zu sagen hatte und die er als Schauspielschüler so oft rezitieren mußte: »In strengen Pflichten war ich aufgewachsen.« Für ihn gab es jetzt nur noch die Arbeit.

Kaum war das Engagement im Theater an der Wien beendet, wurde Meinrad von Paul Löwinger für ein weiteres Gastspiel an das Haus gebunden. Nach zehn Vorstellungen wechselte er an die »Insel« am Parkring, wo er unter der Regie von Leon Epp einen Ritter in *Lanzelott und Sanderein* verkörperte.

Viel ist über die Einstellung und die Arbeit deutscher Schauspieler während der Nazizeit gesagt und geschrieben worden. Gustav Gründgens 1946 in den »Berliner Monatsheften«: »Der deutsche Schauspieler in seiner Gesamtheit war politisch uninteressiert. Aktive politische Schauspieler hat es nur immer wenige gegeben. Es hat vor 1933 nur wenige kommunistische Schauspieler, und es hat nach 1933 nicht viele faschistische Schauspieler gegeben. Im Vordergrund hat für den Schauspieler die Kunst gestanden, oder besser gesagt, die gute Rolle, die interessante schauspielerische Aufgabe. Diesen Mangel an politischer Erziehung teilte der deutsche Schauspieler mit dem gesamten deutschen Volk. Heute ist zwar bei den meisten Künstlern die Erkenntnis da, daß das falsch war, aber die tiefe Müdigkeit und Depression nach den Jahren des Elends liegen wie Blei in den Gliedern der Künstler, die erst wieder zu politischer Aktivität aufgerüttelt werden müßten …«

Auch auf dem Gebiet des Filmschaffens tat sich nach 1938 in den ehemaligen österreichischen Ateliers viel. Eine neue Ära war angebrochen, und jeder junge Mime sah in der neuen Kunstform eine Chance für sich. Josef Meinrad hatte eine Ausbildung zum Filmschauspieler absolviert, er hatte sogar bei einem Filmwettbewerb einen Preis gewonnen, doch war er bisher unentdeckt geblieben. Der deutsche Film, so wie er sich jetzt präsentierte, war nicht nach seinem Geschmack. Das Deutsche Lichtspielgesetz vom 16. Februar 1934, das nun auch in Österreich zur Anwendung kam, erhob eindeutig einen politischen Anspruch; die gesamte Filmproduktion mußte »nach den Bedürfnissen der Deutschen Nation« ausgerichtet werden. Und was diese Bedürfnisse anging, darüber klärten der Reichsfilmdramaturg Hippler und Propagandaminister Dr. Goebbels die Kunstschaffenden auf: »Im Vergleich zu den anderen Künsten ist der Film durch seine Eigenschaft, primär auf das Optische und Gefühlsmäßige, also auf Nichtintellektuelle einzuwirken, massenpsychologisch und propagandistisch von besonders eindringlicher und nachhaltiger Wirkung. Er beeinflußt … und erfaßt die breiten Massen. Er erzielt damit Wirkungen, die oft nachhaltiger sein können als die von Schule, Kirche, ja sogar von Buch, Presse und Rundfunk. Es wäre daher … frevelhaft und leichtsinnig«, wenn der Staat auf seinen Führungsanspruch verzichten würde.

Für den jungen Künstler Meinrad war es aus politischen Gründen besser, nicht zum Film zu wechseln. Gereizt hätte ihn natürlich dieses neue Metier; so oft es seine Zeit zuließ, ging er ins Kino. Er hatte den Übergang zwischen Stumm- und Tonfilm miterlebt, und was war das für ein Festtag, wenn er als Bub einmal in ein Kino gehen durfte. Auf der flimmernden Leinwand agierten mit drastischer Mimik und Pantomime die Stars, im Parkett saß der »Mann am Klavier« und unterstrich mit seinen Pianos und Fortes das Geschehen. Und nun der Tonfilm mit all seinen technischen Möglichkeiten! Da war nicht mehr nur das mimische Spiel, sondern vielmehr auch das Wort gefragt.

Im Jahre 1939 schloß Josef Meinrad mit dem Wiener Werkl einen Vertrag ab. Wilhelm Hufnagel und Adolf Müller-Reitzner hatten es ins Leben gerufen. Müller-Reitzner war zugleich Direktor und Regisseur, sein Wahlspruch lautete: »Wir haben eine Konzession, aber wir machen keine Konzessionen.« Dieses Kabarett war 1938 nach dem Anschluß Österreichs an Deutschland zugelassen worden, nachdem alle anderen politischen Kabaretts wegen »jüdischer Versippung« geschlossen worden waren. Textdichter des Hauses waren Rudolf Weys und Franz Paul. Zum Ensemble zählten Rosi Dorena, Friedl Hofmann, Ingeborg Huber, Erna Michall, Gerti Schweng, Hugo Gottschlich, Wilhelm Hufnagel, Josef Meinrad, Walter von Varndal und Oskar Wegrostek.

Fritz Eckhardt hatte bereits Schreibverbot, dennoch ersuchte ihn Direktor Müller-Reitzner, für ein neues Programm Beiträge beizusteuern. Eckhardt arbeitete einen von ihm bereits 1936 konzipierten Entwurf zu einem Sketch um und nannte ihn *Die Tokioten*. Es handelte sich dabei um die fiktive Besetzung Chinas durch die Japaner. Ein hochrangiger Anführer der Invasionstruppen war »WIL-LI«, den Josef Meinrad verkörperte. Die Zuschauer erkannten in diesem Sketch natürlich die neuen Zustände in der »Ostmark«, applaudierten wie wild, und lautes Lachen dröhnte durch das kleine Theater. Das neue Programm wurde täglich von April bis Juni im Moulin rouge gespielt; ein kurzer Abstecher nach Nürnberg brachte auch dort Erfolg.

Eines abends saß Frau Emmy Göring, eine ehemalige Schauspielerin, im Zuschauerraum und dürfte sich weniger gut als die anderen unterhalten haben. Kurz nach ihrer Abreise kam Propagandaminister Dr. Goebbels nach Wien und zitierte Müller-Reitzner zu sich ins Hotel Bristol. Die Quintessenz dieser höchst einseitigen »Unterhaltung« war die Drohung, das gesamte Ensemble ins Konzentrationslager zu schicken, wenn nicht sofort das Programm geändert würde. Meinrad bezog nun bereits eine Monatsgage von dreihundertfünfzig Reichsmark, damals ein beachtliches Salär. Er konnte zufrieden sein, und doch war er es nicht, denn sein sehnlichster Wunsch, einmal auf einer großen Bühne zu stehen, war noch nicht in Erfüllung gegangen. Er verdankte den Kleinkunstbühnen sehr viel, er hatte sich in Wiener Theaterkreisen bereits einen Namen gemacht, aber sein Traum war ein ganz anderer. Mit Begabung, Fleiß und Disziplin würde er sein Ziel erreichen.

Doch es kam ganz anders.

Spielfolge:

Kleine Geschichten von Groß-Wien

Eine chronische Moritat von Hertha Schulda-Müller
und Herbert Mühlbauer — Die erste Moritat
(Senatus Vindobonae) aber ist von Rudolf Weys

Sänger . . . . Walter v. Varndal

1. Senatus Vindobonae

Bürgermeister . . . . Hermann van Dyk
1. Senator . . . . . Josef Meinrad
2. Senator . . . . . Edgar Melhardt

2. Der Basilisk

Der Bäcker . . . . . Franz Haas
Geselle . . . . . . Barbara Gallauner
Liesl . . . . Maria Mils
Nachbarin . . . . . Traute van Wift
Nachbar . . . . . . Kurt Reding
Pater Zeno . . . . . Hans Kammauf

3. Das Speckschwartl

Der Mann . . . . . Hermann van Dyk
Die Frau . . . . . . Idl Huber
Herold . . . . Josef Meinrad
Nachbar . . . . . . Edgar Melhardt

4. Kaffee Kolschitzki

Kolschitzki . . . . . Franz Haas
1. Gast . . . . . . Hans Kammauf
2. Gast . . . . . . Kurt Reding

Programmheft des »Wiener Werkl« vom März 1939. Das bemerkenswerte

5. Kaiser Josef und der Augarten

Der Kaiser	Hans Kammauf
Aristokrat	Edgar Melhardt
Aristokratin	Maria Mils
Bürger	Hermann van Dyk
Bürgerin	Idl Huber
Deren Tochter	Traute van Witt
Franzl	Josef Meinrad
Mizzi	Barbara Gallauner

6. Hotel Sacher

Exzellenz Alexander	Kurt Reding
Exzellenz Miro	Franz Haas
Hannerl	Maria Mils

7. Wien 1990

Dame	Idl Huber
Junges Mädchen	Barbara Gallauner
Lintschi	Traute van Witt
Gretl	Maria Mils
Berliner	Edgar Melhardt
Junger Mann	Josef Meinrad
Ein Herr	Franz Haas
Alter Mann	Hans Kammauf
Diener	Hermann van Dyk
Beamter	Kurt Reding

Pause

Das große Abenteuer
Eine kleine Szene von Franz Paul

. . . .	Barbara Gallauner

Motto: Wir haben eine Konzession, aber wir machen keine Konzessionen

3

Kriegsjahre in Metz

*»Dies über alles: sei dir selber treu,
Und daraus folgt, so wie die Nacht
dem Tage,
Du kannst nicht falsch sein gegen
irgendwen.«*

William Shakespeare *(Hamlet)*

Am 1. März 1939 hatte Josef Meinrad im Wiener Werkl Premiere, doch am Vormittag dieses Tages holte ihn die Realität des »Dritten Reiches« ein. Meinrad stand, wie Gott ihn erschaffen hatte, in einer Wiener Kaserne vor den gestrengen Augen eines Stabsarztes der Deutschen Wehrmacht, den die Karriere des Schauspielers Meinrad überhaupt nicht interessierte, wichtig war nur, ob er noch alle Zähne und alle Glieder hatte und keine Plattfüße. Und Meinrad war so gewachsen, daß er mühelos Stahlhelm und Gewehr tragen konnte. Somit war er »tauglich« und zur »Reserve I« assentiert. Für Meinrad zerstoben im Nu die Träume von Hamlet, Romeo und Faust.

Die »Assentierung« zur Deutschen Wehrmacht zog nicht automatisch das Einrücken in eine Kaserne nach sich; dies war nur für den Fall vorgesehen, daß der entsprechende Jahrgang zur militärischen Ausbildung aufgerufen wurde. Unruhige politische Zeiten, und die waren im Frühjahr 1939 schon gegeben, würden den Beginn des Wehrdienstes allerdings beschleunigen und die Zeit des Militärdienstes sogar verlängern. Es war nur zu verständlich, daß Meinrad an diesem Premierenabend nicht ganz bei der Sache war. Ihn bewegte anderes.

Leon Epp hatte in der Zwischenzeit das Theater Die Komödie in der Johannesgasse als künstlerischer Leiter übernommen und machte Meinrad das Angebot, in sein Ensemble einzutreten. Allerdings könne er nur zweihundert Mark Monatsgage zahlen. Ohne zu zögern griff Meinrad zu. Das war endlich der herbeigesehnte Sprung auf eine »echte Bühne«, von der er immer schon geträumt hatte! Er erfüllte noch seinen Vertrag im Werkl, danach stürzte er sich kopfüber in die Proben zu *Lilofee*, einer dramatischen Ballade von Manfred Hausmann. Meinrad spielte den Seemann Kulle.

Die nächste Premiere in der Komödie war *Das Mädchen Till*, ein Lustspiel von Werner Gondolatsch und Alexander Deissner unter der Regie von Hans Brand. Die einzige Frauenrolle verkörperte Ursula Danera. »Das Heft aller Dialoge unter den Männern hatte zweifellos Josef Meinrad als rüpelhafter Pfunderer in der Hand, über den viel gelacht wurde«, schrieben die »Wiener Neuesten Nachrichten«. Eine andere Wiener Zeitung berichtete über ein Gastspiel der Komödie im Deutschen Theater in Preßburg, daß der Schauspieler einen rüden Draufgänger spielte, der besonders im »angefeuchteten Zustand« seinen großen Auftritt hatte.

Weitere Erstaufführungen im Jahre 1939 waren *Land ohne Herz* von Wolfang Boese und *Eismeervolk* von Max Hansen und Karl Holter, auch damit gastierten die Wiener in Preßburg. Die Premiere Meinrads in der Komödie war auf ein denkwürdiges Datum gefallen, auf den 1. September 1939, den Beginn des Zweiten Weltkrieges.

Für Josef Meinrad bedeutete das Jahr 1940 in der Komödie den künstlerischen Durchbruch. Er spielte bei Leon Epp in jedem Programm. Zuerst in *Was sagen Sie zu Monika?* von Wolfgang Boese. Das Spiel fand großen Anklang beim Publikum, und die Kritiker hatten übereinstimmend festgestellt, daß dies die beste Produktion unter der Direktion Haybach–Epp wäre. »Ein junger Autor, ein junger Regisseur, ein Ensemble junger Schauspieler – das gab einen guten, kräftigen Klang«, schrieben die »Neuesten Wiener Nachrichten«. Leon Epp hatte das Duo Josef Meinrad – Wilhelm Tauchen geschickt aufgebaut – der große, schlanke, immer fröhliche blonde Naturbursche Meinrad und der kleine, schmächtige Tauchen.

Es folgte das Schauspiel *Der Reiter* von Heinrich Zerkaulen. Meinrad spielte den Geschützmeister Peter Hute unter der Regie von Leon Epp. Die nächste Premiere war die *Hochzeitsreise ohne Mann* von Leo Lenz. Josef Meinrad ersetzte den in Verlust geratenen Gatten durch seine natürliche, herzliche Art. Am 4. April 1940 erschien in der »Kleinen Volkszeitung« bereits ein kurzer Artikel über den jungen Künstler, in dem es hieß: »Als das Wiener Werkl kurz nach dem Umbruch seine Pforten öffnete und das heitere Spiel von den Tokioten zum besten gab, fiel uns ein großer blonder Junge auf, der im reinsten Berlinerisch um ein Mädchen warb. Es war Josef Meinrad. Man sah den jungen Schauspieler gern, und jeder, der das Werkl besucht hatte, merkte sich diese Gestalt. Monate später übernahm die Direktion Haybach–Epp Die Komödie, und das interessierte Publikum war neugierig, welche Schauspieler es hier antreffen würde. Bald hörte man, daß es ausschließlich junge Leute sein sollten. Schon die erste Aufführung stellte eine ganze Reihe talentierter Jugend vor. Auch Josef Meinrad war darunter. Seit diesem Tag hat es in der Komödie kaum eine Vorstellung gegeben, in der wir den jungen Wiener – seine berlinerische Schnauze war nur kopiert – nicht gesehen hätten. So kam es, daß man jedesmal ordentlich darauf wartete, was für eine Rolle er denn wohl wieder haben würde. Denn immer wirkte er heiter, lebensbejahend, ausgleichend, ein wenig unbeholfen, aber ehrlich, grundehrlich. Die nächste

Neuheit der Komödie, *Das unwiderstehliche Subjekt* von Martin Luserke, soll nun Meinrad Gelegenheit geben, in einer Hauptrolle herauszukommen.«

Mit Ferdinand Raimunds *Moisasurs Zauberfluch* folgte die nächste Premiere, in der Meinrad den Carambuco spielte. Danach wurde das Lustspiel von Robert Michel *Die Dampfmaschine* aufgeführt, in dem Meinrad den Ingenieur Dolansky darstellte. Mit diesem Stück gab es wieder ein Gastspiel am Deutschen Theater in Preßburg.

Mit der »Dampfmaschine« gastierte Meinrad am Deutschen Theater in Preßburg (1940)

Weiters standen auf dem Programm *Irrfahrt der Wünsche* von Paul Helwig und *Goldregen* von Manfred Rössner. Mit dem Stück *Der Reiter* von Heinrich Zerkaulen ging die Komödie im Juli auf eine Gastspieltournee nach Kulm, Thorn, Marienburg und Danzig.

Bereits Ende Juni hatte Meinrad große Schwierigkeiten, seiner Einberufung zur Deutschen Wehrmacht zu entgehen, und es war fraglich, ob er die Tournee der Komödie überhaupt mitmachen konnte.

Ein Brief der Direktion beruhigte ihn: »Wien, 26. Juni 1940. Lieber Meinrad! Ich gebe Dir bekannt, daß es Herrn Epp nur durch stärksten persönlichen Einsatz gelungen ist, Deine Freistellung von der Wehrmacht für diese Tournee zu erwirken...«

Die Gage betrug täglich acht Reichsmark, dazu kamen Diäten in Höhe von zehn Mark. Die Reisekosten trug die Direktion.

Anläßlich des hundertfünfzigsten Geburtstages Ferdinand Raimunds wurden Gedächtnisfeiern in den »Raimund-Orten« Wien, Baden bei Wien und in Pernitz abgehalten. Leon Epp gastierte mit seinem Ensemble auf der damaligen Gaubühne in Baden mit Raimunds Zauberspiel *Moisasurs Zauberfluch*.

Im Oktober 1940 verpflichtete der damalige Direktor des Burgtheaters, Lothar Müthel, Josef Meinrad für Hermann Bahrs *Der Franzl*. Er spielte die Rolle des Reisl. Zum erstenmal stand sein Name auf einem Plakat des Burgtheaters! Gleichzeitig mit ihm feierte auch Paul Hörbiger in diesem Stück sein Burgtheaterdebüt.

Für Josef Meinrad ging ein langgehegter Wunsch in Erfüllung. Ehrfürchtig betrat er diesen weltbekannten Musentempel. Noch ehrfürchtiger wurde er, als er die damals schon bekannten Schauspieler bei den Proben kennenlernte: Rosa Albach-Retty, Susi Nicoletti, Auguste Pünkösdy,

Paul Hörbiger, Otto Treßler, Richard Eybner, Ferdinand Mayerhofer, Eduard Volters, Otto Hartmann. Am 26. Oktober fand die Premiere statt, und danach fragte Lothar Müthel Meinrad: »Wollen Sie nicht ans Burgtheater?«
Welch ein Angebot für einen jungen, ehrgeizigen und aufstrebenden Schauspieler: ein Engagement an das beste und bekannteste Sprechtheater im deutschen Sprachraum! Das Burgtheater war ja nicht irgendein Theater, es war, wie Hermann Bahr einst geschrieben hatte, etwas Einmaliges, ein

Auf diesem Plakat des Burgtheaters wird Meinrads Name zum erstenmal genannt

Mythos: »Von Anfang an war das Burgtheater ein Mythos, mythisch zu wirken ist sein Sinn. Wenn ein Gemeinwesen, ein Volk oder ein Staat sich in vielen Schicksalen erprobt, wenn er sich in Übermut und Unmut von neuem bewährt oder wenigstens bewahrt, wenn er aus so vielen Prüfungen durch Glück oder Unglück allmählich Vertrauen zu sich, in fast eine Art Aberglauben an sich gewonnen hat, dann lernt er ein merkwürdiges Gefühl kennen: das Gefühl der Dauer. Auch Kleinmütige sagen sich dann: Es muß doch irgendeinen Sinn haben, daß wir noch immer da sind, das Schicksal muß offenbar mit uns etwas Besonderes meinen: sonst wär's doch längst schon mit uns aus! Dieses Gefühl läßt sich mit allen diesen Argumenten vor dem Verstand nicht rechtfertigen, es braucht dies auch erst gar nicht. Es will nur immer zuweilen an sich erinnert werden, durch ein Zeichen ...«

Aber Josef Meinrad wollte noch nicht an das Burgtheater! Er lehnte das Angebot ab! »Der liebe Gott hat Josef Meinrad davor bewahrt, zu früh an das Burgtheater zu kommen«, schrieb Hans Weigel 1962 über den Künstler. »Wenn die Lesebücher wären, was sie sein sollten – vor allem aber: wenn es Lesebücher gäbe, welche für Schauspieler obligatorisch wären –, müßte diese Geschichte ›Wie Josef Meinrad nicht ans Burgtheater, sondern nach Metz ging‹ einen Ehrenplatz im Lesebuch einnehmen und zur Pflichtlektüre erklärt werden!« Meinrad ging also nicht an die Burg, sondern schloß mit dem Deutschen Theater in Metz einen Vertrag.

Nach der Niederlage Frankreichs im Juni 1940 war das Gebiet Elsaß-Lothringen »heim ins Reich« geholt worden; es herrschten dort keine Besatzungsverhältnisse wie im übrigen besetzten Frankreich. Das Theater in Metz war im Laufe der Kriegsjahre zu einer Legende geworden. In Metz gab es eine Art Fronttheater, aber ohne die Schrecken der Front. Es lag glücklich in einem kaum beachteten Winkel der Weltgeschichte und nützte diese einmalige Situation zu ungestörter künstlerischer Aktivität. Hans Weigel pries Metz als eine »Provinzbühne, nicht die berüchtigte ›tiefe‹, nein, fast möchte man sagen: die höchste, die gesegnete, lebendige, leben- und reifespendende Provinz, in der jeder werdende Schauspieler sich selbst findet und erproben kann, indem er viel und Vielerlei spielt, indem er am lebendigen Objekt das Theater an sich kennenlernt. Und was Josef Meinrad in Metz alles gespielt hat! Er wurde dort, was er heute ist ... Er ging lieber nach Metz als ans Burgtheater ... An jenem Tag im Jahre 1940 hat er die Voraussetzung für die Verleihung des Iffland-Ringes durch Werner Krauß geschaffen ...«

Früher absolvierten österreichische Schauspieler zum Erlernen ihres Handwerks ihre Engagements in den mährischen und böhmischen Provinzen und bevölkerten die Theater in Brünn, Aussig, Teplitz, Mährisch-Ostrau, Eger, Karlsbad und wie diese Provinzbühnen alle hießen. Hier verdienten sie sich ihre ersten Sporen und warteten mit mehr oder weniger Erfolg darauf, »entdeckt« zu werden. Bei Josef Meinrad war es nun statt Mährisch-Schönberg eben Metz.

Vielleicht hat Hans Weigel in seiner Abhandlung über den Künstler die Motive für dessen Engagement in Metz beschönigt, vom Schauspieler selbst hatte er sie nicht gehört. Meinrad hat aus den wahren Hintergründen seiner Ablehnung des Burgtheatervertrages nie ein Hehl gemacht. Seine Motive waren viel profaner.

Josef Meinrad besaß zu dieser Zeit einen Wehrpaß des Wehrkreis-Kommandos Wien, der ihn als kriegstauglichen Soldaten der Deutschen Wehrmacht auswies. Sein Jahrgang war bereits zu den Waffen gerufen worden, viele seiner Freunde trugen schon den »Ehrenrock des Deutschen Volkes«, und er selbst stand, wie wir dem erwähnten Brief von Leon Epp entnehmen, auf der Einberufungsliste ganz oben.

Aufgrund seiner Erscheinung und Größe hätte er sicher einen stattlichen rechten Flügelmann an der Spitze einer Kompanie abgegeben, aber danach stand ihm nicht der Sinn. In dieser Zeit galt als oberste Maxime: Nur nicht auffallen! In Wien und am Burgtheater würde Meinrad zu sehr im Rampenlicht stehen – das war der wahre Grund, ein Engagement in der Provinz anzutreten. Das Theater in Metz gab einer großen Schar von Schauspielern Unterschlupf. Auch Größen bekannter Bühnen waren darunter, die alle nur von einem Wunsch beseelt waren: aus dem Scheinwerferlicht großer Theater zu verschwinden. »Die Geschichte des Theaters unter dem nationalsozialistischen Regime wird leider nie geschrieben werden«, bedauerte Hans Weigel.

Am 10. Dezember 1940 hatte Josef Meinrad in Metz als Loisl in *Der verkaufte Großvater* von Franz Streicher seine erste Premiere. Darauf debütierte er als Dr. Stiebl in *Flitterwochen* von Paul Helwig, es folgte die Erstaufführung von *Die vier Gesellen* von Jochen Huth. Er spielte den Sohn in *Schach der Eva* von Julius Pohl, den Peter in *Ingeborg* von Curt Goetz, Miecke in *Parkstraße 13* von Axel Ivers, den Lunk in *Straßenmusik* von Paul Schurek, den Axel in *Axel an der Himmelstür* von Ralph Benatzky, Lux Hofer in *Was sagen Sie zu Monika?* von Wolfgang Boese, den Erzherzog Ferdinand in *Die schöne Welserin* von Josef Wentner, den Steiner in *Hochzeitsreise ohne Mann* von Leo Lenz, den Weigersheim in *Brillanten aus Wien* von Rudolf Oesterreicher und Curt Lessen, den Henkel in *18. Oktober* von Walter Erich Schäfer, den Wastl in *Der G'wissenswurm* von Ludwig Anzengruber und den Müllerburschen in *Der gestiefelte Kater*.

Insgesamt wirkte Josef Meinrad von Dezember 1940 bis September 1944 bei sechsunddreißig Premieren des Metzer Theaters mit, welches auch verschiedene Gastspiele in Elsaß-Lothringen und Nancy gab. Eine Tournee im Sommer

1942 nach Passau und Oberbayern verlief erfolgreich. Am 1. April 1941 übernahm Alfred Huttig das Deutsche Theater in Metz und löste damit Viktor Pruscha ab. Huttig kam von den »Vereinigten Stadttheatern« Aussig, Tetschen-Bodenbach und dem Kurtheater Marienbad und wurde in Metz die Seele des Ensembles in einer immer schwieriger werdenden Zeit.

Nach den Intentionen des nationalsozialistischen Regimes und vor allem jenen des Reichspropagandaministers Dr. Joseph Goebbels, dem Verantwortlichen für alle deutschen Theater und die gesamte Filmwirtschaft, war die darstellende Kunst ein wichtiges Medium der Kriegspropaganda. Dadurch war es vielen deutschen Schauspielern möglich, dem Wehrdienst zu entkommen. Die meisten Schauspieler, auch die der wehrfähigen Jahrgänge, wurden »uk« (unabkömmlich) gestellt. Da Direktor Huttig in Metz ein »Fronttheater« leitete, gelang es ihm, die männlichen Mitglieder des Ensembles zusammenzuhalten und sie davor zu bewahren, zur Deutschen Wehrmacht eingezogen zu werden.

Josef Meinrad freundete sich in Metz mit dem ebenfalls aus Wien stammenden Schauspieler Hugo Gottschlich an. Beide kannten sich bereits aus der Zeit am Wiener Werkl. Sie bezogen gemeinsam eine Wohnung in der Dürerstraße 1. Meinrad stieg in Metz mit einer Monatsgage von siebenhundert Mark zum lokalen Star auf und hatte bald zahlreiche Verehrer und noch mehr Verehrerinnen. Protegiert wurde er vom Theaterkritiker einer Metzer Zeitung, Dr. Ewig, der noch eine entscheidende Rolle im Leben der Familie Meinrad spielen wird.

»Als Sie im Krieg in Metz Ihre Vorstellungen gaben«, lesen wir in einem Brief einer Verehrerin, »bin ich als junges Mädchen von Rombach aus oft dorthin gefahren, um Sie zu sehen und zu bewundern, und ich wußte damals schon genau, daß aus Ihnen wirklich ›ein ganz Großer‹ werden würde, und ich habe mich nicht getäuscht!« Besagte Dame schildert uns noch einen Bühnenzwischenfall, den Meinrad damals ganz genial und impulsiv löste. Er kam mit einem Leierkasten auf die Bühne, der prompt seinen Geist aufgab. Meinrad drehte die Kurbel verkehrt und sang dazu auch das Auftrittslied »Liebe, kleine Annemarie« verkehrt. Tosender Applaus war die Antwort des Publikums, und plötzlich warf jemand ein Geldstück auf die Bühne. Bald regnete es Münzen von allen Seiten, so daß der verblüffte Mime auf der Bühne in Deckung gehen mußte.

Der Schauspieler Meinrad erlangte in Metz auch dadurch Popularität, daß er sich auf seinem Balkon ein Huhn hielt, um sein tägliches Frühstücksei sicherzustellen.

Er erinnert sich noch an einen Vorfall auf der Terrasse des Theaters. In der Pause des Stücks *Der Etappenhase* von Karl Bunje schöpfte er im Theaterkostüm frische Luft. Ein Offizier forderte ihn barsch auf, die Ehrenbezeugung zu leisten, worauf Meinrad freundlich erstaunt einen guten Abend wünschte. Die Empörung der übrigen Offiziere war groß – bis zur Erklärung Meinrads, daß seine Uniform nur Verkleidung sei.

In Metz lebte die damals neunzehn Jahre alte Germaine Renée Clément. Ihr Vater war Motorradrennfahrer, und diese Leidenschaft dürfte sich auf die Tochter vererbt haben, denn sie war in Metz die einzige Frau, die einen Führerschein für Motorräder besaß. Sie war Französin durch und durch, eine Patriotin bis zum heutigen Tag, charmant, impulsiv und voller Tatendrang. Sie war mit einem Polen verlobt, die Hochzeit der beiden stand unmittelbar bevor. Da sie darauf bestand, einen französischen und keinen deutschen Trauschein zu besitzen, heiratete sie noch vor der Eingliederung Elsaß-Lothringens in das Deutsche Reich. Nach dem Einmarsch der Deutschen war ihr Mann, der jetzt als »feindlicher Ausländer« galt, gefährdet, denn polnische

Staatsbürger wurden nach Deutschland zur Zwangsarbeit verpflichtet. Als ihr Mann die Einberufung zur Zwangsarbeit nach Ludwigshafen erhielt, versteckte ihn Germaine, und nach einigen Tagen machten sich beide nachts mit Fahrrädern auf den Weg an die Grenze zum besetzten Frankreich. Germaine kannte die Gegend. Sie brachte ihren Mann unter Umgehung der deutschen Grenzstreifen in einen ausgedehnten Wald an der Demarkationslinie. Ein flüchtiger Kuß, ein Adieu, und ihr Mann floh zu Fuß weiter in das unbesetzte Frankreich.

Germaine Clément interessierte sich nicht für das Programm des Deutschen Theaters, und sie hatte auch keine Ambitionen, am Kulturleben der Deutschen teilzunehmen. Im Gegensatz zu ihrer Freundin Jacqueline. Das schwärmerische junge Mädchen hatte sich unsterblich in den gutaussehenden Helden des Theaters verliebt, sie erwartete ihn täglich nach der Vorstellung am Bühnenausgang. Meinrad entzog sich höflich aber bestimmt den Avancen der jungen Dame. Auch Naturalien zeitigten nicht den gewünschten Erfolg. Mit der Zeit ging Meinrad diese Schwärmerei auf die Nerven. Er und Gottschlich beschlossen, sich Fahrräder anzuschaffen, um nach der Vorstellung sofort nach Hause radeln und so der lästigen Verehrerin entgehen zu können. Eines Abends aber stand die Dame mit einem Fahrrad vor dem Bühnenausgang, sie hatte es sich von ihrer Freundin Germaine Clément ausgeliehen.

Germaine wollte nun wissen, für welchen Supermann ihr Fahrrad herhalten mußte und sah sich einige Vorstellungen an, in denen Josef Meinrad spielte. Sie war von seinem Aussehen nicht überwältigt. »Das ist er? Ich versteh' dich nicht …«, war ihr erster Kommentar über Meinrad. Als sie ihn abgeschminkt kennenlernte, gab sie allerdings zu, daß er in natura besser aussah als auf der Bühne. Kurze Zeit später gab die abgewiesene Verehrerin in der Garage ihres Vaters ein Künstlerfest, zu dem das gesamte Ensemble des Metzer Theaters eingeladen war. Das Buffet bog sich unter den kulinarischen Schmankerln, die es damals nur noch unter der Hand zu kaufen gab. Auch Germaine war zu diesem Abend eingeladen und kam dort zum erstenmal mit dem gutaussehenden Star des Ensembles in näheren Kontakt. Ihr erster Eindruck von Meinrad war nicht gerade überwältigend, und doch dürfte ein Funke übergesprungen sein, denn von nun an begegnete man einander – beabsichtigt oder unbeabsichtigt – immer öfter.

In erster Linie standen auf der Metzer Bühne heitere Boulevard- und Salonstücke auf dem Spielplan, schließlich wollten die Menschen in der damaligen Zeit lachen und von den ernsten Dingen des Kriegsalltags abgelenkt werden. Doch wurden auch Klassiker gespielt, und Josef Meinrad hatte genügend Gelegenheit, in diese Rollen hineinzuwachsen. So finden wir ihn als Valentin in *Faust I* von Johann Wolfgang von Goethe unter der Regie von Huttig, als Benvolio in William Shakespeares *Romeo und Julia*, als Conti in *Emilia Galotti* von Gotthold Ephraim Lessing, als Reuss in *Prinz Friedrich von Homburg* von Kleist und als Isolani in *Wallenstein* von Friedrich Schiller unter der Regie des damals schon bekannten Walter Felsenstein. Unter diesem Regisseur spielte Meinrad auch den Wurm in Friedrich Schillers *Kabale und Liebe*, den hinreißenden Leim in Johann Nestroys *Lumpazivagabundus* und Kaiser Ferdinand in Hermann Heinz Ortners *Isabella von Spanien*.

Meinrads Schauspielkunst hatte sich bis ins »Altreich« herumgesprochen. Der Künstler erhielt Angebote von verschiedenen deutschen Bühnen, so von den Städtischen Bühnen Mönchen-Gladbach und Rheydt. Der Direktor richtete folgenden Brief an ihn: »Von privater Seite auf Sie aufmerksam gemacht, möchte ich Sie hierdurch fragen, ob Sie für die nächste Spielzeit noch verhandlungsfrei sind und

1 Katharina und Franz Moučka, die Eltern des Künstlers

2 *»Pepi«, Loisl und Agnes (Nelly) Moučka, 1915*

3 »Pepi« als Achtzehnjähriger (1931, 2. v. r.)

4 Internierung im Fort Queuleu (Metz), nach einer Zeichnung von Hugo Gottschlich am 31. Januar 1946. Links Josef Meinrad, rechts der deutsche Schauspieler Kamitz

5 Standesamtliche Trauung am 11. April 1950. Von links: Germaine Meinrad, Marianne Stöger, die Mutter Germaines, Josef Meinrad, Dr. Alfred Stöger

6 (links) Josef Meinrad als Lanz in Shakespeares »Die beiden Veroneser«. »Insel«, Oktober 1946 – 7 (Mitte) Meinrad in »Das Siegel Gottes«, 1949 – 8 (rechts) Als Junker Bleichenwang in Shakespeares »Was ihr wollt«, September 1950

9 »Das Jahr des Herrn« nach Karl Heinrich Waggerl: Käthe Gold, Josef Meinrad und Karl Haberfellner

10 (links) Josef Meinrad und Gusti Wolf in Nestroys »Der Färber und sein Zwillingsbruder«, Dezember 1951 – 11 (rechts) Mit Hilde Krahl in »1. April 2000«, 1952

12 Benfizspiel Künstler gegen Kritiker für »Künstler helfen Künstlern«, 1953

13 Josef und Germaine Meinrad im Hamburger Hafen am 1. Juli 1953. Die Mütze ist ein Geschenk von Werner Krauß

14 Abflug von Tulln-Langenlebarn nach Amerika zu den Aufnahmen des Films »Pepi Columbus«. Von links: Ernst Haeussermann, Hannes Schneeberger (Kameramann) und Josef Meinrad

15 Presseempfang nach der Premiere des Films »Weg in die Vergangenheit« in Nürnberg.
Von links: Rudolf Fernau, Willy Fritsch, Paula Wessely, Attila Hörbiger, Josef Meinrad

16 (links) Als Valentin in Ferdinand Raimunds »Der Verschwender«, November 1955
17 (rechts) Josef Meinrad und Magda Schneider in »Die Deutschmeister«, 1955

eventuell an einer Vakanz am Stadttheater Wuppertal, dessen Leitung ich ab kommenden Sommer übernehme, als Naturbursch und leichter jugendlicher Held, Monatsgehalt 500,– RM, interessiert wären.« Meinrad war nicht, denn er verdiente in Metz bereits mehr. Das Stadttheater Göttingen war an einem Engagement interessiert, auch dieses Angebot schlug er aus. Dann kam eine Berufung an das Thalia-Theater nach Hamburg, und dieser Plan reizte Meinrad, war doch das Thalia-Theater eine der bekanntesten Bühnen Deutschlands. Andererseits war zu bedenken, daß er in Metz vom Wehrdienst »uk« gestellt war. Der Intendant Robert Meyn vom Thalia-Theater konnte ihn diesbezüglich beruhigen: »Wegen Ihrer ›uk‹-Stellung brauchen Sie keinerlei Befürchtungen zu haben, da Hamburg als bombengefährdetes Gebiet bevorzugt ist.« Doch dann griff Intendant Huttig ein, der Meinrad schützen wollte. »Der Winkel der Weltgeschichte Metz« war immer noch ein sicherer Hort, und daher schrieb Huttig dem Thalia-Theater einfach ab. Das Thalia-Theater ließ Meinrad wissen: »Leider hat mir Ihr Intendant Herr Huttig geschrieben, daß Sie unabkömmlich sind und daß er Sie nicht freigeben kann, so daß wir unsere Verhandlungen aufgeben müssen. Intendant Robert Meyn.« Auch der in Berlin tätige Wiener Intendant Franz Stoß meldete sich bei Josef Meinrad und erhielt ebenfalls eine Abfuhr: »Da ich durch Ihren Intendanten erfahren habe, daß Sie für die nächste Spielzeit keinesfalls freikommen, so bitte ich Sie, sich zu einem späteren Zeitpunkt, also die Spielzeit 1944, mit mir in Verbindung zu setzen. Berlin, Brückenallee 3, 8. Februar 1943.«

Im Morgengrauen des 6. Juni 1944 landeten die alliierten Truppen an der Küste der Normandie. Die Überraschung der Deutschen, das ständige Abwägen, ob dieses Unternehmen die lang erwartete Invasion sei oder nur ein großangelegtes Ablenkungsmanöver – die »echte« Invasion soll-

te nach Meinung der Deutschen am Pas de Calais stattfinden –, ist aus der Geschichte bekannt. Weniger bekannt ist
jedoch das Verhalten Hitlers, bei dem Metz eine gewisse
Rolle spielte.

Hitler, Oberster Befehlshaber der Deutschen Wehrmacht,
hatte große Scheu, die Fronten zu besuchen – aus panischer
Angst vor Attentaten. Nachdem der »längste Tag« für die
Deutschen zum Fiasko geworden war, begab sich Hitler auf
Drängen seiner Generäle nach Frankreich, um an Ort und
Stelle die künftigen Abwehrmaßnahmen zu besprechen.

In den frühen Morgenstunden des 17. Juni landete Hitler
mit seiner Begleitung in drei viermotorigen Focke-Wulf 200
Condor auf dem deutschen Fliegerhorst Frescaty bei Metz.
Mit dem Auto fuhr er sofort weiter nach Magival, einem
kleinen Ort nördlich von Soisson, wo sich sein bisher un-
benützter Gefechtsstand »Wolfschlucht II« befand, der 1940
für das »Unternehmen Seelöwe« (Invasion Englands) gebaut worden war.

Von neun bis sechzehn Uhr hielt Hitler mit der Generalität
des Westheeres eine Besprechung ab, am nächsten Tag sollte eine Unterredung mit Frontkommandeuren folgen. Gegen siebzehn Uhr schlug in der Nähe des Gefechtsstandes
eine aus der Bahn geratene »Wunderwaffe« Hitlers, eine
V 1, ein, ohne zu explodieren. Hitler glaubte an einen At-
tentatsversuch und befahl die sofortige Abreise.

Während sich an diesem Abend Josef Meinrad für den Leim
in Johann Nestroys *Lumpazivagabundus* schminkte und
kostümierte, jagte die Autokolonne Hitlers durch Metz in
Richtung Frescaty, von wo die drei Condor-Maschinen sofort nach München abflogen.

Drei Tage später konnten alliierte Panzerdivisionen aus
ihren Brückenköpfen ausbrechen und ihren Vormarsch nach
Osten und Norden Frankreichs antreten. Am 26. August
eroberten die Alliierten Paris und näherten sich Elsaß-

Lothringen. Nur dreißig Kilometer vor Metz kam die Front zum Stillstand.

Josef Meinrad hatte bereits in mehr als tausend Aufführungen mitgewirkt, als im Zuge des »totalen Krieges«, den Deutschland proklamiert hatte, die Kunstschaffenden zu den Waffen oder zur Arbeit in der Rüstungsindustrie gerufen wurden. Mit dem Erlaß des Propagandaministeriums vom 31. August 1944 wurden alle Theater Deutschlands ab 1. September 1944 geschlossen. Meinrads eintausendsiebenhundertdreiundneunzigste Vorstellung war die letzte am Theater in Metz, es wurden die *Vagabunden* von Julius Kay gespielt. Nun begann für die Schauspieler das große Zittern um ihre Zukunft.

Ein Bombenangriff der Alliierten auf Metz zerstörte das Haus, in dem Meinrad und Gottschlich wohnten; sie fanden Quartier im Haus von Germaine. Kurz darauf wurden die Schauspieler in Autobussen nach Deutschland gebracht – außer Meinrad und Gottschlich. Die Verständigung klappte nicht, da das Haus Dürerstraße 1 nur noch ein Schutthaufen war. Nun waren die beiden allein in Metz. Noch war alles ruhig, nur nachts konnte man das Rumoren schwerer Geschütze hören; die alliierten Truppen machten keine Anstalten, weiter vorzurücken. Die »Befreiung« ließ auf sich warten. In der Stadt wimmelte es von Soldaten, darunter auch deutsche Feldgendarmen, die sogenannten »Kettenhunde«. Die Beziehung Meinrads zu Germaine Clément hatte sich im Laufe der Zeit vertieft. Gemeinsam überlegten sie, wie die Zeit überbrückt werden könnte, bis die Amerikaner ihren Vormarsch fortsetzen würden. Zuerst faßten sie den Plan, sich in einem kleinen Dorf bei Bauern zu verstecken. Dann siegte die Frechheit. Meinrad und Gottschlich marschierten direkt zum »Höheren SS- und Polizeiführer« von Metz, der nicht schlecht staunte, als er die beiden vor sich stehen sah. Sie erklärten, sie seien von der Abfahrt der Kollegen nicht verständigt worden, nun wollten sie die ausständige Gage kassieren, da sie mittellos seien. Der SS-Mann sprach ihnen seine Anerkennung aus, daß sie nicht geflüchtet, sondern im Glauben an den Endsieg in Metz verblieben waren. Sozusagen zum Dank für ihr tapferes Verhalten bekamen sie einen Befreiungsschein vom »Sonderarbeitsdienst«, zu dem die männliche Bevölkerung von Metz bereits verpflichtet worden war. Mit dem Befreiungsschein der Behörde fühlten sich Meinrad und Gottschlich relativ sicher.

Dann ging es Schlag auf Schlag: Die Deutschen zogen ab, die alliierten Truppen besetzten die Stadt, die alte französische Hoheitsverwaltung wurde wieder eingesetzt. Meinrad und Gottschlich wurden festgenommen und auf der Festung Queuleu in Metz interniert, mit ihnen der versprengte deutsche Schauspieler Kamitz. Sie hungerten und froren dort jämmerlich. Eine Zeichnung aus der Feder Hugo Gottschlichs zeigt Josef Meinrad und Kamitz auf ihren Strohlagern in einer Zelle der Festung am 31. Januar 1945. Meinrad überbrückte seine Gefangenschaft mit intensivem Rollenstudium aus seinen geretteten Reclam-Bändchen, und Germaine versorgte die beiden, so gut sie konnte.

Nach drei Monaten wurden die Wiener entlassen, und Dr. Ewig verschaffte Meinrad Arbeit in einer Druckerei.

Josef Meinrad war in den vier Jahren seiner Tätigkeit am Deutschen Theater in Metz zum lokalen Star geworden. Dr. Ewig und der Theaterkritiker Dr. Barth, der später wegen seiner Kollaboration mit den Deutschen von den französischen Behörden verfolgt und in den Selbstmord getrieben wurde, haben sicherlich dazu beigetragen, Meinrad als Schauspieler bekannt zu machen und seinen Ruf zu festigen. Ihre Bemühungen aber wären vergebens gewesen, hätten sie nur Mittelmaß gefördert. Dem Brief eines treuen Meinradfans entnehmen wir, daß dem Künstler schon damals eine große Zukunft vorausgesagt wurde; und der Regisseur Settgast meinte bei der Premierenfeier von Eduard Künnekes *Vetter aus Dingsda* im Jahre 1943: »Der Meinrad macht bestimmt seinen Weg!«

Am 8. Mai 1945 war der Krieg zu Ende. Meinrad wußte, daß Wien von der Roten Armee besetzt war, und das verhieß nichts Gutes. Er wollte so schnell wie möglich nach Wien zurückkehren. Aber damals konnte man nur reisen, wenn man ein Dokument mit möglichst vielen Stempeln besaß; doch Meinrad hatte keines, nur einen Wehrpaß der Deutschen Wehrmacht, und den konnte er schlecht einer französischen Dienststelle präsentieren. Der gute Dr. Ewig wußte einen Ausweg. Er gab Meinrad den Rat, den Führerschein zu machen, damit hätte er ein französisches Dokument in Händen. Meinrad, der im Laufe der Jahre in Metz ganz passabel Französisch gelernt hatte, besuchte nun eine Fahrschule, bestand die Fahrprüfung in Theorie und Praxis und bekam einen französischen Führerschein ausgehändigt. In der Zwischenzeit war Germaines Mann nach Metz zurückgekehrt, es kam zu einer einvernehmlichen Trennung des Ehepaares.

Nach mehreren vergeblichen Versuchen bei den französischen Behörden gelang es Meinrad, die Erlaubnis für die Ausreise nach Saarbrücken zu erhalten. Von dort aus wollte er mit seinen Angehörigen in Wien Verbindung aufnehmen. Am 31. Juli 1945 machten sich Meinrad und Germaine auf den Weg. Noch herrschte Chaos auf allen Straßen und Wegen. Eines Abends gelang es Meinrad, einen Platz auf einem offenen Kohlenzug zu erklimmen, der nach Deutschland rollte. Germaine versuchte, per Autostop nach Metz zurückzukehren, und hatte die »Ehre«, von einem russischen General, der nach Paris unterwegs war, ein Stück des Weges mitgenommen zu werden.

Nach einer abenteuerlichen Reise quer durch Deutschland

kam Meinrad zur berühmt-berüchtigten Donaubrücke bei Linz-Urfahr, über die man in die russisch besetzte Zone einreisen konnte. Der Übertritt war ein Geduldspiel, denn die Russen ließen immer nur ein ganz bestimmtes Kontingent in ihre Zone einreisen. Nach einigen Tagen des Wartens gelang es Josef Meinrad schließlich, über die Grenze zu kommen und wieder einen Kohlenzug nach Wien zu »entern«. Er beendete seine Reise in Wien-Hütteldorf. Verrußt, verdreckt und etwas ramponiert trat er den Fußmarsch von Hütteldorf in die Ferchergasse an und war froh, seine Familie gesund und wohlauf anzutreffen. Nur sein Bruder Loisl war noch in Gefangenschaft.

Meinrad fand bei Bekannten Unterkunft und ging sofort auf Arbeitssuche. Im Volkstheater wurde bereits geprobt, Meinrad erhielt ein Engagement. Die Premiere fand am 3. September 1945 statt. Er spielte die Rolle des Dr. Wendt in *Anuschka* von Georg Fraser unter der Regie von D. Haenel. Es war keine weltbewegende Rolle und Aufführung – die Hauptsache war, daß der Vorhang wieder hochging, das Publikum bis auf den letzten Platz die Ränge füllte und an dem Stück Gefallen fand.

Bei der Kritik fiel das Stück durch. Meinrads Vertrag wurde nicht verlängert.

4
Künstlerischer Aufstieg in der »Insel«

> *»Wer vieles bringt, wird manchem*
> *etwas bringen;*
> *Und jeder geht zufrieden aus dem*
> *Haus.«*

Johann Wolfgang von Goethe
(*Faust*)

Leon Epp war bereits wieder aktiv und gründete die Insel in der Komödie, in einem bombengeschädigten Haus in der Johannesgasse. Epp nahm Josef Meinrad, den er noch aus den dreißiger Jahren kannte, sofort in sein Ensemble auf. Ein »wohlgesinnter« Kollege Meinrads griff zum Telefonhörer und rief den Theaterdirektor an: »Wenn ich Ihnen einen guten Rat geben darf, engagieren Sie diesen Meinrad nicht, wenn Sie Ihr Theater nicht ruinieren wollen!«

Nun, »dieser Meinrad« ruinierte Epps Theater nicht, sondern spielte sehr erfolgreich unter seiner rührigen Leitung und in einer ambitionierten Kollegenschar: Elisabeth Epp, Annie Mayer, Trude Sommer, Eva Zilcher, Hans Brand, Gustav Elger, Hugo Lessing, Alfred Stöger, Walter von Varndal und andere.

Nach den Proben legte Meinrad Hand an, um das Theater instandzusetzen. Gemeinsam mit Maurern und Tischlern arbeitete er bei stark reduziertem Kalorienangebot bis zum Umfallen. Am 22. Oktober 1945, es war seine eintausendachthundertfünfzehnte Vorstellung, fand Meinrads Debüt in der Insel mit *Zu wahr um schön zu sein* von George Bernard Shaw statt. Die damals mit guten Kritikern besetzte

»Volksstimme«, das Parteiblatt der KPÖ, schrieb wohlwollend: »Alfred Stöger und Josef Meinrad vertreten zwei prachtvolle komische Figuren: ersterer ganz sparsam und trocken, letzterer ausgelassen und drastisch. Beide ein sich glänzend ergänzendes Paar von zwerchfellerschütternder Wirkung.« Obwohl ein Altersunterschied von dreizehn Jahren bestand, schlossen Alfred Stöger und Josef Meinrad in dieser Zeit eine tiefe und aufrichtige Freundschaft, die bis zum Tod des Älteren anhielt.

Alfred Stöger hatte es als Schauspieler nach dem Ersten Weltkrieg nach Deutschland verschlagen. Dresden und Darmstadt waren seine erfolgreichen Stationen, bis er ein Angebot als Oberspielleiter nach Kiel und später nach Stettin bekam. Dort erhielt er eine Berufung zur UFA nach Berlin. Als Regieassistent, Dialogregisseur und Regisseur von Kulturfilmen war er bei der UFA tätig und beendete seine Arbeit im Frühjahr 1945 in den bekannten Prager Filmateliers Barandow. In den letzten Kriegstagen erreichte er noch Wien. Auch er war zur Stelle, als Leon Epp seine Insel gründete, und als Schauspieler und Regisseur an diesem Theater tätig. Bereits nach den ersten Aufführungen, in denen Josef Meinrad mitwirkte, war Stöger von dessen Begabung beeindruckt und prophezeite ihm schon damals eine große Zukunft auf den deutschen Bühnen.

Meinrads private Verbindung nach Metz war durch die Nachkriegsereignisse unterbrochen worden. Doch die tatkräftige Germaine fand einen Ausweg, und wieder wurde Dr. Ewig, der schon so oft geholfen hatte, eingeschaltet. Der Journalist gab ihr den Rat, nach Paris zu fahren und sich als Dolmetscherin bei der französischen Besatzungsmacht in Österreich zu bewerben. Das Ansuchen wurde prompt und positiv erledigt. Sie wurde der Pressestelle des französischen Hochkommissars in Wien zugeteilt. Anfang 1946 kam Germaine nach Wien.

Doch noch einmal geriet Meinrad in Gefahr: Als er eines abends nach der Vorstellung mit seinem Fahrrad nach Hause fuhr, überfiel ihn ein amerikanischer Soldat, der das Fahrrad rauben wollte. Diesen so wichtigen fahrbaren Untersatz wollte Meinrad nicht kampflos aufgeben, bis ein gezielter Faustschlag des GI auf Meinrads Nase die Situation klärte. Mit dem Fahrrad verlor Meinrad sein kostbarstes Gut. Nicht besser erging es einige Wochen später Germaine, die auf der »Stafa-Ecke« von einem GI überfallen wurde. Auch hier sollte das Fahrrad den Besitzer wechseln. Aber die gellenden Rufe Germaines »I am a french girl« ließen den Amerikaner von seinem Vorhaben Abstand nehmen.

Im Januar 1946 feierte Meinrad mit dem Stück *Das Leben ist schön* von Marcel Archard, in dem er die Rolle des Bonaparte spielte, Premiere. Allmählich wurden die Wiener Theaterkritiker auf den jungen Schauspieler aufmerksam und bedachten ihn durchwegs mit positiven Rezensionen. »Meinrad ergötzt in seiner köstlichen Charakterisierung das Publikum ... Zuvor hatte er den Maurern und Zimmerleuten bei der Instandsetzung des Theaters geholfen. Ausgezeichnet als Künstler, erwies er sich nicht minder tüchtig, da es galt, Schwerarbeit inmitten der Handwerker zu verrichten. Damals hätte er nicht geringeren Applaus verdient!« schrieb die »Österreichische Zeitung«.

In Wien erschien damals die Zeitschrift »Turm«, die von der »Kulturvereinigung« herausgegeben wurde und eine streng konservative Richtung vertrat. Die verantwortliche Redakteurin war Dr. Elisabeth Löcker, die den eben aus seinem Schweizer Exil heimgekehrten Hans Weigel als Theaterkritiker engagierte. Weigel entwickelte sich in seinem Metier zum gefürchtetsten Kritiker dieser Stadt, er entschied über die Karriere eines Schauspielers, konnte sie fördern, aber auch vernichten. Elfriede Ott, die langjährige Gefährtin Weigels, dazu: »Das geschriebene Wort brennt in der Seele.

Es ist wie ein Stempel, der nicht zu löschen ist. Je pointierter die böse Kritik geschrieben ist, desto verletzender ... Das, was wir alle wußten, die von Hans Weigel vernichtet oder hochgelobt wurden: Er versteht das Theater. Er weiß, wovon er redet. Er kennt das Stück, über das er schreibt, bis in den letzten Satz. Er schlägt und streichelt – aber mit dem Können des Meisters.« Dieser gefürchtete Hans Weigel schrieb über die Aufführung in der Insel: »*Das Leben ist schön*, märchenhafter und weltfremder als vor zwanzig Jahren wirkt Archards Komödie heute. Sie gibt einem jungen Schauspieler den Start: Josef Meinrad. Eine vitale Begabung, ein echter, niemals outrierter Humor, eine große Hoffnung für die Zukunft ...« Für Josef Meinrad war Hans Weigel ein Glücksfall. Er wurde von ihm ausnahmslos gelobt, nie äußerte sich Weigel negativ über Meinrad.

Ebenfalls im Januar fand die Premiere von *Lysistrata* von Aristophanes statt, in einer Bearbeitung von Alfred Stöger, der auch Regie führte. Meinrad spielte den Kinesias. Der »Turm« schrieb über die »ungewöhnliche Begabung« Josef Meinrads. Die »Wiener Revue« lobte ihn »ausgezeichnet in Ton und Haltung«.

Auch der damals als scharfer Kritiker geltende Franz Tassié schrieb in der »Weltpresse«: »Josef Meinrad, der Mann des Abends, war wieder von bezwingender, bezaubernder Liebenswürdigkeit.«

Die nächste Premiere an der Insel war die *Überfahrt* von Sutton Vane, und »Das kleine Volksblatt« fand Meinrad schon damals »auf der Höhe seines schauspielerischen und sprachlichen Könnens!« Aber der Künstler erntete nicht nur Kritiken voll des Lobes, sondern mußte sich auch mit negativen anfreunden. »Das Tragische an der Rolle Meinrads schlägt wohl weniger in das Fach dieses überaus begabten Schauspielers«, berichtete die »Volksstimme«, und die »Weltpresse« meinte: »Josef Meinrad entwickelt sich sprunghaft. Es ist jetzt der Augenblick gekommen, ihn auf die Gefahr aufmerksam zu machen, die ihm durch unzureichende Pflege der Stimme und Nachlässigkeit in der Sprache droht!« Trotz solider schauspielerischer und sprechtechnischer Ausbildung hatte Josef Meinrad mit den Schwierigkeiten der Bühnensprache noch lange zu kämpfen.

Die angesehene Zeitung »Die Presse« hingegen zu dieser Aufführung: »Josef Meinrad spielt einen saftigen glaubhaften Tunichtgut in seiner ganzen erbärmlichen Hingegebenheit an den Alkohol, dem man am Ende doch nicht böse sein kann.« Meinrad, der noch nie einen Tropfen Alkohol genossen hatte, erntete die besten Kritiken für die Darstellung eines Alkoholikers. Eine echte schauspielerische Leistung! Hermann Leopoldi ähnlich, der als Antialkoholiker vorwiegend weinselige Lieder komponierte.

Die Insel war damals eine überaus produktive Bühne, denn bereits im April folgte die nächste Erstaufführung: *Mit meinen Augen* von Curt Johannes Braun unter der Regie Alfred Stögers. Das Stück wurde ein Flop, und die Kritiken waren entsprechend. Lediglich Josef Meinrad erhielt Lob.

Im Juni folgte die Premiere von *Braut ohne Mitgift* von Alexander Ostrowskij. Dazu »Die Presse«: »Ganz ausgezeichnet Josef Meinrad als der mittellose Beamte Paratow. Seine Leistung ist ergreifend, wohldurchdacht und wunderbar in sich abgewogen. Er wirkt in seiner Hilflosigkeit, in seiner manchmal anklingenden inneren Güte bemitleidenswert; in seinem Kriechertum jedoch, in seiner sklavischen Unterwürfigkeit, seiner Selbstgefälligkeit, und im Vollzug seiner Rache, die zum Mord führt, wirkt er abstoßend echt und durchaus glaubhaft.« Franz Tassié meinte in der »Weltpresse«, daß sich Meinrad in dieser Charakterrolle selbst übertreffe. »Seine beste Leistung bisher. Ein großer Schritt vorwärts!«

Während der Sommermonate 1946 war Meinrad zusätzlich im Renaissancetheater in dem Stück *Warum lügst Du, Chéri* von Hans Lengsfelder engagiert. Er spielte den Pompon, seine Partnerin war Hertha Mayen. Auch hier war dem Künstler ein großer Erfolg beschieden.

War Josef Meinrad nun schon ein gefragter und vielen Wiener Theaterfreunden bekannter Schauspieler, der durch die Vielfalt seiner Rollen auch Fachleuten aufgefallen war, so gelang ihm in der Insel im Herbst 1946 ein sensationeller Erfolg in der Titelrolle von William Shakespeares *Die beiden Veroneser*. Der »Turm« zu dieser neuen Rolle Meinrads: »Josef Meinrad als Diener Lanz … Um Meinrads willen sollte ganz Wien diesen selten gespielten Shakespeare sehen! … Wie Meinrad als armer Hascher mit seinem Hund auftritt, wie er traumwandlerisch die Bühne umkreist und zu seinen zerrissenen Schuhen redet, da wird dieser Lanz ein biedermeierlicher Gemütsmensch, ein bukolischer Phlegmatiker, den allein sein Herz regiert. Meinrad ist ein Schauspieler vom Herzen her, das er entweder scheu verschließt oder rührend vor sich herträgt. Er ist in jeder Rolle … stets er selbst.« Daß er »stets er selbst« war, werden ihm die Kritiker noch oft bescheinigen, es wurde geradezu sein Markenzeichen. Die Echtheit und vor allem die Natürlichkeit, mit der er seine Rollen ausstattete, machten seine Darstellung überzeugend und glaubhaft. Hans Weigel meinte, daß es ein »reines Vergnügen« sei, diesen reinen Toren zu sehen.

Anläßlich der Premiere von Johann Nestroys *Der Zerrissene* – mit dieser Rolle wird der Schauspieler später noch Triumphe auf deutschen Bühnen feiern – schrieb der »Strom«: »Josef Meinrads sympathische Art setzt sich über alle der Rolle zugedachten Spielregeln hinweg. Er ist immer Josef Meinrad und erobert die Herzen des Publikums im Sturm. Das weiß er und bemüht sich auch gar nicht, zerrissen zu sein. Er ist eben immer fröhlich und guter Dinge, ob er das Göld hat oder kans!«

Josef Meinrad war nun in Wien bekannt und bald ein Begriff für das anspruchsvolle Theaterpublikum. Auch der Rundfunk konnte an ihm nicht mehr vorübergehen. In zahlreichen Hörspielen und Lesungen hörte Österreich seine eigenartige, unverkennbare Stimme aus dem Äther.

Das Weihnachtsprogramm der Insel 1946 bescherte Meinrad nicht nur den Höhepunkt in seiner bisherigen Karriere, sondern den endgültigen Durchbruch. Leon Epp inszenierte die *Helden* von George Bernard Shaw; die Hauptrolle, den Bluntschli, spielte Meinrad. Zwar war die »Wiener Bühne« noch skeptisch und meinte, daß Meinrads gewinnender und liebenswürdiger Takt die Ironie des Dichters zu sehr mildern würde, »so wie es in Wien oft geschieht: am unrechten Platz austrifiziert«. Andere Zeitungen meinten dagegen, daß Meinrads »Pralinesoldat« bezwingend komisch sei, mit einer selbstverständlichen Natürlichkeit ausgestattet. »Das kleine Volksblatt« war der Ansicht, man könnte Meinrad in dieser Rolle »stundenlang zuhören«.

Hans Weigel hat Meinrads Bluntschli als das »Hohelied des Zivilisten« charakterisiert, indem er schrieb: »Dieser Bluntschli war ein rares und sehr Meinradsches Wunder. Meinrad sprach nicht Schweizerdeutsch, deutete den Dialekt nicht einmal an, und war doch ganz unverwechselbar schweizerisch. Seine Seele hatte den schweizerdeutschen Akzent. Freundlichkeit und liebenswerte Ängstlichkeit waren gepaart, Bescheidenheit und Schläue und inwendiges Selbstbewußtsein; ein stolzer Feigling in souveräner Demut … Das ist einer der besonderen Züge Meinrads Wesens: daß sehr direkt, ohne Umwege, ohne Umschaltung, aus seinem Sprechen das Innere des Menschen zu uns spricht, daß wir nicht Rede, sondern Gedanken, innere Vorgänge zu belauschen meinen ... Meinrad geht der echten komischen Wirkung nie aus dem Wege, wenn sie legitim ist ... aber er sucht die komische Wirkung nicht um jeden Preis. Wo er die Wahl zwischen sich anbietenden komischen und künstlerisch gestaltenden Mitteln hat, ist er Schauspieler, nicht Komiker. Er läßt uns nicht um jeden Preis lachen, seine Lieblingssphäre ist das Tragikomische, er zeichnet die kleinen Menschen und die kleinen Geister in ihren Nöten und Verstrickungen mit der hell dunklen Farbe der Armseligkeiten menschlicher Existenzen.«

Meinrads Bluntschli wurde zum Sprungbrett für seine weitere Karriere. Er hat sich damit nicht nur in die vorderste Reihe der damals bekannten Wiener Schauspieler gespielt, diese Rolle war auch der letzte Anstoß für den Wechsel an das Burgtheater. Direktor Raoul Aslan machte Meinrad für Herbst 1947 ein Angebot.

Wie sich dieser Wechsel von der Insel zur Burg wirklich abspielte, davon zeugt ein Brief, den der Künstler anläßlich seines siebzigsten Geburtstages von der ehemaligen Sekretärin der Insel erhielt: »... Es war eine herrliche Zeit für alle. Wir waren eine große Familie, und ich durfte hinter den Kulissen der gute Geist sein, so nannte mich Leon Epp, der nicht nur die Gage auszahlte, sondern dem man alle Sorgen anvertrauen konnte, sich die Wut vom Leib reden, Rat holen konnte. Und so saßest Du auch einmal bei meinem Schreibtisch und erzähltest in Deiner ruhigen und vornehmen Art von dem Angebot des Burgtheaters. Ich war stolz, daß ich es als erste erfahren durfte. Und nun wüßtest Du nicht, ›wie sag' ich's meinem Kinde?‹ ... Epp hielt so große Stücke auf Dich, Du wolltest ihn ja nicht kränken. Dabei wäre es doch die große Chance für Dich. Meintest dann, ich sollte einmal diplomatisch vorfühlen. Und beim Weggehen sagtest Du ehrlich und treuherzig: ›No, und pensionsberechtigt wär' ich dann auch als Staatsangestellter!‹ Epp hat Dich selbstverständlich freigegeben. Du warst für ihn schon damals *der Meinrad!*«

Hans Weigel schreibt, daß auf dem Weg jeder großen Karriere ein Punkt liegt, »an dem das Wunder sich begibt, die Wende, der Quantensprung. So oft liest man in den Erinnerungen und Biographien von der märchenhaft glücklichen Wendung, daß man ihr Auftreten im richtigen Moment unbewußt als eine Art Naturgesetz hinnehmen möchte.« Einmal soll einer der zweiten Garnitur für einen verhinderten Kollegen eingesprungen sein und einen überwältigenden Erfolg gelandet haben, ein andermal soll der Direktor eines großen Hauses oder ein einflußreicher Impresario nur zufällig in die Vorstellung geraten sein und den Wert eines solchen »Rohdiamanten« erkannt haben.

Wenn wir die künstlerische Laufbahn Josef Meinrads Revue passieren lassen, so ist von einem »Quantensprung« oder einer »märchenhaft glücklichen Wendung« nichts zu bemerken. Bei diesem Künstler hat sich alles eher ganz langsam, kontinuierlich, manchmal auch mühsam entwickelt, wenn auch manch »glückliche Fügung« schützend die Hand über ihn hielt. Ja, er hatte oft Glück, unwahrscheinliches Glück sogar. Wäre Meinrad *der* Meinrad, wenn nicht schon 1939 Leon Epp bei den damaligen Behörden um ihn und um seine Freistellung vom Kriegsdienst gekämpft hätte, so daß der Schauspieler Meinrad Schauspieler bleiben durfte und nicht »Schütze Meinrad« werden mußte? War es nicht ein Glück, daß der junge Meinrad vier ungestörte Jahre in dem von der Weltgeschichte vergessenen Winkel Metz an seiner künstlerischen Entwicklung reifen durfte? War es nicht Glück, daß ihn sein damaliger Direktor Huttig nicht nach Hamburg, Berlin oder in eine andere große Stadt ziehen ließ, wo der Künstler, von den Kriegsereignissen überrollt, vielleicht in eine ganz andere Bahn geworfen worden wäre? Seine künstlerische Begabung, sein in ihm schlummerndes Genie hätte sich über kurz oder lang auf jeder Bühne, ohne jegliche Protektion durchgesetzt. Doch dieses Engagement bot ihm die reichsten Entfaltungsmöglichkeiten, und ohne das spätere Burgtheaterengagement wäre Josef Meinrad nie *der Meinrad* geworden, der Liebling des anspruchsvollen Wiener Theaterpublikums.

Die persönliche Einstellung Meinrads zum Beruf des Schauspielers legte er einmal in einem Interview dar: »Ich kann nur dann eine Rolle gestalten, wenn der darzustellende Mensch tatsächlich existieren könnte. Er muß verständlich und ganz einfach spielbar sein; dann kann ich mich in ihn hineinversetzen und ihn auf die Bühne projizieren. Die Texte der ›leichten Unterhaltung‹ fielen mir stets leichter, bei Klassikern mußte ich mich mehr anstrengen. Am schwierigsten waren Nestroy-Texte, bei denen es auf Wortnuancen ankommt. Und alles muß natürlich klingen und leicht gebracht werden, da darf es auch nicht den geringsten Versprecher geben.« Karl Kraus schrieb über Nestroy, dieser wäre »sprachverbuhlt. Er schlägt nicht mit der Keule zu, er trifft den Gegner mit der Pointe haarscharf ins Herz«.

In jeder Wohnung Meinrads gab es ein winziges, bescheiden möbliertes Kämmerchen, in das sich der Künstler zurückzog, wo er seine Texte lernte, sie interpretierte und allmählich in die Rolle hineinwuchs, schon ganz bestimmte Vorstellungen erarbeitete, wie er sie, wie es im Fachjargon heißt, »anlegen« würde. Der große Burgmime Josef Kainz war das Vorbild, dem es nachzueifern galt. Denn Kainz war die große Zäsur zwischen dem pathetischen und dem modernen Theaterspiel, nicht nur am Burgtheater, sondern in allen Theatern des deutschen Sprachraums. Kainz war ein schauspielerisches Phänomen. Seine Figuren waren seine eigentliche Schöpfung, sie hatten keine Vorbilder und keine Vorläufer. Für Kainz gab es keine Tradition, er war selbst der Schöpfer einer Tradition!

Daß sich Josef Meinrad gerade Kainz als Vorbild erwählte, mag vielleicht auch mit dem Werdegang dieses großen Künstlers zusammenhängen. Kainz, ebenfalls aus bescheidenen Verhältnissen stammend, hatte es am Anfang sehr schwer. Von Gasthausbühnen mußte er sich langsam emporarbeiten, zog vazierend durch die Lande, bis er endlich »entdeckt« wurde. Dann ging es allerdings steil nach oben. Als »Star« kam er an die Burg und ordnete sich dennoch bescheiden in die Reihen des Ensembles ein.

Für Josef Meinrad waren die Worte Kainz' über die Schauspielkunst einer Botschaft gleich: »Jede Rolle ist als Teil eines in sich geschlossenen organischen Ganzen zu betrachten und darzustellen. Dazu ist vor allem die genaue und gründliche Kenntnis des Stücks notwendig. Man mache sich also zunächst mit dem Inhalt desselben gründlich vertraut. Das erfordert alle Sammlung und Konzentration. Ohne Voreingenommenheit, mit völliger Naivität schreite man zur Lektüre. Man denke sich in den Zuschauerraum des Theaters und lese so, als ob man der Erstaufführung des Stückes beiwohne. Szene für Szene lasse man an sich vorüberziehen, bis zum Ende, ganz harmlos, ohne dem allzu vorlauten Verstand eine Stimme zu gönnen oder derselben Gehör zu schenken. Erscheint diese oder jene Stelle zu breit, zu langweilig, unklar oder gar überflüssig, so lese man sie sofort noch einmal und suche den Kern, den Angelpunkt, um den sich der Dialog bewegt, zu fassen, denn dort liegt gewöhnlich die Motivierung der Szene, der Fortschritt der Handlung, die psychologische Entwicklung. Haben wir den Fortschritt einer noch so breit angelegten Szene erfaßt, so gibt uns diese Klarheit später das Mittel in die Hand, diese Szene dem Publikum von der interessantesten Seite zu zeigen, indem wir rhetorisch, mimisch und plastisch das Wichtigste herausarbeiten können, über das Nebensächliche aber leicht hinwegschlüpfen. Hat man das Stück bis zum Ende

gelesen, so lege man es ruhig hin und erwarte von seiner
Seele … die Klarheit der Empfindung …«

Gut vorbereitet ging Meinrad zur täglichen Theaterprobe,
die von zehn bis vierzehn Uhr dauerte. Dort wurden mit
dem Regisseur weitere Verbesserungen an der Rolle vor-
genommen. Nach der Probenarbeit eilte Meinrad nach
Hause, nahm ein eher karges Mahl zu sich, legte sich regelmäßig nieder und schlief eine Stunde – ein Ritual, das er
bis heute beibehält. Danach nochmaliges Repetieren des
Textes oder Studium einer neuen Rolle, und dann war es
auch schon Zeit, zur fast täglichen Vorstellung zu fahren.
Oft nahm er noch vor der Vorstellung Gesangsunterricht,
oder er sang sich bei einem Fachmann ein, wenn in der
Vorstellung Couplets zu singen waren.

Josef Meinrad, der in jede Rolle »hineinschlüpfte« und ganz
in ihr aufging, machte sich natürlich Gedanken über den
Theaterbetrieb, in den er eingebunden war. In dem oben erwähnten Interview erklärte er, daß es für einen Schauspieler natürlich »leichter ist, heitere Kost zu spielen, weil der
Dank des Publikums spontan und oftmals offenkundig sofort auf die Bühne zurückkommt, doch künstlerische Aufgaben findet man eher in ernsten und tragischen Sachen …
Mit sehr anspruchsvollen Stücken wird man vielleicht kein
Publikum bilden können, deshalb bin ich überzeugt, daß
nach jeder Richtung gespielt werden muß; sowohl heiter
als auch ernst …« Die Frage, ob das Theater eine »moralische Anstalt« sei, bejahte der Künstler aus vollem Herzen.

Es war naheliegend, den Künstler nach dem jetzt aufkom-
menden modernen Trend, die Klassiker zu »entstauben« –
so wie dies die Kritiker immer forderten – zu befragen.
Meinrad meinte dazu: »Gerade bei den Klassikern ist der
Wert entscheidend, der über Jahrhunderte gültig ist. Ich
glaube, daß der Versuch unternommen werden muß, den

Klassiker modern zu interpretieren. Ich glaube aber nicht, daß an der Schönheit viel zu entstauben sein wird.«

Es konnte nicht ausbleiben, daß der wiedererstandene österreichische Film auf den jungen Mann aufmerksam wurde. Meinrad war auf diesem Gebiet kein unbedarfter Akteur, hatte er doch schon vor 1938 in der Schauspielschule die Filmklasse belegt. Nun führte für den jungen österreichischen Film kein Weg mehr an Meinrad vorbei.

Der Film und später das Fernsehen boten den Schauspielern unseres Jahrhunderts ein neues, reiches Betätigungsfeld. Dabei war es anfangs verpönt, für den »Kintopp« zu arbeiten. Ein unbarmherziger Gegner dieser Entwicklung war Max Reinhardt. Als in der Weltwirtschaftskrise der zwanziger Jahre Theater zusperren mußten, machte der bekannte Regisseur auch das Kino und die »untreuen« Schauspieler dafür verantwortlich. »Durch alle Risse des schwankenden Gebäudes«, schrieb er, »dringt der Film mit seinen materiellen Lockungen und verführt selbst die besten Elemente. Sie verkaufen ihre Seele um viel schmutziges Papier und haben nicht einmal Zeit, den Besitz zu genießen. Sie weisen die größten Rollen zurück, sie verlassen die Proben und kommen abends erschöpft und übermüdet zu den Vorstellungen, wenn sie überhaupt kommen.« Aber selbst Werner Krauß konnte den Verlockungen nicht widerstehen und wirkte in einem Film mit, allerdings mit einem aufgeklebten Bart, um sich für seinen Regisseur Reinhardt unkenntlich zu machen.

Der scharfzüngige Hans Weigel schlug in dieselbe Kerbe. Er warnte Josef Meinrad nicht nur einmal, von dieser neuen Art der Schauspielkunst Abstand zu nehmen, denn er würde »eher geschädigt als gefördert und durch seine Filmrollen jedenfalls nicht wahrhaft erkannt werden«. Die Filmproduzenten hielten, so der Kritiker, für ihn nur nichtssagende Rollen bereit, und er fürchtete ernstlich, Meinrads

Talent könnte in diesem neuen Metier verdorben werden und verlorengehen.

Die Ratschläge und Sorgen Weigels waren sicherlich gutgemeint, aber die damaligen Zeiten waren auch für einen bereits bekannten und arrivierten Schauspieler sehr hart. Wer diese Jahre unmittelbar nach Kriegsende nicht erlebt hat, kann sich keine Vorstellung machen, welche Anstrengungen notwendig waren, um genug zu essen zu haben oder gar eine Fensterscheibe zu ersetzen. Wo gab es Schuhe, ein Sakko, von einem warmen Mantel ganz abgesehen! Und wie kam man zu Koks oder Kohle, um die kalte Wohnung zu erwärmen? In der Schattenwirtschaft gab es das alles, aber dafür benötigte man Geld, viel Geld, und die Gagen an den Theatern waren eher bescheiden. Von Spitzengagen konnten selbst die bekanntesten Schauspieler nur träumen. Meinrad war mit einem alten Rucksack, in dem sich einige abgetragene Kleider befanden, nach Hause zurückgekehrt. Vermögen besaß er keines, er mußte, wie jeder andere Staatsbürger, nach der Währungsreform mit einhundertfünfzig Schilling neu beginnen. Seine Mutter, jetzt sechsundsiebzig Jahre alt, lebte mehr schlecht als recht von einer winzigen Rente und mußte vom Sohn unterstützt werden. Es war nur zu verständlich, daß die Schauspieler nach den Gagen, die ihnen der Film bot, die Hände ausstreckten. So auch Josef Meinrad. Karriere und künstlerisches Sendungsbewußtsein waren wunderbare Begriffe, aber ein hungriger Magen und eine eiskalte, finstere Wohnung waren nicht dazu angetan, sich auf Jahre hinaus der reinen Schauspielkunst zu opfern.

So griff Josef Meinrad dankbar zu, als ihm eine Rolle im ersten österreichischen Film angeboten wurde: *Die Welt dreht sich verkehrt* von J. A. Hübler-Kahla, mit den Darstellern Marianne Schönauer, Theodor Danegger, Karl Skraup, Hans Moser (der diesmal nicht nuschelte), Alfred Neugebauer, Otto Woegerer und anderen. Gedreht wurde im Hungerjahr 1946 in den eiskalten Rosenhügel-Ateliers von sieben Uhr früh bis sieben Uhr abends und oft noch länger, weil der Strom stundenlang ausfiel, nachdem der »Bundeslastverteiler«, ein Terminus technicus der Nachkriegszeit, zusammengebrochen war.

Der bekannte Wiener Kulturstadtrat Viktor Matejka schrieb zum Start der österreichischen Filmproduktion: »Österreich ist ein Filmland, das Natur und Kultur dazu bestimmen ... Dieser Film regt in amüsanter Weise zu einer österreichischen Gewissenserforschung an, daher also verdient er begrüßt und mit Dankbarkeit freudig empfangen zu werden ...«

Der »Illustrierte Film-Kurier« schrieb über den Inhalt: »Dieser Film soll uns Österreicher vor dem ewigen Herumstochern in der Vergangenheit retten. Wir wollen endlich wissen, daß es damals in der sogenannten besseren Zeit auch nicht besser war, weil eben einfach keine Zeit wirklich gut und wirklich schlecht ist. Hans Moser spielt als Franz Xaver Pomeisl den ewig Unzufriedenen, der, als er endlich aus seiner Traumreise, die ihn zum Wiener Kongreß mitten in die Türkenbelagerung und nach dem römischen Vindobona führt, wieder erwacht, ein zufriedener Gegenwartsmensch wird.«

Die Kritik ging nicht gerade zimperlich mit diesem österreichischen Film um. So schrieb eine Wiener Zeitung nach der Premiere: »Der österreichische Film ist für den österreichischen Kritiker ungefähr das, was man im Volksmund eine ›zitternde Freude‹ nennt. Jeder Premiere sieht er mit Hangen und Bangen entgegen; wird es eine Blamage werden, und wie groß wird sie sein? Er kennt natürlich genau die schwierigen Verhältnisse, unter denen die wiederauferstandene Filmindustrie arbeiten muß ... Es ergibt sich aber doch die Hauptfrage, wollen oder sollen wir den künstlerischen Spitzenfilm anstreben, oder nach bewährtem Rezept weiterwursteln, d. h. den unterhaltenden, unriskanten, klischeemäßig hergestellten Spielfilm kultivieren? Wo liegt, aus der österreichischen Perspektive gesehen, der größere Erfolg, das größere Geschäft? … Den ewigen Raunzer Pomeisl spielt Hans Moser mit allen Registern seines durchaus nicht leichten und leichtzunehmenden, oft sogar dämonischen Humors. Dieser Künstler, den der Film zu einem Hanswurst degradiert hat, muß endlich wieder Filmrollen bekommen, die über die eingewurzelte Vorstellung hinauswachsen, daß die Wiener Bevölkerung ausschließlich aus Dienstmännern, Heurigensängern, Besoffenen, Wagentürlaufmachern, Putzikatzerln und g'hauten Schlankeln besteht. Neben der ›Bombenrolle‹ des Pomeisl enthält dieser Film nur Röllchen … Die eine oder andere Leistung bleibt aber doch im Gedächtnis: der großartige Josef Meinrad als Kümmeltürk Agha. Wann wird dieser Schauspieler endlich die richtige Filmrolle erhalten?«

Meinrad, der in zahlreichen österreichischen und später deutschen Filmproduktionen mitspielte, bekam häufig nicht die Rollen, die seinem künstlerischen Potential entsprachen, sondern mußte sich mit seichten, harmlosen und humorvollen Darstellungen begnügen, die ihm später zum Vorwurf gemacht wurden. Der deutsch-österreichische Film hatte sich, teilweise gezwungenermaßen, eben nicht für die neuen Wege der künstlerischen Spielfilme entschieden, sondern, wie der Kritiker feststellte, für die unriskanten, klischeemäßig hergestellten. Für die damalige Branche wurde ein Ausspruch des bekannten Berliner Filmproduzenten und Originals Kurt Ulrich zum geflügelten Wort, der, als ihn ein Regisseur zu einem ernsten Film überreden wollte, erklärt hatte: »Wat denn, wat denn! Um mein Jeld woll'n Se 'nen künstlerisch wertvollen Film dreh'n? Ohne mir!«

Noch im selben Jahr begannen auch die Dreharbeiten zu

dem österreichischen Film *Triumph der Liebe* der neuge-gründeten Wiener Mundus-Film unter der Regie von Alfred Stöger. Es war dies die filmische Umsetzung der *Lysistrata* von Aristophanes, mit der die Insel Erfolge gefeiert hatte. Josef Meinrad spielte, wie auf der Bühne, den Kinesias. Die Premiere des Films fand im April 1947 im Wiener Apollo-Kino statt.

Wie Josef Meinrad einmal in einem Interview gestand, war nicht allein der finanzielle Aspekt eines Filmengagements für ihn ausschlaggebend, sondern in erster Linie die künst-lerische Aufgabe, die ihm eine neue Ausdrucksform bot und zugleich Gelegenheit gab, populär zu werden. Popularität ist der Wunsch eines jeden Schauspielers. Der Ruf der Bühne geht meist nicht über die Stadtmauern hinaus, ein Film aber macht manchmal eine Reise um die Welt.

Meinrads Künstlerherz blieb jedoch mit der Bühne verbun-den, die für ihn seit der Kindheit die Erfüllung seiner Träu-me bedeutete. Auf den »Brettern, die die Welt bedeuten«, fühlte er sich zu Hause, dort fand er sein Glück.

Die Spielzeit 1947 begann in der Insel mit *Maria Magdalene* von Friedrich Hebbel, über die die »Volksstimme« nur einen Satz schrieb: »Josef Meinrad, ausgezeichnet!« Ein anderer Rezensent meinte hingegen, der Künstler sei in diesem Stück zu sonnig, um sein Schicksal glaubhaft zu machen.

Es folgte *Die schlaue Verliebte* von Lope de Vega. »Die Höhe possenhafter Schauspielkunst erreicht aber unbe-stritten Josef Meinrad, der die Naivität des Dieners mit un-nachahmlicher und bezwingender Natürlichkeit spielt«, schrieb »Das kleine Volksblatt« zu dieser Aufführung. Die »Weltpresse«, immer scharfe Kritikerin der Meinradschen Sprechweise, war diesmal zufrieden: »Er entwickelt sich«, schrieb sie, »auf einer Linie weiter und überrascht diesmal durch gepflegtes Sprechen.« In einer anderen Zeitung war zu lesen, daß Josef Meinrad jetzt bereits zu den zugkräftigsten Wiener Schauspielern zähle.

Später sehen wir Meinrad als Borisowitsch in Alexander Afigonows *Junge Herzen*. Zwanzigmal en suite folgte noch die Rolle des Reporters in John Galsworthys *Sensation* unter der Regie von Leon Epp, dann nahm Josef Meinrad von der Insel Abschied, die ihm so viele Möglichkeiten zu seiner künstlerischen Entfaltung geboten und zu deren künstlerischer Qualität er Wesentliches beigetragen hatte.

Im Juli 1947 erhielt Josef Meinrad die Einladung zu den Salzburger Festspielen. Unter der Regie von Helene Thimig gab er den Guten Gesell in Hofmannsthals »fatalem und unausrottbarem *Jedermann*« (Hans Weigel). Es waren sieben Vorstellungen auf dem Domplatz vorgesehen. Meinrads Gage betrug zweitausendachthundert Schilling, damals ein stolzer Betrag. Diese Produktion wurde im September im Rahmen des Burgtheaters im Wiener Ronacher wiederholt, und ab Oktober war Josef Meinrad dort fix engagiert.

5
Burgtheater und erste Filme

»*Laßt mich den Löwen auch
spielen,
Ich will brüllen, daß es einem
Menschen im Leibe wohl tun soll,
mich zu hören.*«

William Shakespeare
(*Sommernachtstraum*)

Im Oktober 1947 erfolgte das Engagement an die Staatsbühne. Das war in dieser Zeit eine große Ehre und eine besondere Auszeichnung. Daß die Wahl gerade durch Aslan stattfand, der seit 1920 diesem Theater angehörte und der wie kaum ein zweiter wußte, was gut und vorteilhaft für diese Institution war, macht deutlich, welchen Stellenwert Meinrad für die damalige Theaterszene hatte. Gleichzeitig mit Meinrad wurden auch Judith Holzmeister und O. W. Fischer ans Burgtheater berufen. Trotz vieler Krisen, Umbrüche, zweier Weltkriege und wirtschaftlicher Not wurde vom Direktor des Hauses die apodiktische Verfügung des Gründers dieses Theaters hochgehalten und befolgt. Als Kaiser Joseph II. am 23. März 1776 in einem kaiserlichen Handbillett an Fürst Khevenhüller die Umwandlung des »Theaters nebst der Burg« in ein »Teutsches Nationaltheater« anordnete, gab er dazu die Direktiven, die Leitsatz geblieben waren: »Erstklassige Leistung durch das bestmögliche Personal und straffe Organisation.« Und auch die Anordnung Kaiser Franz I., »Menschen von allen Ständen auf honette Art zu amüsieren und von anderen gefährlichen und ernsten Zerstreuungen abzuhalten«, hatte nach wie vor seine Gültigkeit.

Meinrad, er war jetzt vierunddreißig Jahre alt, wurde also Burgschauspieler. Ein Wort, das man sich auf der Zunge zergehen lassen muß! Er war sichtlich geadelt worden, und Alexander Moissis Ausspruch war für Meinrad in Erfüllung gegangen: »In jedem Land muß man dort das Wichtigste sein. In den Dolomiten eine Kuh, in Mexiko ein Sombrero und in Wien ein Burgschauspieler.«

»Burgschauspieler zu sein«, hatte einst Alexander Girardi gesagt, »ist kein Beruf, das ist ein Zustand.« Leider hat Girardi diesen glückseligen »Zustand« nur ein einziges Mal auskosten können. Sein langgehegter Traum, einmal auf der Bühne des angebeteten Burgtheaters zu stehen, erfüllte sich für ihn am 15. Februar 1918, als er Fortunatus Wurzel in Ferdinand Raimunds *Bauer als Millionär* spielen durfte. Bald nach der Premiere mußte dem schwer zuckerkranken Girardi das linke Bein amputiert werden. An den Folgen des Eingriffs starb er am 20. April 1918.

Josef Meinrad wußte, daß das Burgtheaterensemble etwas Besonderes darstellte. Der Dichter Adolf Wilbrandt, der dem Burgtheater von 1881 bis 1887 vorstand, hatte für das Ensemble »gegenseitige Hochachtung und vollendete Manieren« gefordert, die über Jahrzehnte hinweg als ungeschriebenes Hausgesetz Geltung hatten. Darüber hinaus hatte der Schauspieler Friedrich Ludwig Schröder durch die sprachliche Zucht, die er dem gesamten Ensemble aufzwang, den Grundstein für das bis heute vorbildliche Burgtheaterdeutsch gelegt. Man war also, wenn man dieser Schauspielertruppe angehören durfte, ein Auserwählter und durfte sich zur Elite der deutschen Schauspieler zählen. Obwohl Aslan vom Burgtheater als einer »Publikumsschmiere« sprach, war gerade das Publikum dieses Theaters anspruchsvoller als jedes andere.

Die größte Freude über das Engagement an das Burgtheater hatte zweifellos Meinrads Mutter. Als sie noch dazu erfuhr, daß ihr »Pepperl« pensionsberechtigt sein würde, war sie selig. Er würde also im Alter sein Auslangen finden!

Für den »Pepperl« war die Pensionsberechtigung im Augenblick das Unwichtigste. Diese lag noch in weiter Ferne. Das Entscheidende war für ihn, daß er Mitglied in einem Ensemble wurde, dessen Ruf weit über die Grenzen des Landes hinausreichte. Im Laufe seines Bestehens war das Burgtheater zu einer Kulturinstitution ersten Ranges geworden. Ein wenig Angst befiel den Künstler dennoch, als er von der Insel zur Burg wechselte. Ihn machte nicht die Forderung nach schauspielerischer Höchstleistung bange, sondern die Berühmtheit des Ensembles. Was waren das für Namen! Da spielten noch »k. k. Hof-Schauspieler«, eine Rosa Albach-Retty, ein Otto Treßler, ein Aslan, Ewald Balser. 1939 kamen Käthe Dorsch, Heinz Moog, Horst Caspar, Maria Holst, Gusti Huber, Susi Nicoletti und ein Curd Jürgens. 1940 Paul Hörbiger, ein Jahr später Oskar Werner, 1945 Hilde Mikulicz, 1946 Albin Skoda und Gusti Wolf, und schon seit ewigen Zeiten die Dynastie der Thimigs. Sie alle repräsentierten den »Geist« des Burgtheaters, den Anton Wildgans einst so beschrieben hatte: »Was ist dies nun für ein seltsam Ding, dieser Geist des Burgtheaters, bei dessen Nennung sich die Stirnen gerade der Besten in diesem Haus in Demut neigen, die Augen mancher Jungen und Jüngsten in Liebe und Begeisterung aufflammen und selbst die Kleinsten im Räderwerk des Ensembles eine stolze Zugehörigkeit fühlen ... Nun denn, dieser Geist ist der zur künstlerischen und sittlichen Weltanschauung gereifte Glaube an das kulturschöpferische Lebensprinzip des Burgtheaters ...«

Und nun stieß hier ein zwar sympathischer, aber noch junger »Hupfer«, der soviel wie möglich Theater spielen wollte, zu diesem elitären Kreis. Bis jetzt war es ihm ja vergönnt gewesen, fast jeden Abend auf der Bühne zu stehen und heute dies und morgen jenes zu spielen – das war ja letztlich seine einzige Leidenschaft. Würde dies eines Tages auch am Burgtheater zu verwirklichen sein? Das war seine bange Frage. An ihm sollte es nicht liegen. Sein Können, sein Fleiß und seine Disziplin würden die Voraussetzungen schaffen. Auch die Einordnung in das Ensemble sollte ihm nicht schwerfallen. Die Frage war nur, ob er auch bei den Arrivierten mit den klingenden Namen auf entsprechende Gegenliebe stoßen würde. Denn der »Geist des Burgtheaters« war ein anderer als in den übrigen Theatern. Die Zweifel erwiesen sich als unbegründet. Josef Meinrad wurde herzlich aufgenommen, und mit seiner bescheidenen und charmanten Art machte er sich sofort Freunde.

Die erste Rolle Meinrads im Burgtheaterensemble war der Octavio in Carlo Goldonis *Der Lügner*. Die Aufführung fand am 17. Oktober 1947 in den Redoutensälen statt. Die Beurteilungen seines Debüts waren großteils positiv und wohlwollend. Von allen Kritikern wurde betont, daß sich der Neuling Meinrad gut in das Ensemble eingefügt hätte und daß er sich als »Naturbursche« durchzusetzen verstünde. Das Debüt Meinrads im Burgtheater muß also als gelungen angesehen werden. Aber es gab auch kritische Stimmen. So schrieb die »Österreichische Zeitung«: »Ein anderer Fall ist Josef Meinrad ... Dieser Schauspieler fühlt sich im Burgtheatermilieu noch neu. Sein Erbteil, das er unbekümmert mitbringt, heißt bestechende Jugend und Liebenswürdigkeit. Hier waltet Natur in burschikoser Form. Das Talent ist durchaus sekundär, beiläufig, nebenhergetragen. Josef Meinrad meistert auch den Octavio ohne Meisterschaft; als ein gut gemachtes Gesellenstück. Die Nachbarschaft von Natur und Kunst erweist sich auch an dieser Rolle des ewigen Jünglings; er folgt seinem Naturell, läßt seinen Gefühlen freien Lauf – was eigentlich bühnenwidrig ist –, aber ihm, Meinrad, nimmt man diesen ›Privatton‹ nicht übel. Er besticht und

wirkt wohltuend, wie immer er sich gäbe und gebarte. Er ist der Schwan auf dem Theaterteich, er ist da, nur um zu gefallen. Man jagt ihn nicht, man schießt ihn nicht, man genießt ihn mit den Augen. Daß er entschieden sehr viel lernen muß, um aus dem Naturzustand des Schauspielers zum ergründlichen Geheimnis der Menschenformung vorzudringen, dürfte ihm – talentiert wie er ist – schon geraume Zeit bewußt sein.«
Franz Tassié meinte zum Debüt Meinrads, daß seine Spielweise zwar großen Anklang finde, aber die Sprache ihm noch immer – trotz unverkennbarer Fortschritte – Schwierigkeiten bereite.

Diese Kritik war schon mehrmals laut geworden. Noch in den Zeiten an der Insel, überhaupt seit Meinrad in Wien sein Theaterdebüt gegeben hatte, wurden sein Sprechen und sein Gesang bemängelt. Das Publikum hatte sich mit der Zeit an seine Sprechweise gewöhnt, doch wurde bis zuletzt Kritik an seinem Gesang laut: »Der Meinrad kann nicht singen, singt aber ständig.«

Ursache dafür war ein medizinisches Phänomen. Josef Meinrad, ein exzessiv ausgeprägter leptosomer Typ mit langem und schmalem Brustkorb, fehlte der »Resonanzkasten«, den ein Sänger für seine Stimme benötigt. Wenn solche Typen singen, stellt sich aufgrund des Brustkorbbaus unweigerlich eine funktionelle Fehlatmung ein, die die Stärke der Stimme beeinträchtigt. Hinzu kommt eine Schwäche der beiden Stimmbandmuskel, so daß sich die Stimmbänder nicht vollständig, sondern nur mit großer Mühe und Anstrengung schließen können. Es tritt, wie es im Fachjargon heißt, eine »spastische Dysphagie« (Störung der Stimmbildung) auf, die dem Künstler diese eigenartige, unverkennbare Stimme verleiht. Erstaunlicherweise erreichte der Künstler später seinen größten Bühnenerfolg in einer Musicalrolle.

Im November 1947 folgte mit dem *Sommernachtstraum* von

William Shakespeare die nächste Premiere. Meinrad spielte den Flaut–Thisbe. Schauspielerisch stachen die Figur des Zettel Hermann Thimigs und der in seiner Schüchternheit groteske Flaut Josef Meinrads hervor. Sie waren rührende Typen. Neben Hermann Thimig konnte sich Josef Meinrad sowohl als schüchterner, ständig verlegener Handwerker, aber auch als von Liebe verzehrte Thisbe durchaus sehen lassen.

Hans Weigel meinte, daß der deutsche Text der meisten »Rüpel-Gestalten« bei Shakespeare wenig hergebe: »Man muß die Rolle aus eigenem innerem Reichtum von Grund auf dichten; man muß Weisheit und Narrheit durch die nichtssagende, dünne, dürre Albernheit der problematischen Unübersetzbarkeiten hindurch im rechten Gleichgewicht erzeugen – und Josef Meinrad offenbarte sich da in einer sonst recht x-beliebigen Vorstellung als sehr bedeutender darstellender Zeitgenosse. Er war so herzhaft und herzerquickend als seltsame Erscheinung ganz vorhanden, er verbreitete Vergnügen, indem er stillvergnügt war, recht einfältig, aber auf liebenswerte Manier, mit sich selbst höchst zufrieden, so glückselig in seiner Albernheit, daß man halb über ihn, halb mit ihm lächelte … Ich habe seinen Weg in diesen Jahren verfolgt, ich habe ihn in nahezu allen Bühnenrollen gesehen. Er war für mich schon in seiner ganzen Besonderheit und ihrem ganzen Format erkennbar …«

Ein großes und ehrendes Lob erhielt Josef Meinrad von Rosa Albach-Retty, die ihn jetzt bereits für den »wesentlichsten Schauspieler der neuen Generation, für den Burgschauspieler von morgen« hielt. An ihrem hundertsten Geburtstag – so berichtet Ernst Haeussermann – erinnerte sie sich noch an Meinrad und wußte, daß sie sich mit ihrem Urteil nicht geirrt hatte.

Das Jahr 1948 gab Josef Meinrad am Burgtheater viele Möglichkeiten weiterer künstlerischer Entfaltung in einem bunten Fächer verschiedenster Rollen. So sehen wir ihn als Schüler in

Goethes *Faust* unter der Regie von Ewald Balser, acht Tage später als Sekretär in der Operette *Rosaroter Prinz de Ligne*, von Martin Costa dramatisiert und von Hans Lang mit gefälligen musikalischen Draufgaben ausgestattet, im Redoutensaal: »Wollte man die charakteristischen Momente von Costas Lustspiel mit den besten schauspielerischen Leistungen bestimmen, so müßte das Stück ›Der Sekretär des rosaroten Prinzen‹ heißen, denn allein der Sekretär Benitschek, einzigartig von Josef Meinrad verkörpert, strömt wirkliche Theateratmosphäre aus … Meinrad übertrifft hier an tragikomischen Effekten noch seine Sommernachts-Thisbe, und das will schon was heißen«, schrieb die »Wiener Wochenausgabe«.

Im April folgte die nächste Premiere des Burgtheaters im Akademietheater mit Jean Giraudoux' *Die Irre von Chaillot* unter Walter Felsensteins Regie. Meinrad hatte die Rolle des Polizisten übernommen. »Der köstliche Josef Meinrad verstand es, selbst in der kleinsten Rolle, seiner Darstellung Glanzlichter aufzusetzen und das Menschliche hervorzuheben. Er war einer der ganz wenigen Begnadeten, die auch dem papierenen Dialog Leben einzuhauchen verstanden«, schrieb »Neues Österreich«.

Vier Wochen später fand im selben Haus die Aufführung von *Fährten* von Ferdinand Bruckner statt. Die »Wiener Bühne« berichtete: »Vortrefflich zeigte sich Josef Meinrad als Eisenbahner Lorenz. Er trug die rührenden Züge eines Menschen, der sich mit seinen einfachen Gaben in philosophischen Tiefsinn verstrickt, ohne zu straucheln und dabei einen untrüglichen Instinkt für das Rechte und Wahre verrät.«

Bereits im Mai folgte mit *So war Mama* von John William Druten die nächste Erstaufführung. Regie führte Ulrich Bettac. Meinrad fand bei allen Kritikern volle Zustimmung. Nach sechsunddreißig Vorstellungen en suite ging es in die wohlverdienten Ferien. Meinrad dachte jedoch nicht daran, Urlaub zu machen. »Ich weiß nicht, ob mir das gut täte«, sagte er einmal. »Denn die Arbeit ist für mich die schönste Erholung.« Statt auf Urlaub fuhr Meinrad täglich in aller Früh in das Filmatelier und drehte in diesem Jahr vier Spielfilme. Zuerst in der Hübler-Kahla-Produktion *Der Prozeß* unter der Regie von Georg Wilhelm Pabst. Als bekannt wurde, daß G. W. Pabst in seinem ersten österreichischen Nachkriegsfilm das Thema eines religiösen Ritualmordes zu behandeln beabsichtigte, erhoben sich im In- und Ausland zahlreiche Stimmen für und wider dieses Projekt: Im Jahre 1882 war in einem kleinen ungarischen Dorf ein Mädchen verschwunden. Nach längerer Zeit wurde sein Leichnam aus der Theiß geborgen, es hatte Selbstmord begangen. Inzwischen aber konstruierten Beschränktheit und Nächstenhaß aus der Tatsache ihres Verschwindens einen Ritualmordprozeß, der weit über die Grenzen Ungarns hinaus Aufsehen erregte. Ein Budapester Anwalt übernahm die Verteidigung der angeklagten Juden des Dorfes, aus dem das Mädchen stammte. Er erbrachte den Beweis des Selbstmordes und erreichte den Freispruch für die Juden. Soweit der Inhalt. Josef Meinrad spielte den Untersuchungsrichter, einen Exponenten der antisemitischen Clique, die mit Lug und Trug gegen die Juden kämpfte und der jedes Mittel der Schuldzuweisung recht war.

Die Besetzungsliste des Films ist ein Auszug aus der Elite österreichischer Schauspieler: Maria Eis, Auguste Pünkösdy, Aglaja Schmid, Ewald Balser, Ernst Deutsch, Gustav Diessl, Hinz Fabricius, Erik Frey, Josef Meinrad, Ivan Petrovich, Leopold Rudolf, Hermann Thimig und Ernst Waldbrunn.

So gutgemeint der Film auch war – vielleicht kam er für die damalige Zeit zu früh –, blieb ihm doch der Publikumserfolg versagt. »Die Absichten, die unser großer Regisseur G. W. Pabst bei seinem Film ›Der Prozeß‹ hegt, werden vielfach falsch verstanden«, schrieb die »Welt am Abend«. »Pabsts Film soll keine philosemitische Propaganda werden, sondern ein Film gegen den Antisemitismus. Das ist ein großer Unterschied! Pabsts Bestreben ist, einen Problemfilm zu schaffen, der für Humanität, Menschenwürde und Recht kämpft ...« Die künstlerische Leistung wurde übereinstimmend gelobt, doch, so schrieb eine angesehene Zeitung, »sie trägt wenig dazu bei, die Wagnisse eines solchen Unternehmens zu mildern. Die beteiligten Künstler ... wir denken insbesondere an Heinz Moog und Josef Meinrad, haben Großartiges geleistet ... So bleibt das Publikum auf der Tribüne des Prozesses sitzen und hat keine andere Wahl, als die Folgerung fix und fertig in mehrfacher Auflage entgegenzunehmen. Vollends mit dem gesteigerten Finale, in welchem Pabst selbst den künstlerischen Geschmack dem Pathos opfert, wird uns bewußt, daß man die Menschlichkeit vielleicht Urwaldbewohnern auf diese Weise beibringen könnte ...«

Pabst selbst war von der großartigen Darstellungskunst Meinrads, der den bösartigen Untersuchungsrichter vor die Kamera brachte, so beeindruckt, daß er dem Künstler eine große Karriere als Filmschauspieler voraussagte, allerdings mit der Einschränkung, daß er nur noch Bösewichte werde spielen können.

Schon im nächsten Film konnte Josef Meinrad beweisen, daß er auch einen lustigen, sehr charmanten jungen Mann spielen konnte. Es begannen die Dreharbeiten der Wiener Mundus-Film zu *Rendezvous im Salzkammergut* unter der Regie von Alfred Stöger mit Inge Konradi, Elisabeth Markus, Hertha Mayen, Theodor Danegger, Harry Fuß und Hans Holt. Die Filmmusik hatte Robert Stolz beigesteuert, seine erste Arbeit nach seiner Rückkehr nach Österreich. Es war ein netter, unbeschwerter Unterhaltungsfilm mit schönen Naturaufnahmen vom Wolfgangsee.

Inge Konradi und Josef Meinrad sollten später auf der Bühne Triumphe feiern und sich auf künstlerischem Gebiet, besonders in Raimund- und Nestroy-Stücken, ideal ergänzen und als »Traumpaar« in die Wiener Theatergeschichte eingehen.

Beide hatten das gewisse Gespür für ihre Rollen, eine gemeinsame Antenne oder, wie Inge Konradi viele Jahre später erklärte, sie konnten sich vom ersten Moment an »riechen«.

In diese Zeit fällt der Beginn meiner Freundschaft mit dem Künstler. Als Schwiegersohn Alfred Stögers durfte ich den Aufstieg Josef Meinrads aus nächster Nähe und aus vielen persönlichen Berichten miterleben. Die Freundschaft vertiefte sich in den folgenden Jahren, in denen ich auch zum ärztlichen Berater der Familie Meinrad wurde.

Der dritte Film, den Josef Meinrad in diesem Jahr abdrehte, war *Anni*, eine Produktion der Styria-Film unter der Regie von Max Neufeld. Meinrads Partner waren Elisabeth Markus, Elfie Mayerhofer, Annie Rosar und Siegfried Breuer. Meinrad stach wiederum hervor und erhielt gute Kritiken.

Einen weiteren Styria-Film drehte Meinrad unter der Regie von Harald Röbbeling noch im selben Jahr, *Fregola*. Das Drehbuch hatte Karl Farkas verfaßt, die Hauptdarsteller waren Marika Rökk, Siegfried Breuer, Theodor Danegger, Hugo Gottschlich, Rudolf Prack und Gustav Waldau. Es war ein heiterer, beschwingter Revuefilm, in dem, wie nicht anders zu erwarten, Marika im Mittelpunkt stand und ihre makellosen Beine vor der Kamera schwang.

Im Herbst erklärte Josef Meinrad in einem Zeitungsinterview seine grenzenlose Zufriedenheit mit seinem Beruf. »Das Akademietheater«, so sagte er, »eröffnet die heurige Spielzeit mit dem *Unmensch* von Hermann Bahr, und ich spiele darin die Titelrolle. Wissen Sie, ich freue mich schrecklich darüber, daß ich so viele und schöne Rollen zu spielen bekomme. Knapp nachdem ich meinen Burgtheatervertrag unterschrieben habe, dachte ich mir, es wäre doch voreilig gewesen, und ich würde nur alle heiligen Zeiten einmal auf den Brettern stehen. Aber dann kam eine schöne Aufgabe nach der anderen. Ich kam manchmal gar nicht zum Atemholen ...« Auch für dieses Stück erhielt Meinrad glänzende Kritiken.

Meinrad hatte sich nun auch im Burgtheaterensemble künstlerisch durchgesetzt. Es war ein langer Weg, und es bedurfte fast zweitausendfünfhundert Vorstellungen, um das zu werden, wovon er schon als Kind geträumt und wofür er hart und mit eiserner Selbstdisziplin gearbeitet hatte. Es war ein oft beschwerlicher Weg, bis sein Name überhaupt auf einem Programmzettel oder auf einem Theaterplakat aufschien und bis in den Kritiken sein Name erwähnt wurde. Endlich kamen Rezensionen, endlich war er von den Kritikern »entdeckt« worden, was für Meinrad eine schwere Hypothek darstellte, denn nun stand er unter Erfolgszwang. Er mußte täglich in Hochform spielen. Das kritische und verwöhnte Wiener Theaterpublikum war dem bestrickend unbefangenen, jungen Schauspieler dankbar, der sich der Kräfte, die in ihm schlummerten, der Gaben, mit denen er wahrhaftig verschwenderisch ausgestattet war, noch nicht wirklich bewußt war. Er verschenkte sie großzügig, wie sie ihm geschenkt wurden, ohne viel Aufhebens, ohne die leiseste Spur von Effekthascherei.

Den endgültigen Durchbruch am Burgtheater schaffte Meinrad mit dem Stück *Der Himmel voller Geigen* von Rudolf Holzer unter der Regie von Ulrich Bettac. Eine Zeitung rezensierte, daß sich Meinrad mit der Rolle des Sauter in diesem Stück in die erlesene Reihe der Wiener »Volksschauspieler« eingeordnet habe. Erstmals fiel dieses Wort.

Der Rücktritt Raoul Aslans von seinem Amt als Burgtheaterdirektor im Jahre 1948 verunsicherte Josef Meinrad in gewisser Weise, denn unter Aslan hatte er sich in der kurzen Zeit seines Engagements einen fixen Platz innerhalb des Spielbetriebes sichern können und war mit schönen, dankbaren Bühnenrollen beschäftigt worden. Ob dies unter einem neuen Direktor ebenso sein würde, dessen war er sich nicht so sicher.

Als Nachfolger Aslans wurde in Künstlerkreisen Ernst Lothar gehandelt, und alle waren überzeugt, daß der bekannte Regisseur neuer Burgtheaterdirektor werden würde, zumal er schon vor seiner Emigration im Jahre 1938 zur Debatte stand und mit Bundeskanzler Kurt von Schuschnigg bereits in Verhandlung getreten war. 1947 war Ernst Lothar mit seiner Frau Adrienne Gessner aus dem Exil nach Wien heimgekehrt – in amerikanischer Offiziersuniform. Bei der Vollversammlung des Burgtheaterensembles trat der Regisseur Adolf Rott vehement gegen Lothar auf. Lothar sei amerikanischer Offizier, und die Russen würden daher seiner Ernennung nie zustimmen. Das Ensemble solle sich daher einen neuen Namen einfallen lassen. Diese Politik verfehlte nicht ihre Wirkung. Nun begannen hinter den Kulissen Intrigen und Interventionen auf höchster politischer Ebene, die tatsächlich Erfolg hatten. Lothar wurde fallengelassen und Josef Gielen zum Direktor der Burg für die nächsten sechs Jahre ernannt. Auch Gielen war während der Nazizeit emigriert und hatte in Buenos Aires das Teatro Colon geleitet.

Die letzte Premiere Meinrads im Jahre 1948 war der Jetter in Goethes *Egmont* unter der Regie von Ernst Lothar. Dazu Franz Tassié in der »Weltpresse«: »Hermann Thimig, Oskar Werner und Josef Meinrad glänzten als stärkste Individualisten!«

Die erste Premiere im Jahre 1949 fand im Februar im Akademietheater statt. Meinrad spielte in Tennessee Williams *Glasmenagerie* den Jim. Mit ihm standen Helene Thimig, Käthe Gold und Curd Jürgens auf der Bühne, Regie führte Berthold Viertel. Viertel war Schriftsteller, Dramaturg und Regisseur, Mitbegründer der Wiener Volksbühne in der Zwischenkriegszeit und bekannter Mitarbeiter der »Fackel« von Karl Kraus. Er war 1938 nach Amerika emigriert, hatte in Hollywood Arbeit gefunden und war im Jahre 1948 nach Wien heimgekehrt.

In den Kritiken dieses Stücks, die voll des Lobes über Meinrad waren, fanden sich Sätze wie »bemerkenswert die Echtheit des Spiels« oder »alle Schwankungen und Gegensätze im Charakter trifft er mit feinster und hintergründiger Psychologie, er ist dabei ein Geschöpf des Volkes und zugleich einer mit den Zeichen des Genies«.

Es gibt keine Bühne ohne Neid und Intrigen. Sie gehören zum täglichen Repertoire hinter den Kulissen, doch Meinrad war immun dagegen. Er war weder Anführer noch Mitläufer einer Clique, er hat nirgends das große Wort geführt, sondern sich bescheiden, oft zu bescheiden, im Hintergrund gehalten. Er haßte es, sich auf Partys herumreichen zu lassen und gesellschaftliche Nichtigkeiten auszutauschen. Vielleicht war er sogar »unkollegial«, weil er nie an den Feiern des Ensembles teilnahm. Was hatte auch ein Antialkoholiker, mit einem Glas Orangensaft in der Hand, in einer feuchtfröhlichen Runde verloren? Als einmal auf einer Tournee der abendliche Triumph gefeiert wurde, ging Meinrad schlafen, was ihm die Kollegen sehr übelnahmen. Doch der anwesende Werner Krauß, der ihn schon damals schätzte, sprach ein Machtwort: »Laßt mir den Meinrad in Ruhe«, erklärte er kategorisch.

Jahre später wurde Meinrad in einem Interview auf seine Zurückhaltung angesprochen. Auf die Frage, ob seine Scheu der Garant für künstlerische Qualität sei, antwortete er: »Nein, das ist nichts Überlegtes, das geschieht instinktiv. Als Schauspieler stehe ich so vielen Menschen gegenüber, da brauche ich meine Ruhe im Privatleben.« Auf die Frage, ob er die Menschen nicht möge, meinte der Künstler: »Nein, um Gottes willen. Ich genieße es noch immer und bin fasziniert, wenn mich die Menschen auf der Straße ansprechen. Nur kann ich mit dieser Popularität eigentlich gar nicht umgehen.« Was denn daran so schwierig sei? »Um die Wahrheit zu sagen: Ich bin ein wenig gehemmt und öffne mich nicht so gerne vor anderen Menschen. Es kostet mich Kraft,

Kraft, die ich im Beruf brauche. Im Privatleben laß ich mich gerne fallen. So sammle ich neue Energien.«

»Daß der Eigenbrötler und Einzelgänger Meinrad in Wien so ungemein populär geworden ist«, schrieb Heinz Fischer-Karwin, »verdankt er nicht nur seinem großen Können, sondern auch seiner frappanten Geschicklichkeit im Umgang mit Menschen. Sein Garderobier sagt von ihm: ›Ich habe ihn noch nie aufgeregt gesehen.‹ Er beteiligt sich an keinem Klatsch und keiner Intrige, er bietet überhaupt keine Angriffspunkte, und man könnte ebenso gut gegen eine Gummiwand rennen, wenn man versuchen wollte, ihn zu attackieren. Er hätte auch Innenminister, Kardinal oder Botschafter werden können.«

Josef Meinrad war tatsächlich ein immer zufriedener und ein glücklicher Mensch, bis zum heutigen Tag. Nicht wegen materieller Güter, die sich im Laufe der Jahre auch einstellten, sondern wegen seiner inneren Festigkeit, Harmonie und Zufriedenheit. Und das spürte schon damals sein Publikum.

Das Jahr 1949 gestaltete sich äußerst arbeitsreich. Im Februar war Meinrad in Fritz Hochwälders *Der öffentliche Ankläger* als Fabricius beschäftigt, es folgten unter Josef Gielen die Aufführungen von William Shakespeares *Julius Cäsar* und Paul Claudels *Der seidene Schuh*, von dessen Produktion die »Wiener Tageszeitung« schrieb, daß dies das bedeutendste Theaterereignis seit dem Jahre 1945 gewesen sei. Danach fand die Premiere von George Bernard Shaws *Major Barbara* statt, unter der Regie von Berthold Viertel. Nach einem kurzen Gastspiel in Graz mit Hochwälders *Der öffentliche Ankläger* kehrte Meinrad im Herbst an das Akademietheater zurück und spielte den Fabian Strick in Johann Nestroys *Die beiden Nachtwandler*, bearbeitet von Hans Weigel, unter der Regie von Oscar Fritz Schuh. Den jungen Kellner spielte ein gewisser Karlheinz Böhm. Es folgte das Lustspiel *Der Mann aus dem Ministerium* von

Madeleine Bingham in Bearbeitung und unter der Regie von Theo Lingen, dann *Cyprienne* von Victorien Sardou unter der Leitung von Hans Thimig, und schließlich die Rolle des Baccalaureus in Goethes *Faust II* unter Josef Gielen.

In diesem wahrlich mit intensiver Theaterarbeit ausgefüllten Jahr drehte Josef Meinrad noch vier Spielfilme. *Das Siegel Gottes*, ein Wiener Mundus-Film unter der Regie von Alfred Stöger. Die Handlung des Films ging auf ein Motiv über das Beichtgeheimnis zurück, das Peter Rosegger dichterisch verwertet hat. Die Hauptrolle, den Pater Clemens, spielte der »hochbegabte, jetzt am Burgtheater wirkende Josef Meinrad«.

Über seine Dreharbeiten zum *Siegel Gottes* gefragt, ob es nicht gewisse Parallelen zwischen dem Beruf des Schauspielers und dem des Priesters gebe, meinte der Künstler: »Sicherlich, wenn man es auch nicht gerne hören will. Schließlich sollten beide demselben Ziel entgegenstreben. Nicht umsonst sind bei den alten Griechen Religion wie Schauspielkunst aus dem Mysterienspiel hervorgegangen. Der Beruf des Schauspielers ist im Grunde ein heiliger Beruf.«

Es folgte der Berolina-Film *Nichts als Zufälle* unter der Regie von E. W. Emo, anschließend *Mein Freund Leopold*, eine Produktion der Wiener Mundus-Film, und schließlich noch in der gleichen Produktion *Mein Freund, der nicht nein sagen kann*, dessen Drehbuch Georges Creux verfaßt hatte. Das Publikum fand in diesem Film all das, wofür es meist ins Kino ging: Entspannung und Unterhaltung. Erstmals wurde Josef Meinrad als »geborener Komiker« gefeiert, der er eigentlich auch war, selbst wenn er es nicht sein wollte. Dabei ist die Aufgabe des Komikers, das Publikum zum Lachen zu bringen, die schwierigste. Es ist eine Gratwanderung zwischen Ernst und Outrage, beides muß feinst aufeinander abgestimmt sein. Ein Komiker muß mit einer gehörigen Portion Witz, Geist und Charme spielen und sich dennoch zurücknehmen. Das ist schwieriger, als mit großartigem Pathos von der Rampe herab Verse zu deklamieren. Josef Meinrad besaß diese drei Eigenschaften in hohem Maße. Sonst eher schweigsam und still, wirft er Bonmots in die Unterhaltung, die von seinem trockenen Humor zeugen und hinter denen sich sein augenzwinkernder Schalk verbirgt. Er sollte im Laufe seiner weiteren Karriere noch viele komische Figuren darstellen und die Menschen zum Lachen bringen.

Das Jahr 1950 war ebenso mit Arbeit ausgefüllt wie das vorhergehende. Auch die Bühne kam nicht zu kurz, Meinrad feierte Triumphe, die in aller Munde waren. Im Januar war er in weiteren Vorstellungen von *Der Unmensch* zu sehen, anschließend in *Cyprienne* von Victorien Sardou unter Heinz Hilpert. Dann begannen Filmaufnahmen für insgesamt sieben Spielfilme, so daß sich der Künstler bis 6. September vom Burgtheater beurlauben lassen mußte, um allen Verpflichtungen nachkommen zu können.

Bis auf einen Film war es die übliche deutsch-österreichische Unterhaltungsware: *Der Theodor im Fußballtor* unter der Regie von E. W. Emo, *Prämien auf den Tod* unter der Regie von Curd Jürgens. Es folgten *Es schlägt dreizehn,* wieder unter der Regie von Emo, und der Mundus-Film *Kraft der Liebe* unter Alfred Stöger. In Graz wurde *Erzherzog Johanns letzte Liebe* mit Marte Harell unter der Regie von Hans Schott-Schöbinger gedreht und schließlich noch ein Mundus-Film *Das Jahr des Herrn* nach einem Roman von Karl Heinrich Waggerl, ein heimatverbundener Film, von den mitwirkenden Burgschauspielern blendend in Szene gesetzt. Und zuletzt drehte Meinrad den Film *Schatten über Neapel* unter der Regie von Hanns Wolff.

Höhepunkt des Jahres 1950 aber war sein Auftritt bei den Salzburger Festspielen.

6
Profilierung mit Raimund und Nestroy

»... Dem Mimen flicht die Nachwelt
keine Kränze; drum muß er geizen
mit der Gegenwart, den Augenblick,
der sein ist, ganz erfüllen ...«

Friedrich Schiller (*Wallenstein*)

Die Salzburger Festspiele engagierten Josef Meinrad im Sommer 1950 für zwei Produktionen. Zuerst spielte er den Junker Bleichenwang in Shakespeares *Was ihr wollt*, danach den Valentin in Raimunds *Verschwender,* mit dem Ensemble des Burgtheaters unter der Regie von Ernst Lothar. Neben Meinrad wirkten Adrienne Gessner, Judith Holzmeister, Inge Konradi (in der Rolle der Rosa), Maria Kramer, Aglaja Schmid, Franz Böheim, Karl Eidlitz, Hans Jaray (in der Rolle des Julius Flottwell), Alfred Jerger, Oskar Karlweis, Leopold Rudolf, Hans Thimig und Gustav Waldau mit. Der *Verschwender* war und blieb der Höhepunkt der Salzburger Saison 1950. »Josef Meinrad in der tragenden Rolle des unter der Hand Lothars in neuer Pracht entstandenen Raimund-Stücks *Der Verschwender*«, war in einer Kritik zu lesen. »Durch diese Leistung wird Meinrad vielleicht der populärste Schauspieler der Festspiele 1950 werden.« Er wurde es! Eine ungetrübte Freude. Vor allem deshalb, weil hier ein großer Regisseur einen großen Dichter mit aller Ehrfurcht vor seinem Werk inszenierte, ohne dabei an unwesentlichen Dingen zu kleben. Die Schauspieler, für die Ernst Lothar sich entschieden hatte, ließen mit Wehmut an eine Zeit denken, in der solche Starensembleaufführungen etwas Selbstverständliches waren, zum Beispiel bei Max Reinhardt. Josef Meinrad hat an diesem Abend einen Erfolg errungen, der in der Geschichte des Nachkriegstheaters kaum einen Vergleich hatte. Hier wies sich auch ein neuer Weg für das Fach dieses Künstlers, der Weg zum Einfachsten und zum Schwersten, der Weg zum Volksschauspieler. »Und da ist er kein *zweiter* Girardi«, sagte Ferdinand Mayerhofer, der es ja wissen mußte, »sondern ein *erster* Meinrad.«

Hans Weigel schrieb später über Meinrads Sternstunde am Salzburger Landestheater: »Josef Meinrad hat bei den Salzburger Festspielen (durch Regie und Bearbeitung behindert) und später am Burgtheater den Valentin in Raimunds *Verschwender* gespielt, eine klassische, wienerische Ur-Rolle, einen sehr großen ›kleinen Mann‹, der recht unverbunden durch die eigentliche Märchenhandlung geht und doch zu ihrem Zentrum wird, einfältig, kommun, treuherzig und gutmütig. Alexander Girardis Schatten steht über diesem Valentin und seinem zum Volkslied gewordenen Hobellied, Erinnerungen und Traditionen mancher Art sind Hypotheken für jeden neuen Darsteller, und eine Stelle, so will es die Tradition, entscheidet vor allen anderen, der Augenblick, da Valentin nach zwanzig Jahren in einem Fremden seinen ehemaligen Gebieter erkennt und ausruft: ›Mein gnäd'ger Herr! Mein gnäd'ger Herr!‹ Der Experte, der in Wien den *Verschwender* besucht, weiß dies, er wartet darauf, ob dieser Ausruf ihn erschüttern wird. Ich habe Meinrads Valentin mehrmals (mindestens viermal) gesehen, habe auf die Stelle und auf die Erschütterung gewartet, und war trotzdem jedesmal erschüttert.«

Später wird ein kühler norddeutscher Kritiker schreiben, daß *dieser* Augenblick auf der Bühne »zum Hinknien« war. Meinrad absolvierte mit dem *Verschwender* acht Vorstellungen in Salzburg. Jede war ein Triumph, und nicht enden wollender Beifall begleitete sie.

Am 2. August war dann die Premiere von *Was ihr wollt* im Landestheater. Regie führte Josef Gielen. Dazu die Kritik: »Eine prachtvolle Aufführung voll sprühendem Witz und feinster Ausgewogenheit. Auch hier wieder Josef Meinrad von besonderer Publikumswirkung (Ritter Bleichenwang), soweit man bei einem Ensemble, dem ein Werner Krauß, Ewald Balser, O. W. Fischer, Albin Skoda ... angehören, noch von einer besonderen Wirkung sprechen kann.«

Im Herbst ging diese Produktion zu einem Gastspiel nach Hamburg. Den Junker Tobias spielte Ewald Balser, Werner Krauß war Malvolio und Meinrad der Junker Bleichenwang. Die Aufführung war ein riesiger Erfolg für die Wiener. Das sonst so kühle Hamburger Publikum war derart begeistert, daß erst nach vielen Vorhängen der Eiserne Vorhang heruntergelassen wurde. Die Zuschauer stürmten nach vorne, zogen die Schuhe aus und trommelten mit den Absätzen so lange auf den Eisernen ein, bis er wieder hochgezogen werden mußte.

Mit *Was ihr wollt* wurde auch die Herbstsaison 1950 am Burgtheater eröffnet. Ab Dezember spielte Meinrad im Akademietheater *Vogel Strauß* von Archibald Norman Menzies unter der Regie von Ulrich Bettac.

Das Jahr 1950 brachte nicht nur große künstlerische Erfolge, auch im Privatleben tat sich einiges. Das Ehepaar Meinrad hatte in der Gumpendorferstraße eine große Wohnung bezogen, die eingerichtet werden mußte. Hier hatten sich die richtigen Partner zu gemeinsamer Sammelleidenschaft gefunden; sie waren die besten Kunden diverser Wiener Antiquitätengeschäfte. So wie es in der Kunst verschiedene Perioden gibt, so gab es auch bei Meinrads verschiedene »Sammler-Perioden«. Einmal Bauernmöbel, dann Biedermeier, später Jugendstil, Hinterglasmalerei und Gemälde. Auch Altes und Ramponiertes wurde nach Hause geholt, und Josef Meinrad restaurierte, schnitzte, klebte, vergoldete und malte. Ein Auto wurde angeschafft und die karge Freizeit dazu benutzt, in der näheren und weiteren Umgebung Wiens Speicher und Dachböden zu durchstöbern.

Die große Wohnung in der Gumpendorferstraße machte es auch möglich, daß Germaine Meinrad ihre Mutter – eine ehemalige Journalistin – nach der Pensionierung zu sich nach Wien nehmen konnte. Noch einen großen gemeinsamen Wunsch konnten sich die Meinrads erfüllen: beide äußerst tierliebend, legten jetzt den Grundstein für ihren später so bekannten »Meinradschen Privatzoo«, der zeitweise zu einer beachtlichen Menagerie anwuchs. Zuerst kam, Geschenk französischer Freunde, ein reinrassiger grauer Schnauzer, »Gucki« genannt, ins Haus. Der Hund war so vornehm, daß er nur französischen Kommandos gehorchte und sich bis an sein Lebensende strikt weigerte, deutsche zu erlernen und zu befolgen.

Germaine Meinrad hatte noch aus Kindertagen einen langgehegten Wunsch: einen Affen. Eines Tages erfüllte Pepi ihr diesen Wunsch; er kam mit einem Rhesusaffen nach Hause, der den Namen »Tschibi« erhielt. Der Affe wurde berühmt, weil er mit seinem Herrl sogar in einem Film mitspielte.

Am 11. April 1950 schlossen Josef und Germaine den Bund der Ehe, Trauzeugen waren Marianne und Alfred Stöger. Die Hochzeitstafel fand in kleinstem Rahmen in einem Espresso am Kohlmarkt statt. Die Hochzeitsreise gestaltete sich eher ungewöhnlich: Kurz zuvor hatte Meinrad in der Nähe von Breitenfurt einen großen Garten mit einem ebenerdigen Häuschen erworben. Noch etwas bot das Anwesen: einen großen Schuppen, den sich der neue Hausherr als Tischlerwerkstätte einrichtete. Hier war Meinrad in seinem Element. Er legte nur seinen »Hobel hin«, um am späten Nachmittag in die Stadt zur Vorstellung zu fahren. Auch ein Schwimmbecken war vorhanden, damals eine Sensation. Im oberen Teil des Gartens, unter einem hohen Weidenbaum, lag ein kleiner Ententeich, allerdings ohne Enten. Am Hochzeitstag also fuhren die beiden Frischvermählten ins Grüne, in ihrem Gepäck zahllose Pflanzen und Blumensamen.

Das Jahr 1951 begann für Josef Meinrad mit der Uraufführung von Carl Zuckmayers *Gesang im Feuerofen*, die unter der Regie von Josef Gielen im Februar im Burgtheater stattfand. Dieses Stück spielte im Dezember 1943 und zu Kriegsende in dem Dorf Haut-Chaumond am Fuße der savoyischen Alpen. Hans Weigel schrieb dazu: »Die Jugend des Burgtheaters bewährt sich hier aufs schönste, allen voran Annemarie Düringer, Josef Meinrad, O. W. Fischer und Oskar Werner.«

Obwohl Meinrad schon in mehreren Nestroy-Stücken mitgewirkt hatte, brachte dieses Jahr für ihn den großen Durchbruch als Nestroy-Darsteller: im Akademietheater in *Zur ebenen Erde und im ersten Stock* unter der Regie von Oscar Fritz Schuh zu den Wiener Festwochen. In diesem Stück spielte mit Meinrad erstmals die blutjunge Johanna Matz. »Regisseur Oscar Fritz Schuh«, schrieb das »Neue Österreich« über diese Premiere, »enttäuscht diesmal leider auf der ganzen Linie. Seine Regie ist einfallsarm, konventionell, kalt, totschlägig, müde … Da ist Meinrad ein ganz anderer Kerl. Er ist in jedem Wort, in jeder Geste, in jeder Nuance eine Idealbesetzung der Rolle. Das ist nestroyscher Geist, wie wir ihn heute – nach der Aufklärungsarbeit, die Karl Kraus leistete – auffassen müssen.«

Zum hundertfünfzigsten Geburtstag Johann Nestroys wurde unter der Regie von Axel von Ambesser im Dezember *Der Färber und sein Zwillingsbruder* herausgebracht. Das »Neue Österreich« meinte zu dieser neuen Akademietheaterproduktion:»Ein wahrhaft bezaubernder Abend, der dem

Genie Nestroy und einem von seinem Hauch berührten und beflügelten Regisseur zu danken ist … Der Abend war ein großer Triumph für Josef Meinrad in der Nestroy-Doppelrolle der Zwillinge aus einem Ei: Kilian und Hermann Blau. Was wir an diesem prachtvollen Darsteller haben, wie sehr er es versteht, sich in die Volkstypenwelt Nestroys einzufühlen, wurde an seiner großen, abendfüllenden Leistung – Meinrad steht fast ständig auf der Bühne – wieder einmal klar.«

Mit dem *Färber* gastierte das Ensemble des Burgtheaters auch bei den Berliner Festwochen 1952 im Hebbel-Theater. Meinrad hatte nicht nur in Wien damit große Erfolge gefeiert, sondern konnte auch die Berliner aus ihrer kühlen Reserve locken und ein triumphales Gastspiel gestalten. »Gusti Wolf, Josef Meinrad und Hans Thimig wurden stürmisch gefeiert«, war in Berliner Zeitungen zu lesen. »Das Liebespaar ein liebenswertes Paar: Gusti Wolf und Josef Meinrad, der geschickt manches ›hochdeutsch synchronisiert‹ …« Neben Inge Konradi, der kongenialen Partnerin Meinrads, war Gusti Wolf sehr oft als Partnerin Meinrads auf der Bühne zu sehen, auch Sie waren ein ideales »Nestroy-Paar«.

Josef Meinrad, der bisher alles spielte oder gezwungenermaßen alles spielen mußte, was man ihm vorsetzte, fand in diesen beiden Hauptrollen der Nestroy-Stücke seine eigentliche künstlerische Erfüllung. Er konnte sich mit den Rollen identifizieren, sie entsprachen so ganz seinem »Theater-Gemüt«, und er durfte sich darin nach Herzenslust austoben. Seine Begeisterung übertrug sich auf das Ensemble. Ein wichtiger Schritt war gesetzt worden. Ernst Haeussermann wird später über ihn sagen: »Der Meinrad ist eine seltene Mischung im zweihundertjährigen Burgtheaterkalender … In seiner Stimme schwingt ein kleiner Jubel und ein Hauch von Bitterkeit mit.«

Im Jahre 1951 hatte Meinrad noch Zeit, einen Film zu drehen, *Eva erbt ein Paradies* unter der Regie von Franz Antel. Die Musik hatte Hans Lang komponiert. Der Film war leichte Kost mit turbulenten Szenen, einem Happy-End und mit den damals üblichen Schlagermelodien angereichert.

Das Jahr darauf war wieder mehr der Bühne gewidmet. Im Januar stand noch *Der Färber und sein Zwillingsbruder* auf dem Spielplan, ab Februar *Was schert uns Geld* von Frederick Lonsdale im Akademietheater unter der Leitung von Ulrich Bettac, *Herbert Engelmann* von Gerhart Hauptmann/Carl Zuckmayer unter Berthold Viertel. Es folgten der Isolani in Friedrich Schillers *Wallenstein* unter Josef Gielen im Burgtheater und die Rolle des Grafen von Marshwood in *Wegen der Leute* von Noël Coward unter der Regie von Theo Lingen. Mit Meinrad spielten Käthe Dorsch, Judith Holzmeister, Alma Seidler, Albin Skoda, Alexander Trojan und andere. Im Juni fand die Premiere von Arthur Schnitzlers *Anatol* unter der Regie von Curd Jürgens statt. Meinrad spielte den Max. Im September kam das Stück im Berliner Hebbel-Theater zur Aufführung.

Im selben Jahr drehte Meinrad noch drei Spielfilme: *Der bunte Traum* unter der Regie von Geza von Cziffra mit der Musik von Michael Jary. Die schönen Außenaufnahmen wurden in Taormina und Umgebung gedreht. Anschließend ging Meinrad mit der *Symphonie Wien*, einem Schönbrunn-Film, ins Atelier, und schließlich spielte er noch die Hauptrolle in dem Film *1. April 2000*.

Für die damalige Zeit war diese Produktion ein Monsterfilm, es wirkte alles mit, was auf österreichischen Bühnen Rang und Namen hatte – auch Institutionen, die als Aushängeschilder Österreichs galten, von den Wiener Sängerknaben über die Lipizzaner und die Staatsoper bis zur Deutschmeisterkapelle. Regie führte Wolfgang Liebeneiner, Musik steuerten Alois Melichar, Robert Stolz und Josef Fiedler bei.

Bereits 1950 hatte die österreichische Regierung den Wunsch nach einem Film ausgesprochen, der geeignet wäre, die österreichische Geschichte und den Wiederaufbau des Landes nach dem Krieg im In- und Ausland darzustellen. Alle Österreicher konnten sich an dem Preisausschreiben beteiligen und Drehbücher einreichen. Eine sechzehnköpfige Jury entschied über den Sieger.

Im März 1952 gab die Bundesregierung bekannt: »Der Ministerrat hat beschlossen, den vieldiskutierten Österreich-Film, der nun nach zweijähriger Vorarbeit drehbereit ist, im Auftrag der Bundesregierung herstellen zu lassen. Das Drehbuch, das von Rudolf Baumgartner und Ernst Marboe stammt, hat sich für die heitere Note entschieden. In dem Film, der eine Länge von dreitausend Metern aufweist, somit ein abendfüllender Spielfilm sein wird, soll dem Ausland neben unserer Landschaft vor allem jene typisch österreichische Lebensfreude nahegebracht werden, die leider bisher in vielen Filmen entstellt und verzerrt wurde. Regisseur Wolfgang Liebeneiner verhandelt derzeit mit namhaften Kräften des Burgtheaters sowie mit anderen Filmgrößen ...«

Der utopische Film *1. April 2000* begann mit der Wahl eines neuen österreichischen Ministerpräsidenten (Josef Meinrad), mit einem Staatsakt im Spiegelsaal des Schlosses Schönbrunn vor dem versammelten Diplomatischen Corps, den noch immer amtierenden vier alliierten Hochkommissaren und der internationalen Presse. Der neue Ministerpräsident gab eine Regierungserklärung ab und forderte die Vernichtung aller Personalausweise und den Abzug der Alliierten. Die vier Hochkommissare riefen daraufhin die Weltregierung an, diese möge Österreich zum Aggressor erklären, und Einheiten der Weltpolizei besetzten Wien. Die Vorsitzende der Weltregierung (Hilde Krahl) eröffnete ein internationales Tribunal, das Österreich wegen Friedensbruchs anklagte. Nun führte Österreich seine fast tausendjährige Geschichte vor, um den Beweis zu erbringen, daß dieses Land immer nur um den Frieden bemüht gewesen sei.

Am 19. November 1952 fand im Wiener Apollo-Kino die Premiere statt. Josef Meinrad hielt eine launige Begrüßungsansprache, in der er um wohlgefällige Aufnahme des Films bat.

Der langanhaltende Beifall des Hauses ließ die anwesenden Redakteure, die vernichtende Kritiken vorbereitet hatten, nachdenklich werden. Vergessen waren ihre Proteste zu Beginn der Dreharbeiten, ihre Kritik, daß Josef Meinrad für die Rolle des Ministerpräsidenten zu jung sei. Der Künstler konterte: »Sie werden es nicht glauben, aber im Jahre 2000 wird es so junge Ministerpräsidenten geben.«

»... Der österreichische Lokalpatriotismus schlägt einen titanischen Purzelbaum. Dem Regisseur Liebeneiner ist hier ein blitzblank inszenierter Film geglückt ... Hilde Krahl und Josef Meinrad treffen den Stil monumentalen Charmes ... Das kostspielige Experiment, die kleinsten Rollen mit hervorragenden Darstellern zu besetzen, hat sich bewährt ...«, lobte die »Wiener Zeitung«. Eine andere Zeitung hingegen kritisierte, daß der Film neun Millionen Schilling – Insider sprachen von dreizehn Millionen – verschlungen habe, und die Regie doch nur im Klischee österreichischer Gemütlichkeit bei Wein, Weib und Gesang steckengeblieben sei.

Dieses Jahr brachte dem Schauspieler aber auch privaten Kummer. Seine Mutter, dreiundachtzig Jahre alt und schon seit Jahren krank, starb. Sie hatte den beruflichen Aufstieg ihres Sohnes bis zuletzt mit wachen Augen verfolgt. Sehr stolz war sie eines Sonntags gewesen, als der Pfarrer der Marienkirche während der Predigt erwähnte, daß die Mutter des bekannten Schauspielers Josef Meinrad unter den Gläubigen säße, der gerade in einem Film (*Das Siegel Gottes*) einen Priester spiele. Die Mutter war seit Jahren so krank, daß es ihr unmöglich war, ihren »Pepperl« auf der Bühne des Burgtheaters zu bewundern. Sie hat ihn dort, wo er seine größten Triumphe feiern konnte, nie gesehen. Josef Meinrad tat alles, um das Los seiner Mutter zu erleichtern. Da es immer ihr Wunsch war, daheim zu sterben, ließ er ihre Wohnung in der Ferchergasse modernisieren und adaptieren. Die älteste Tochter Nelly pflegte sie. So konnte sie ruhig und getrost ihr Leben zum Abschluß bringen, dreizehn Jahre nach dem Tod ihres Mannes.

Das Jahr 1953 sah Josef Meinrad fast nur auf den Bühnen des Akademie- und Burgtheaters. Schon im Januar in George Bernard Shaws *Arzt am Scheideweg* unter der Regie von Ewald Balser, im März in *Bobosse* von André Roussin unter Theo Lingen mit Gusti Wolf und Richard Eybner. Die Monate April und Mai hatte Meinrad spielfrei. In dieser Zeit drehte er unter E. W. Emo den Wiener Mundus-Film *Fräulein Casanova* mit Angelika Hauff, Gertrud Kückelmann, Walter Giller, Paul Henckels und Ernst Waldbrunn. Im Anschluß an diesen Film fiel die erste Klappe für die Verfilmung von Ferdinand Raimunds *Verschwender* unter der Regie von Leopold Hainisch. Die Rolle der »Rosl« hatte nicht Inge Konradi erhalten, sondern Maria Andergast. Eine Zeitung berichtete darüber: »Josef Meinrad spielt im Film den Valentin. Wir kennen aus zeitgenössischen Berichten die Wirkung, die Raimund und Girardi auf die Zuschauer ausstrahlten. Josef Meinrad, der beliebte und durch den *1. April 2000* zu Weltruhm aufgestiegene Volksschauspieler, setzt die unsterbliche Tradition fort. Seiner liebenswerten Persönlichkeit gelingt es mühelos, den Valentin mit natürlicher Schlichtheit darzustellen. Sein Hobellied rührt uns ebensosehr, wie unsere Großväter und Urgroßväter von Girardi und von Raimund zur Wehmut erschüttert wurden. Wenn Josef Meinrad die von Conradin Kreutzer vertonte Weise singt, kann kein Auge trocken bleiben.« Eine Zeitung schrieb, das größte Ereignis sei, daß Meinrad den Valentin spielt: »Ich möchte niemand anderen mehr in dieser Rolle sehen!«

Am 1. Juli gastierte Meinrad mit einem Ensemble des Burgtheaters wieder am Hamburger Schauspielhaus, mit William Shakespeares *Was ihr wollt* in seiner Paraderolle des Junkers Bleichenwang. Ab September stand der Künstler fast täglich auf der Bühne des Burgtheaters: als Holzapfel in *Viel Lärm um nichts* und als Thisbe im *Sommernachtstraum*. Im Oktober fand die Premiere von Fritz Hochwälders *Donadieu* statt. Darüber war zu lesen: »Da sind vor allem Ernst Deutsch und Josef Meinrad. Ernst Deutsch zelebriert die Gewissensqualen eines Mannes am Scheideweg der Menschheit beinahe priesterlich ... Den ewig jungen Mitläufer, der sich nach jeder Decke streckt und seine Segel so lange auf jegliche Windrichtung einstellt, bis die Flaute vor mörderischen Stürmen auch ihm den Atem verschlägt, zaubert Josef Meinrad als ein liebenswertes Paradestück charakterlicher Unzulänglichkeiten in die Alptraumatmosphäre unerbittlicher Gegensätze.«

Von da an hieß es für den Künstler, tägliche Vorstellungen im Burg- und Akademietheater zu absolvieren. Der Spielplan umfaßte neben *Donadieu* den *Sommernachtstraum*, *Der Färber und sein Zwillingsbruder*, *Kaiser von Amerika* von George Bernard Shaw und *Faust I* in der Regie von Ewald Balser, worin Meinrad den Schüler verkörperte.

Im Januar 1954 feierte Meinrad in der Volksoper in der Operette *Giroflé – Giroflá* von Charles Lecocq einen großen Erfolg. Regie führte Hans Jaray, Meinrads Partnerin war Elfie Mayerhofer.

Eine weitere Premiere war im Februar im Akademietheater mit der *Zwickmühle* von Samson-Raphaelson. »Meinrad als Dichter«, lesen wir in einer Kritik, »schlaksig und lausbübisch, exaltiert und berechnend, lampenfiebrig und unverschämt, also wirklich gleichzeitig zum Küssen und zum Ohrfeigen.« Im Mai folgte die Erstaufführung von Friedrich Dürrenmatts *Ein Engel kommt nach Babylon*. In der »Weltpresse« sprach Hans Weigel von »Meinrads überirdischer Heiterkeit«, und der »Wiener Kurier« meinte: »Josef Meinrad ist der liebenswerteste Engel, der sich denken läßt; ein Engel mit Humor und Freude an den Wundern der Schöpfung.«

Daneben fast täglich Repertoiretheater an den beiden Bühnen. Die Schwierigkeiten des Schauspielerdaseins lagen im ständigen Wechsel der Bühnenrollen und der damit verbundenen hohen Konzentration, ganz abgesehen von der physischen Belastung. Es geschah oft, daß Meinrad in der Nachmittagsvorstellung im Akademietheater den *Färber* darstellte, in der Abendvorstellung im Burgtheater den Isolani im *Wallenstein*. Und immer spielte er mit vollem physischen und psychischen Einsatz, um sein Publikum nicht zu enttäuschen.

Auch der Film und das damals aufkommende Fernsehen forderten Meinrad ganz. Der erste Film, den er in diesem Jahr drehte, war *Kaisermanöver* unter Franz Antel mit Hans Moser, Walter Müller, Oskar Sima und anderen. Der zweite Film wurde unter Geza von Cziffra in Hamburg gedreht und trug den Titel *Geld aus der Luft* mit Lonny Kellner, Grethe Weiser, Hans Olden und Meinrads Äffchen »Tschibi«. Der dritte Film war eine Paula-Wessely-Produktion mit Karl Hartl als Regisseur: *Weg in die Vergangenheit*. Es spielten Paula Wessely, Rudolf Fernau, Willi Forst, Willy Fritsch und Attila Hörbiger. Die »Filmblätter« schrieben über diesen Film: »Nicht minder glanzvoll die Darstellung der ehemaligen Freunde: Als Primus inter pares ist hier Josef Meinrad zu nennen, der in seiner täppischen, aber ehrlichen Hilfsbereitschaft sogar die Tochter eines reichen Mannes heiraten will, nur um der ehemaligen Freundin das Geld zu

Nr.	Datum	Spielort	Stück	Autor	Rolle	Regisseur
4849	7.Mai	BURGTH.	LILIOM	Molnar	Liliom	Meisel
4850	9.Mai	AKADEMIETH.	PHYSIKER	Dürrenmatt	Einstein	Horwitz
4851	11.Mai	BURGTH.	LILIOM	Molnar	Liliom	Meisel
4852	12.Mai	AKADEMIETH.	PERIPHERIE		Franz	Fr.Langer
4853	13.Mai	BURGTH.	EINEN JUX WILL ER SICH MACHEN	Nestroy	Weinberl	Lindtberg
4854	14.Mai	AKADEMIETH.	PHYSIKER	Dürrenmatt	Einstein	Horwitz
4855	16.Mai	BURGTH.	LILIOM	Molnar	Liliom	Meisel
4856	17.Mai	AKADEMIETH.	PHYSIKER	Dürrenmatt	Einstein	Horwitz
4857	20.Mai	"	"	"	"	"
4858	23.Mai	BURGTH.	LILIOM	Molnar	Liliom	Miesel
4859	25.Mai	BURGTH.	EINEN JUX WILL ER SICH MACHEN	Nestroy	Weinberl	Lindtberg
4860	28.Mai	AKADEMIETH.	PHYSIKER	Dürrenmatt	Einstein	Horwitz
4861	29.Mai	"	"	"	"	"
4862	30.Mai	"	"	"	"	"
4863	31.Mai	"	"	"	"	"
4864	1.Juni	BURGTH.	LILIOM	Molnar	Liliom	Meisel
4865	4.Juni	"	"	"	"	"
4866	5.Juni	AKADEMIETH..	PHYSIKER	Dürrenmatt	Einstein	Horwitz
4867	8.Juni	BURGTH.	LILIOM	Molnar	Liliom	Meisel
4868	9.Juni	BURGTH.	EINEN JUX WILL ER SICH MACHEN	Nestroy	Weinberl	Lindtberg
4869	16.Juni	BURGTH.	MÄDEL AUS DER VORSTADT	Nestroy	Schnoferl	Lindtberg
4870	28.Juni	COLUMBIA	HARY JANOS	Kodaly	Hary Janos	Moszkowicz
4871	21.Juli	BREGENZ	HL.FRANZISKUS	Zweig	Franz	Hoffmann
4872	23.Juli	"	"	"	"	"
4873	25.Juli	"	"	"	"	"
4874	1.Sept.	BURGTH.	WALLENSTEINS LAGER	Schiller	Kapuziner	Lindtberg
4875	3.Sept.	BURGTH.	LILIOM	Molnar	Liliom	Meisel
4876	6.Sept.	"	"	"	"	"
4877	7.Sept.	"	"	"	"	"
4878	10.Sept.	BURGTH.	MÄDEL AUS DER VORSTADT	Nestroy	Schnoferl	Lindtberg
4879	11.Sept.	BURGTH.	LILIOM	Molnar	Liliom	Meisel
4880	13.Sept.	"	"	"	"	"
4881	18.Sept.	"	"	"	"	"
4882	19.Sept.	"	"	"	"	"

»Meine Vorstellungen« betitelte Meinrad die Auflistung seiner insgesamt 7 227 Bühnenauftritte mit Spielort, Stück, Autor, Rolle und Regisseur

beschaffen. Die souveräne Beherrschung dieser etwas rührend-komischen Rolle ist ›Oscar‹-reif!« Eine angesehene Schweizer Zeitung war von den schauspielerischen Leistungen der männlichen Darsteller in diesem Film sehr beeindruckt, »da ist jedoch noch einer, und der heißt Josef Meinrad! Er ist noch nicht lange da, wie die anderen, und er ist und war auch nie ein Star vom Kaliber der anderen. Und doch hat er uns am meisten Eindruck gemacht.« Josef Meinrad war jetzt einundvierzig Jahre alt, stand mit den besten und bekanntesten Schauspielern des deutschen Films vor der Kamera und spielte die »alten Hasen« glatt an die Wand!

Aus dem »Josef Moučka« war ein Star geworden, alle sprachen von »unserem Meinrad«. Seine große, überschlanke Gestalt, sein ruhiger, liebenswerter Charakter, sein Charme, seine eigenartige Stimme faszinierten das Publikum.

Zu Beginn des Jahres 1953 reifte in der Kulturabteilung der amerikanischen Botschaft in Wien – federführend waren die Herren Ernst Haeussermann (Film und Theater), Hale (öffentliche Angelegenheiten) und Dr. Spaudling (Kultur) – der Plan, einen Film über das amerikanische Kulturleben aus der Sicht eines Österreichers zu drehen. Es sollte kein Spielfilm im gewöhnlichen Sinn werden, sondern eine Reise durch das Kulturschaffen der USA. Friedrich Torberg verfaßte die Texte. Der *Österreicher in Amerika* sollte Meinrad sein, weil er wie kaum ein zweiter der jungen Schauspielergeneration das spezifisch Österreichische verkörperte.

Der Film sollte zeigen, welchen Eindruck das amerikanische Kulturleben auf einen Österreicher macht. Man führte Meinrad über den New Yorker Broadway, wobei die österreichische Schauspielerin Gusti Huber, die am Broadway Karriere gemacht hatte, die »Fremdenführerin« spielen sollte. Weiter ging es zu den Schauplätzen moderner Theaterstücke, zu literarischen Gedenkstätten und nicht zuletzt auf Entdeckungsfahrt durch die sagenumwobenen Filmateliers Hollywoods.

Im April startete Josef Meinrad mit Ernst Haeussermann und dem bekannten Kameramann Hanns Schneeberger von Tulln in die USA. New York, Chicago, Washington, New Orleans, Phoenix, Los Angeles, San Francisco und Hollywood waren die wichtigsten Stationen dieser eindrucksvollen Reise. Zur größten Überraschung des Künstlers verlieh ihm die Stadt New Orleans die Ehrenbürgerschaft.

Der Film wurde in den USA »stumm« gedreht und erst in Wien nachsynchronisiert.

Am 4. Juni landete das Team wieder wohlbehalten in Tulln. Meinrad, noch ganz unter dem Eindruck dieser Reise: »Ich bin noch immer überwältigt von all dem, was ich erlebt habe, von den riesigen Wolkenkratzern, von den herrlichen Naturschönheiten, von San Francisco, der schönsten Stadt der Welt, und so weiter und so fort. Wir hatten für unsere Arbeit kein eigentliches Drehbuch, sondern nur einen Plan. Aus der Stimmung und aus der Inspiration, die wir durch unsere überall anders auf uns wirkenden Eindrücke erhielten, schufen wir in eifriger Zusammenarbeit diesen Film. Ein Szenario wäre wohl auf jeden Fall unmöglich gewesen. Aber wir glauben, daß der Film auf diese Weise nur echter und lebensnäher geworden ist.«

Ursprünglich sollte der Film *Ein Österreicher in Amerika* heißen, doch als man Josef Meinrad agieren sah, wie er mit staunenden Blicken die Sehenswürdigkeiten Amerikas betrachtete, drängte sich unwillkürlich der Vergleich mit Kolumbus auf. So wurde schließlich der Film in *Pepi Columbus* umbenannt, am 17. Dezember 1954 fand in der Wiener Urania die Uraufführung statt.

Im Mai 1954 – Adolf Rott war neuer Burgtheaterdirektor geworden – drehte Josef Meinrad mit Gusti Wolf Nestroys

Am 5. Mai 1953 wurde Meinrad mit der Ehrenbürgerschaft von New Orleans ausgezeichnet

Der Färber und sein Zwillingsbruder in Hamburg für das deutsche Fernsehen. Das »Hamburger Abendblatt« berichtete: »Über den Bildschirm des Hamburger Fernsehens lief gestern abend ... die Ambesser-Inszenierung von Nestroys *Der Färber und sein Zwillingsbruder* ... Das gab vor allem durch Josef Meinrad, dem großartigen Darsteller der Titelpartie, einen wirklichen und hintergründigen Spaß ... Den Meinrad muß man erlebt haben!«

Am 28. Dezember stand Meinrad für den Fernsehfilm *Labrige* von Cortelin in Hamburg wieder vor der Kamera.

Der Künstler begann das Jahr 1955 im Februar mit der Premiere von *Ein Tag mit Edward* von H. F. Kühnelt unter der Regie von Ulrich Bettac am Akademietheater. Meinrad spielte den Roboter Edward. Dazu der »Neue Kurier«: »Es spricht freilich auch für den Schauspieler, der uns das alles so zwingend vermittelt, für Josef Meinrad ... Er ist rührend und komisch zugleich – und vermag, wenn nottut – beides präzise auseinanderzuhalten. Selbst seine körperliche Komik (wann sah man jemals so graziöse Schwerfälligkeit?) kippt nie ins Groteske um, selbst Luftsprung und Tanzschritt behalten die Melancholie einer eingelernten Kapriole, die ihre automatische Herkunft preisgeben muß. Gleiches gilt für die auf engstem Sprachraum sich entfaltende Stimme; sie weiß die Wehmut kleinbürgerlicher Robotersehnsucht ebenso hörbar zu machen wie die Unerbittlichkeit einer Honorarforderung für elektronisch erteilte Auskünfte.«

Alle Wiener Blätter waren voll des Lobes über die einmalige schauspielerische Leistung des Künstlers, der in dieser Rolle eine Wiener Theatersensation lieferte. Hans Weigel im »Bild Telegraf«: »Liebloses und Unzureichendes werden unerheblich, da Josef Meinrad den Edward darstellt. Er ist auf so hinreißende Weise eine Maschine und auf so bezwingende Manier ganz still und arm überlegen, er ist so herrlich komisch und hat diesmal überdies noch mit einem ganzen choreographischen Register an Gängen und Bewegungen aufzuwarten, daß das Vergnügen kein Ende ist. Kaum wagt man zu lachen, um nicht die nächste köstliche Einzelheit zu versäumen. Der Tag mit einem solchen Edward muß im Kalender rot angestrichen werden, und so freute sich auch das Publikum gebührend und feierte vor allem Meinrad, die menschliche Maschine.«

Bereits im März folgte mit *Der Privatsekretär* von Thomas Stearns Eliot unter der Regie von Josef Gielen die nächste Premiere. Und im Juni gab es bereits die Erstaufführung von Charles Morgans *Die unsichtbare Kette* unter der Regie von Ernst Lothar; im August spielte Meinrad bei den Salzburger Festspielen viermal den Valentin in Ferdinand Raimunds *Verschwender,* der in der Zwischenzeit zu seiner Paraderolle geworden war. Der Erfolg war, wie nicht anders zu erwarten, grandios und trug ihm Lobeshymnen der österreichischen und ausländischen Presse ein.

Für September war die Premiere von *Victoria* von Knud Hamsun in der Bearbeitung von Richard Billinger und unter der Regie Josef Gielens mit Inge Brückelmeier, Käthe Gold, Richard Eybner und Hans Thimig vorgesehen. Aus diesem Anlaß brachte »Das kleine Volksblatt« ein ausführliches Interview mit Meinrad: »Käthe Gold und Josef Meinrad sind das seltsame Liebespaar, durch Standeskult getrennt, aber untrennbar verbunden im seelischen Klima. Hier scheint vor allem Josef Meinrad, der menschlichste, natürlichste, geradlinigste unter den Schauspielern der jüngeren Prominenz, eine Rolle gefunden zu haben, in der er Wurzeln schlagen, ja mit der er eins werden kann. Das nämlich ist der Wesenszug dieses ›ehrlichen Komödianten‹: er geht in seinen Rollen auf …, er schreitet mit seinem ganzen Ich treuherzig mitten hinein in das Milieu eines Stückes, in das Zentrum einer Rolle. Sie erhält sofort von ihm Blut, Wärme, innerliche Schattierung. Meinrad ist bei seinem Auftreten auf der Bühne einfach ›da‹, er verbirgt nichts und bereitet keine umständlichen psychologischen Studien vor. Er ist demnach etwas wie ein gehobener Naturschauspieler, aber Künstler genug, um Charaktere folgerichtig zu entwickeln und das dramatische Geschehen mit Spannung zu erfüllen ... Er ging an die Burg. Es kam die köstliche Thisbe, der Junker Bleichenwang, der Valentin, der Feldwebel im ›Gesang im Feuerofen‹, der Eisenbahner in Bruckners ›Fährten‹, es kamen die Nestroy-Typen und Doppelrollen. Es kam der Film mit lebendigen und konstruierten Rollen und brachte es *nicht* fertig, die menschliche Substanz des Künstlers Meinrad zu verändern. Sein sanftes und doch männliches Gemüt schimmerte warmherzig auch hinter den Salonwesen von Eliots ›Privatsekretär‹. Und wir erwarten seine Schwingungen auch in der spröden, keuschen Sphäre Hamsuns.«

Victoria kam in der gesamten Wiener Presse gut an, die Rezensenten lobten die Darstellungskunst der beiden Protagonisten Käthe Gold und Josef Meinrad. Wien sollte sich glücklich schätzen, so war zu lesen, solche Schauspieler zu besitzen. Genialere Interpreten »sind auf der heutigen deutschsprachigen Bühne schwerlich zu finden«. Die Interpretation Hamsuns durch die beiden Akteure war überzeugend. Überzeugend in Meinrads Zartheit und Phantasie, seiner Sehnsucht und Einsamkeit, seinem Verwundert- und Verwundetsein.

Das Burgtheater ging nach West- und Norddeutschland auf Tournee. Abend für Abend spielte Meinrad auf den verschiedenen Bühnen, und es wäre ihm nie in den Sinn gekommen, auch nur eine Stunde zu »largieren«. Trotzdem schrieb eine norddeutsche Zeitung (»Bremer Tageszeitung«) von einer »verunglückten« Vorstellung, die den Besuchern in »böser Erinnerung« bleiben werde.

Am 30. September dieses Jahres wurde Josef Meinrad mit dem ehrenvollen Titel »Kammerschauspieler« ausgezeichnet. Er war mit seinen zweiundvierzig Jahren der jüngste Schauspieler, der sich mit dieser Auszeichnung schmücken durfte!

Die Monarchie hatte für verdiente Schauspieler als besondere Auszeichnung den Titel »k. k. Hof-Schauspieler« geschaffen. Die letzte noch lebende Trägerin dieses Titels war Rosa Albach-Retty, die sich seinerzeit, wie sie selbst erzählte, in einer Audienz bei Kaiser Franz Joseph persönlich bedanken mußte. Nach dem Untergang der Monarchie wurde dieser Titel von der Republik Österreich abgeschafft. In Anlehnung an die Auszeichnung führte Bundespräsident Hainisch im Jahre 1926 die Verleihung des Titels »Kammerschauspieler« ein. Die ersten Träger dieses Ehrentitels waren Maria Mayen, Maria Mayer, Willy Thaller und Raoul Aslan, der seit dem Jahre 1920 an der Burg tätig war.

Zl.: 4903/55

Herrn
Burgschauspieler
Josef M e i n r a d
W I E N I.

Der Bundespräsident hat Ihnen mit Entschließung
vom 30. September 1955, Zl. 14.115 den Titel

"K a m m e r s c h a u s p i e l e r"
verliehen.

Es gereicht mir zum Vergnügen, Sie von dieser
Auszeichnung mit meinen besten Glückwünschen in Kenntnis zu setzen.

Der Bundesminister:

*Unterrichtsminister Dr. Heinrich Drimmel ernennt Josef Meinrad zum
Kammerschauspieler (1955)*

7

Paraderollen des »Weinberl«, »Theodor« und »Herrn von Lips«

> »… Wenn ich nur von ein paar Tag'
> sagen könnt', da bin ich ein ver-
> fluchter Kerl g'wesen – aber nein!
> Ich war nie ein verfluchter Kerl!«
>
> Johann Nestroy
> (Einen Jux will er sich machen)

Im Oktober 1955 wurde das wiederhergestellte Burgtheater am Ring feierlich mit Franz Grillparzers *König Ottokars Glück und Ende* eröffnet. Meinrad sprach als Rudolf
von Horneck die Rede auf Österreich. Damit ging die Ära
des Burgtheaters im Ronacher, das seit 1945 als Heimstatt
gedient hatte, zu Ende.
Am 7. November hatte Meinrad mit dem Valentin in Ferdinand Raimunds *Verschwender* im wiedereröffneten Burgtheater Premiere, eine Neuinszenierung unter der Regie von
Franz Reichert. Hans Weigel über diese Aufführung: »Valentin Josef Meinrad, ganz im spaßhaften Urelement der Vor-
stadtkomödie und doch mit jedem Ton, jeder Geste souverän
und bezwingend persönlich, homo austriacus maximus!« Die
Kritiker waren der übereinstimmenden Meinung, daß die
beiden Hauptrollen Valentin und Rosl bei Josef Meinrad
und Inge Konradi nicht nur in den besten Händen lagen, sondern daß beide Künstler seit der Erstaufführung des *Ver-
schwenders* vor fünf Jahren bei den Salzburger Festspielen
»künstlerisch mächtig gewachsen sind; schon damals war
Meinrads Interpretation des Hobelliedes eine Glanzleistung,

nun wurde es durch ihn die große volkhafte Lyrik, die es ist. Kann hier Girardi besser gewesen sein?« Josef Meinrad, so wurde betont, wächst mit dieser Rolle immer mehr in die große Tradition der Gestalt des Valentins und in den menschlichen Gehalt der Dichtung hinein. »Naivität, menschliche Wärme, ein offenes Herz, Witz, Gutmütigkeit – dies und noch mehr der guten, liebenswerten Eigenschaften – schenkt er seinem Tischler-Bedienten und seinem Publikum. Man könnte sagen, daß diese Eigenschaften zugleich die Grundbefindlichkeiten seines Charakters sind.«

Auch der Rezensent der »Stuttgarter Nachrichten« war begeistert: »... Dieser blonde Meinrad verkörpert die berühmte Girardi-Rolle nie als ein junger Girardi unserer Zeit. Er ist hinreißend komisch, wenn er als knochenloser Gummimensch betrunken über die Szene wankt, wenn er Coupletpointen mit wienerischer Nonchalance serviert; er strotzt vom tatendurstigen Eifer des braven Mannes, und er läßt das Auditorium mit all seinen Skeptikern in atemloser Erschütterung zurück, wenn er sich nach dem Hobellied still, ganz ohne effektvolle Mätzchen, davonmacht. Meinrad muß seinen Raimund sehr lieben, um ihn so spielen zu können. Das Einfachste, das Schwerste – hier ist es Ereignis, beim Komödianten wie beim Dichter.«

Ende Dezember fand der sechste Abend der »Festlichen Wiedereröffnung des Burgtheaters« mit der Welturaufführung des Stücks von John Boynton Priestley *Schafft den Narren fort* (Take the Fool away) unter der Regie von Adolf Rott statt. Friedrich Torberg: »Vielleicht bleibt Meinrads chaplineske Episode des verfolgten, versteckten und musizierend sterbenden Augusts am stärksten im Gedächtnis haften.« Fand Hans Weigel das Sterben des dummen August noch »unendlich rührend«, so war der Großteil der Presse von diesem Stück enttäuscht und meinte, es wäre nichts anderes als eine Ansammlung von Banalitäten, Geschwätz und Langeweile. »Josef Meinrad starb einen Tod, der einer wirklichen Dichtung würdig gewesen wäre.«

Josef Meinrad drehte, trotz der vollen Auslastung auf der Bühne, in diesem Jahr 1955 noch sechs Spielfilme. Zunächst unter Ernst Marischka *Die Deutschmeister*, zu dem Robert Stolz die Filmmusik komponiert hatte. Es spielten Susi Nicoletti, Romy Schneider, Magda Schneider, Siegfried Breuer jun. und Hans Moser. Danach folgte der Farbfilm *Don Juan* unter der Regie von Walter Kolm-Veltée, der kein besonderes Echo fand.

Die nächste Verpflichtung führte Meinrad unter Gustav Fröhlichs Regie ins Atelier für *Seine Tochter ist der Peter*. Nina Sandt und Hans Holt waren seine Partner. Schließlich wurde noch der Mundus-Film *Um Thron und Liebe* unter Fritz Kortners Regie gedreht. Die Hauptrollen spielten Luise Ullrich, Ewald Balser, Klaus Kinski und Hugo Gottschlich. Josef Meinrad verkörperte den Chauffeur des Thronfolgers Franz Ferdinand. Dieser österreichische Film war eine im bewährten k. u. k. Stil dargebotene Rekonstruktion des Attentats von Sarajevo, das den Ersten Weltkrieg auslöste. Ewald Balser als Thronfolger Franz Ferdinand und Josef Meinrad als Chauffeur wurden in den Kritiken besonders hervorgehoben.

Es folgten *Der Kongreß tanzt* unter der Regie von Franz Antel und schließlich *Sissi* unter Ernst Marischka.

Das Jahr brachte auch privat Veränderungen. Das Wochenendhaus in Breitenfurt wurde von den Meinrads schweren Herzens aufgegeben, da es lediglich zu den Wochenenden genutzt werden konnte. Germaine Meinrad machte sich auf die Suche nach einem Haus am Rande der Stadt, und sie war erfolgreich. Sie fand ihr Traumhaus, eine große Jugendstilvilla in Wien-Mauer in der Anton-Krieger-Straße. Hier hatte 1945 ein russischer General logiert, dann ein bekannter Mittelstürmer des Fußballclubs »Rapid-Wien«. Das Haus wurde

18 Mit Kauz »Fredi«, 1955

19 Josef Meinrad als Weinberl und Inge Konradi als Christopherl in Nestroys »Einen Jux will er sich machen«, 1957

20 (links) Die kleine Menagerie – 21 (rechts) Josef Meinrad und Christiane Hörbiger in Nestroys »Der Zerrissene«, Holland-Festival 1959

22 (links) Mit Käthe Gold in Tschechows »Dieser Platonow«, Februar 1959
23 (rechts) Josef Meinrad und Romy Schneider privat, 1959

*24 Unterrichtsminister Dr. Heinrich Drimmel übergibt Josef Meinrad den Iffland-Ring,
23. November 1959*

25 Der Iffland-Ring

26 (links) Als Frosch in der »Fledermaus«, Dezember 1960, Staatsoper Wien
27 (rechts) Der große Tierfreund mit »Sissy«

28 Josef Meinrad als Theodor und Gusti Wolf als Witwe Hermine in Hugo von Hofmannsthals »Der Unbestechliche«, 1961

29 Josef Meinrad als Theodor und Jane Tilden als Melanie Galattis in Hugo von Hofmannsthals »Der Unbestechliche«, 1961

30 *Josef Meinrad als Kaiser Franz I. und Jean-Pascal Duvard als Herzog von Reich-stadt in Rousteaus »Napoleon II. L'Aiglon«, Paris, November 1961*

31 *Mit Hans Moser in Ferdinand Raimunds »Der Bauer als Millionär«, Salzburger Festspiele 1961*

32 Als Korporal Andreas Pum in »Die Rebellion« von Joseph Roth. Fernsehfilm, September 1962

33 Die Freunde: Josef Meinrad, Hugo Gottschlich, Franz Böheim, 1962

34 Josef Meinrad als Kardinal Innitzer in Otto Premingers »Der Kardinal«, Dezember 1963

nach den Plänen Germaines renoviert und eingerichtet, dazu ein Garten gestaltet, dessen Mittelpunkt ein großzügig angelegter Swimmingpool war. Von Mauer aus war es nur ein »Katzensprung« ins Burgtheater und in die Filmateliers.

Auch im neuen Haus erhielt Josef Meinrad eine kleine bescheidene Kammer, in der er völlig abgeschirmt seine Bühnentexte lernen konnte. Der Keller wurde zu einer modernst eingerichteten Tischlerwerkstatt ausgebaut. Hier verbrachte der Künstler jede freie Minute seiner kargen Freizeit. Alles was die Hausfrau von diversen Flohmärkten, Bauerndachböden und Antiquitätenläden anschleppte, wurde fachmännisch und liebevoll nach Vorlagen und Kunstbüchern restauriert.

Josef Meinrad nahm auch die Holzschnitzerei wieder auf, wobei er Tiere und Tierköpfe bevorzugte: »Die Beschäftigung mit dem Holz bedeutet für mich sehr viel. Es ist ein wunderbares Material. Man spürt, möchte ich fast sagen, so etwas ähnliches wie Schöpferkraft – aus einem rohen Klotz etwas zu formen und zu sehen, wie er langsam unter den eigenen Händen Gestalt annimmt.«

Mit dem Erwerb des eigenen Hauses begann sich die Menagerie bald zu vergrößern. Eines Tages erschien der Pensionist Leopold Kürschner und bat den Hausherrn inständigst, er möge seine kleine Meerkatze »Sissy« für einige Zeit in Obhut nehmen, da Kürschners Frau schwer erkrankt war und er kaum Zeit fände, für das Tier zu sorgen. Meinrad hatte sowohl mit dem Pensionisten als auch mit dessen Meerkatze Mitleid und stimmte zu, vorausgesetzt, »Tschibi« würde den Neuankömmling in seinem Affenhaus akzeptieren. Tatsächlich nahm »Tschibi« die Meerkatze wie ein eigenes Junges an, und von da an waren die Affen unzertrennlich. Wenig später begingen Herr Kürschner und seine schwerkranke Frau Selbstmord. So wurde das Waisenkind »Sissy« adoptiert.

Bald danach kam »Arthur«, genannt »Turli«, ein wunderschön gezeichneter Enterich aus Frankreich, ins Haus. Ein Jahr später holten die Meinrads aus dem Tierschutzhaus zwei »Damen« zur Unterhaltung für den Enterich: »Hatschi«, eine verletzte, hinkende türkische Ente, und »Bella«, eine kanadische Brautente. Später kam noch »Pfanni«, eine Ente aus der Nachbarschaft, die Meinrad vor der Bratpfanne gerettet hatte, hinzu. Eines Tages wurde ein kleiner semmelblonder Hund abgegeben, der sich zu einer riesigen Dogge entwickelte und der Boß der Menagerie wurde. So hieß er schließlich auch. »Boß« war ein zärtlicher, anlehnungsbedürftiger Rüde, der stets gestreichelt werden wollte. Als man Meinrad in der Nähe seines Hauses ein Grundstück anbot, entdeckte er, daß dort eine trächtige Hündin gehalten wurde. Sofort wurde dieses Tier befreit und nach Hause mitgenommen, wo sich Nachwuchs einstellte. Ein Junges – »Mino« – durfte »Juno«, so hieß die Hündin, behalten, für die anderen wurden gute Kostplätze gefunden. Aus dem Tierschutzhaus gesellte sich die Angorakatze »Simba« dazu, außerdem »Jaromir«, ein abgemagerter, von der Straße aufgelesener Kater. Zu all dem zwitscherten ununterbrochen zwei Wellensittiche, die »Blaue Minna« und der »Grüne Heinrich«. Der große Garten und das weitläufige Haus boten den Tieren genug Auslauf. Alle Tiere waren ein Herz und eine Seele, es wurde nie gerauft, gefaucht oder gebissen, es herrschten tatsächlich paradiesische Zustände. Die Katzen jagten nicht die Enten, die Hunde nicht die Katzen, alle vertrugen sich. Wenn man mit Meinrads befreundet sein will, muß man unbedingt tierliebend sein, sonst hat man keine Chance.

Eines Tages kam der Hausherr wieder mit einer neuen Katze nach Hause. Er hatte sie im Burgenland – daher der Name »Burgi« – gerettet; sie befand sich bereits in einem Kartoffelsack und sollte ertränkt werden. Auch sie war den Meinrads bis an ihr natürliches Lebensende unendlich dankbar. Der Schauspielkollege Alfred Böhm brachte eine junge Eule zu den Meinrads. Der Baum, auf dem sich ihr Nest befand, war gefällt worden, und sie war herausgefallen. Die Eule erhielt den Namen »Fredi«, in Anlehnung an den Spender. Professor Otto König war der Ratgeber für die Haltung dieses Tieres. Er meinte, die Meinrads würden die Aufzucht schon allein wegen des »Gewölles« nicht schaffen und später immer Schwierigkeiten haben, weil die Eule ein Nachtvogel und deshalb in der Nacht aktiv sei und bei Tag schlafen werde. Der Fachmann irrte. »Fredi« nahm den menschlichen Tag-Nacht-Zyklus an. Er schlief brav in der Nacht und war tagsüber munter.

Das große Haus verlangte nach Leben. Es bildete sich ein Freundeskreis – die meisten natürlich vom Theater –, der sich regelmäßig am Sonntagnachmittag zum Meinradschen »Jour« bei Kaffee und Kuchen traf. Hier seien vor allem Alfred und Marianne Stöger, Hugo Gottschlich, Inge Konradi, Fide Bettac, Angelika Hauff, Gusti Wolf, Inge Brückelmeier und Hans Olden sowie Georges Creux genannt. Creux war bald nach Kriegsende als Korrespondent einer französischen Zeitung nach Wien gekommen und hängengeblieben. Er arbeitete für Zeitungen, beim Film und wurde später durch seine Sprachkurse im Fernsehen bekannt. Er war ein treuer Freund des Hauses. Ein anderer war Rudolf Kremayr, der bekannte Verleger, den mit den Meinrads das gemeinsame Hobby des Sammelns von Antiquitäten und Volkskunst verband. Zu diesem Kreis zählte auch der amerikanische Tourneemanager Erwin Godard, der viele Theatertourneen mit Meinrad arrangierte. Nach dem Tode ihres Mannes Franz Böheim wurde Frau Edith Böheim zu einer treuen Vertrauten des Hauses Meinrad.

Das Jahr 1956 begann für Meinrad mit dem *Verschwender* im Burgtheater. Tags darauf spielte er auf derselben Bühne *Schafft den Narren fort,* und dann wurden die Koffer gepackt, denn am 4. Januar begann in Nürnberg eine Tournee durch fünfundsechzig deutsche Städte, mit einem Abstecher in die Schweiz. Ein Ensemble des Burgtheaters spielte *Victoria* von Knud Hamsun mit Käthe Gold und Josef Meinrad in den Hauptrollen. Bei fast täglichen Vorstellungen dauerte die Tournee bis 31. März.

Im April war bereits Premiere im Akademietheater mit Hermann Bahrs *Konzert* unter der Regie von Ulrich Bettac. Den Privatgelehrten Dr. Jura spielte hinreißend Josef Meinrad, klug, sympathisch, verrückt, tief menschlich. In den Stücken *Das Konzert* und *Der Verschwender* war der Künstler bis zum Juni abwechselnd beschäftigt. Im Juni war Premiere von Johann Nestroys *Einen Jux will er sich machen* auf der Bühne des Burgtheaters, Regie führte Leopold Lindtberg. Meinrad gab den »Weinberl«, Inge Konradi war seine kongeniale Partnerin als »Christopherl«. Beide sind damit weit über die Grenzen des Landes bekannt geworden, und auch der Film hat dazu beigetragen, diese Burgtheater-Aufführung mit den beiden Hauptdarstellern einem breiten Publikum zugänglich zu machen. Friedrich Torberg: »Es war vermutlich die innigste Symbiose, die Nestroy und Burgtheater miteinander eingehen können. An ihrer Überzeugungskraft waren die in schnurrigem Biedermeier aufgebauten Drehbühnenbilder ... ebenso beteiligt wie das Ensemble, das Josef Meinrad als Weinberl einzusetzen hatte.« Und der kritische Hans Weigel: »Josef Meinrad ist mit den höchsten Weihen Nestroyscher Diktion gesegnet, er spricht die großen Tiraden nicht, er lebt sie uns vor, und wenn ein zeitgenössischer Kritiker rühmend vermerkte, daß der Schauspieler Nestroy ›selbst aus seiner hohen Gestalt die mannigfachsten komischen Effekte zu erzielen wußte‹, kommt Meinrad dem Vorbild auch hierin oft nahe ... Wir haben glücklicherweise derzeit etliche grandiose Nestroy-Spieler ... und Meinrad steht als primus inter pares hoch oben auf der stolzen Liste; ein unüberbietbarer Weinberl in *Einen Jux will er sich machen,* ein herrlicher Seiler Strick in den *Beiden Nachtwandlern,* ein hinreißendes Zwillingspaar in der Doppelrolle des zivilen Färbers und des soldatischen Sergeanten in *Der Färber und sein Zwillingsbruder,* ein abgründig schurkischer Kammerdiener Johann in *Zu ebener Erde und im ersten Stock.* Das wahre Nestroy-Spielen besteht darin, daß einer im Einverständnis mit dem Publikum ist, daß er zwar alles das spielt, was die Handlung ihm abfordert, daß er aber doch zugleich auch neben der Handlung steht und sie kommentiert. Nestroy hat in jedem seiner Stücke eine Hauptrolle für sich geschrieben, auf daß sie den Abend trage und immer wieder über das Geschehen hinweg den Autor Nestroy direkt und höchstpersönlich zu Wort kommen lasse. Man muß vielerlei spielen, wenn man Nestroy spielt, man muß eine Gestalt schaffen, aber zugleich diese Gestalt kommentieren und in Frage stellen, man muß als Handlungsgehilfe, Geselle oder Kammerdiener in kunstvoll gesteigerten Tiraden Meinungen über den Menschen, die Welt, das Leben und die Liebe äußern und im nächsten Augenblick wieder in die banale Possen-Situation gleiten. Josef Meinrad hat dieses Kunststück mehrfach fertiggebracht, er war mittendrin und daneben und darüber, er hat die Suada und den Geist und die Persönlichkeit aufgebracht, die Balance zwischen Direktheit und Indirektheit, er hat ... bei Nestroy mehrfach die ideale Ordinärheit präsentiert, und er konnte das eben darum, weil es sich ja bei Nestroy wie bei Meinrad gar nicht um echte Ordinärheit handelt, sondern weil sie, wie alles bei Nestroy, stilisiert, in Anführungszeichen gesetzt ist, weil die Aggression Nestroys das ›Rückzugsgefecht eines seelisch Verwundeten‹ ist, wie ein Nestroy-Kenner richtig erkannt hat. So ist Josef Meinrad auf wundersame Weise allmählich geworden, was man sonst nie auf Umwegen zu werden pflegt: ein Volkskomiker. Er hat sich als solcher nicht von unten hinaufgedient, sondern er ist gleichsam von oben dort hingekommen ...«

In dieser Zeit war Meinrad am Höhepunkt seiner Popularität, das Bühnengespann Meinrad–Konradi war Gesprächsthema in Wien. Überall wo der »Herr Kammerschauspieler«, der »Herr Meinrad« oder auch nur der »Pepi« hinkam, blieben die Leute stehen oder bestürmten ihn um ein Autogramm auf Visiten- oder Speisekarten oder Programmheften. Nach den Vorstellungen standen Trauben von Menschen vor dem berühmten »Bühnentürl« des Burgtheaters, um ihn zu feiern und ihm zu applaudieren. Natürlich schmeichelten ihm diese Ovationen, doch blieb er immer bescheiden, Starallüren waren ihm fremd: »Ich komm aus kleinen Verhältnissen – wissen S'«, war sein stereotyper Einleitungssatz, wenn er aus seinem Leben erzählen mußte.

Das Jahr 1957 war nicht nur ein sehr arbeitsreiches, sondern für Meinrad auch ein sehr erfolgreiches Jahr. Direktor Adolf Rott hatte dem Künstler einen großen Vertrauensbeweis entgegengebracht und ihm eine Aufgabe gestellt, die Josef Meinrad glänzend löste. Der Vierundvierzigjährige sollte eine Paraderolle in einer österreichischen Komödie spielen, die von ganz Großen deutscher Bühnen zu einem Klassiker kreiert worden war: den Diener Theodor in Hugo von Hofmannsthals Komödie *Der Unbestechliche,* in der als erster Max Pallenberg Jahre hindurch Triumphe gefeiert hatte. Unter der Regie von Ernst Lothar spielten Inge Brückelmeier, Elisabeth Höbarth, Dagny Servaes, Jane Tilden, Gusti Wolf, Viktor Braun, Robert Lindner, Josef Meinrad und Alfred Neugebauer. Die Premiere fand am 12. Januar im Burgtheater statt.

»Neues Österreich« berichtete darüber: »Kein Stück, aber vollendet gespielt! Der Unbestechliche, dessen Unbestechlichkeit darin besteht, daß er zwar von jedermann Geld nimmt, aber dennoch nur das tut, was er für Recht befindet, ist Josef Meinrad. Aus der Paraderolle erwuchs die Parade-leistung; ein böhmakelnder ungetreuer Diener seines Herrn, ein entfesselter Subalterner, der die entgleiste Welt wieder einrenkt.« Und Friedrich Torberg: »Der aber die Bühne beherrschte und die Gestalten des Spiels, alle, nicht nur die dienenden, war Josef Meinrads *Unbestechlicher* – nach den Worten der Baronin ›kein Diener, sondern eben der Theodor‹ und dennoch meilenfern vom gefürchteten Domestikenklischee des Dutzendspiels. Ein renitenter Erz-engel, ein Sittlichkeitsfanatiker der Gesindekammer... wurde er von Josef Meinrad mit einer infernalischen Komik und einer hintergründigen Dämonie ausgestattet, die allein schon den Abend sehenswert macht!«

Dank der Leistung Meinrads konnte die Aufführung tatsächlich eine Sternstunde des Burgtheaters genannt wer-den. Der *Unbestechliche* wurde für Meinrad nicht nur eine Paraderolle, sondern auch eine seiner Lieblingsrollen, die er in verschiedener Besetzung noch jahrzehntelang spielte, weil er sich voll mit ihr identifizierte. Er *spielte* nicht den Theodor, sondern er *war* der Theodor. Als Josef Meinrad am Ende seiner Burgtheaterlaufbahn von Direktor Achim Ben-ning gefragt wurde, welches Stück er sich zum Abschied wünsche, antwortete Meinrad ohne zu zögern: mit dem Theodor im *Unbestechlichen* wolle er vom Burgtheater und seinem Publikum Abschied nehmen. Mit dieser Rolle feier-te er seinen letzten Triumph.

Anläßlich des Holland-Festivals 1957 gastierte das Burg-theater mit dem Stück in Den Haag. Königin Juliane war von dieser Aufführung und vor allem vom Hauptdarsteller Meinrad so hingerissen, daß sie ihre Töchter aus dem Inter-nat kommen ließ, um ihnen echte Theaterkunst zu zeigen. Nach der Vorstellung kam sie mit den Prinzessinnen hinter die Bühne, ließ sich die Künstler vorstellen und zeichnete Meinrad mit einem längeren Gespräch aus.

Noch im Frühjahr desselben Jahres folgte mit Fritz von Herzmanowskys *Kaiser Joseph und die Bahnwärterstochter* in der Regie von Axel von Ambesser die nächste Premiere, und im März war Premiere einer Neuproduktion von Ferdinand Raimunds *Verschwender* in der Regie von Franz Reichert. Im April folgte die nächste Premiere mit Fritz Hochwälders *Die Herberge* unter der Regie von Josef Gielen. Eine Wiener Zeitung berichtete: »Attila Hörbiger gehört heute zu den stärksten Charakterdarstellern der deutschen Bühne. Und mit ihm Josef Meinrad, der als Sargmacher von jenem unheimlich-makabren, tragischen Humor war, dem Shakespeare im Drama der Welt seinen bleibenden Wert gesichert hat.« Hans Weigel, der mit dieser Aufführung keineswegs einverstanden war, schrieb hingegen: »Der Humor kam allerdings zu kurz. Josef Meinrad und Hugo Gottschlich wirkten wie Komiker, die in seriösen Rollen aushelfen, statt durch herzhafte Heiterkeit als Komplementärfarben zur besseren Tiefenwirkung beizutragen ...«

Die letzte Premiere in diesem Jahr war Franz Molnárs *Olympia* unter der Regie von Franz Glücksmann. Dazu »Neues Österreich«: »Josef Meinrad als Gendarmerieoberstleutnant Krehl; die Szene, in der er, zwischen militärischer Zackigkeit und tiefprovinzieller Unterwürfigkeit fortwährend schwankend, sich an die beiden hochfeudalen ›Funzen‹ (Mama und Tochter) herandienert, ist von jener zwerchfellerschütternden vis comica, die an die berühmte Begegnung des Holzhackers Lorenz mit der Frau von Schimmelglanz in Nestroys *Verhängnisvolle Faschingsnacht* erinnert. Meinrads feine, sonnige, herzliche, menschliche Komik ist heute wohl ohne Vergleich auf der deutschsprachigen Bühne.« Friedrich Torberg war diesmal von Meinrads Bühnenleistung weniger angetan: »... Ein wenig wuchtiger – um nicht zu sagen plumper – sind die Wirkungen, deren sich Josef Meinrad als Gendarmerie-Kommandant vergewissert.«

Auch in diesem Jahr stand Josef Meinrad in den Wiener Filmateliers mehrmals vor der Kamera. Zuerst in dem Wiener Mundus-Film *August der Halbstarke*, danach in *Familie Schimek* und schließlich im Sascha-Film *Die unentschuldigte Stunde* unter der Regie von Willi Forst. Zuletzt drehte Meinrad in Berlin den CCC-Film *Auf Wiedersehen Franziska* unter Wolfgang Liebeneiner.

In der Zwischenzeit hatte Alfred Stöger, Eigentümer und Regisseur der Wiener Mundus-Film, die Thalia-Film gegründet, die sich vorwiegend mit der Verfilmung von besonders wertvollen und attraktiven Burgtheaterproduktionen beschäftigte. Im Rahmen dieser Firma wurde Nestroys *Einen Jux will er sich machen* auf Zelluloid gebannt. Theaterregie führte Leopold Lindtberg. Es spielte die Premierenbesetzung des Burgtheaterensembles.

Da Josef Meinrad in diesem Jahr fast schon die oberste Sprosse seiner Karriereleiter erklommen hatte, brachte die angesehene Zeitschrift »Die Bühne« ein ausführliches Künstlerporträt, in dem es hieß: »Josef Meinrad ist für uns das, was unseren Vätern und Großvätern Girardi gewesen sein mußte: der Schauspieler, bei dem die schauspielerische Größe mit der menschlichen Güte zusammenfällt. Diese Verbrüderung von Verstand und Herz aber schafft jene Atmosphäre, die eine Welle der Zuneigung von der Bühne zum Zuschauer und zur Bühne zurück schlägt. Es geht einem bei Meinrad immer so, daß sein erstes Auftreten wie ein leises Tasten zum Herzen anmutet, um dieses dann in einen Strom von Wärme einzubetten. Gerade das gefühlsmäßige Ansprechen, das erst die Hemmung überwinden muß, das keusch und verführerisch zugleich ist, läßt Meinrad den Wienern als Personifikation des Wiener Theaters schlechthin erscheinen. Der Wiener, wie ihn Raimund und Nestroy gezeichnet haben, in verschiedenen Variationen und einer Spannweite, die auch in den Bereich des Dämonischen dringt, wird heute von Meinrad mit der gleichen Meisterschaft verkörpert, wie er einst von Girardi verkörpert wurde. Meinrads Valentin und Weinberl werden von keinem anderen Darsteller mit gleicher Wahrhaftigkeit und ähnlicher Wirkung gespielt. Was Meinrad in diesem Rollenfach von Girardi trennt, das sind die verfeinerten Formen der Darstellungskunst, die sich seit einer Generation entwickelt haben, ist die größere Eloquenz, ist aber auch die verhaltenere Weise, die Fäden zum Gemüt des anderen zu spinnen.«

Im April fand die Premiere von Goethes *Faust I* unter der Regie von Rott am Burgtheater statt. Diesmal hatte Meinrad die Rolle des Famulus Wagner inne, nachdem er bereits den Schüler verkörpert hatte. Friedrich Torberg dazu: »Dem Geist der Dichtung kam, dank Josef Meinrad, just der trockene Schleicher Wagner am nächsten. Herr Meinrad war der einzige, der seinen Text transparent machte, der durchs Wort hindurch den Sinn und die Tat aufscheinen ließ. Vollgültig stand die geistige Enge seiner Figur in der geistigen Weite der Goetheschen Landschaft. ›Zwar weiß ich viel, doch möcht ich alles wissen‹, hat er zu sagen, und man bemerkte beglückt, daß der Famulus Wagner gar nichts wußte und der Schauspieler Meinrad alles!«

Im Frühsommer nahm Josef Meinrad Urlaub und stürzte sich in ein neues Abenteuer. Auf ging es nach Amerika! Auf den Broadway-Bühnen in New York hatte eine neue Kunstform Einzug gehalten: Die Musicals feierten Triumphe. Meinrad, in Metz auch einst Operettensänger, erkannte die Möglichkeiten des neuen Genres und wollte an Ort und Stelle diese faszinierende und zukunftsträchtige Ausdrucksform studieren.

1958 war noch die Zeit der großen Atlantik-Liner, und die Meinrads wollten eben nach altväterlicher Sitte über den Atlantik schippern und nicht mit einem viermotorigen »Brummer« darüber hinwegfliegen. Gemütlich und mit allem Komfort sollte diese Reise angetreten werden, die zugleich Urlaub war.

Am 29. Mai stachen sie von Le Havre aus mit der »Liberté« in See. Über Southampton ging es nach New York. Die vierzehn Tage in dieser Stadt wurden reichlich genutzt. Besuche der Museen und Galerien wechselten mit Besichtigungen aller Sehenswürdigkeiten dieser faszinierenden Stadt, die Josef Meinrad schon vier Jahre zuvor anläßlich der Dreharbeiten zu seinem Film *Pepi Columbus* kennengelernt hatte. Überwältigend die grandiosen Revuen und die Musicals am Broadway. Zuerst die *West Side Story* von Leonard Bernstein im Winter Garden, dann in die *Music Box,* wo Elia Kazan *The Dark at the top of the stairs* inszeniert hatte. Als nächster Theaterbesuch stand *Jamaica* mit Lena Horn und Ricardo Montalban im Imperial Theatre auf dem Programm, und einige Tage später *Li'l Abner* im St. James Theatre. Den Abschluß bildete der Besuch von *Gigi* im Royal Theatre mit Leslie Caron, Maurice Chevalier, Louis Jourdan, Eva Gabor, Jacques Bergerac, Isabel Jeans und John Abott.

Für Meinrad waren diese Aufführungen sensationell. Er mußte die neuen Eindrücke, die ihm das amerikanische Theater vermittelt hatte, verarbeiten, und dazu hatte er auf der Rückreise über den Atlantik Zeit und Muße. Am 18. Juni schifften sich die Meinrads auf der »Queen Mary« ein und erreichten nach sechs Tagen Cherbourg.

Neben seinen Verpflichtungen auf der Bühne drehte Meinrad in diesem Jahr noch drei Spielfilme: *Man ist nur zweimal jung* unter der Regie von Helmut Weiss, *Solang' die Sterne glühn* unter Franz Antel und schließlich mit Wolfgang Liebeneiner *Die Trapp Familie in Amerika.* Diesem Film sollte in Amerika ein großer Triumph beschieden sein.

Am Neujahrstag 1959 begann Josef Meinrad seine Bühnenarbeit mit *Olympia,* dazwischen *Faust I* im Burgtheater. Im Februar war die erste Premiere dieses Jahres, das für den

Künstler noch große Überraschungen bereithalten sollte: Anton Tschechows *Dieser Platonow* unter der Regie von Ernst Lothar. Dazu Paul Blaha im »Express«: »Diesen Platonow hätte Victor de Kowa spielen sollen. Josef Meinrad ist die bessere Besetzung: hier ist jeder Ton, jede Geste, jeder Schritt – all das taumelnde Wanken zwischen hilfloser Verkommenheit und komischer Feigheit, zwischen liebenswürdiger Weichheit und dem düsteren Zerwürfnis mit sich selbst – ganz und gar getroffen, überzeugend, goldrichtig. Und mithin ist er ein kongenialer Partner Käthe Golds ... Die beiden sind Mittelpunkt ...«

Die »Welt am Montag« hingegen: »Dieser Platonow ... war ein schwaches Stück. Tschechow selbst hat es x-mal bearbeitet und dann in die Schreibtischlade gelegt – und das war gut. Der Franzose Pol Quentin hat es ausgekramt, zusammengestrichen und bearbeitet – das kann passieren. Robert Schnorr hat diese französische Zustutzung russischer Seelenlandschaften ins Deutsche umgegraben – das hätte schon nicht mehr passieren dürfen, ist aber auch verzeihlich. Ernst Lothar hat es dann im Akademietheater Szene für Szene haarscharf danebeninszeniert. Aber auch das ist noch verzeihlich, gemessen an dem Verbrechen, das an einem so grandiosen Schauspieler wie Josef Meinrad begangen wurde, der hier in den Schlingen einer eklatanten Fehlbesetzung langsam aber sicher zur Strecke gebracht wird.«

Über solche Um- und Fehlbesetzungen schrieb Hans Weigel: »In gesunden Theaterzeiten wird der bedeutende Darsteller als Kostbarkeit mit aller Obsorge gepflegt und betreut. Man denkt darüber nach, wie seine Möglichkeiten gesteigert, seine Besonderheiten wirksamer eingesetzt werden könnten, auf welche Weise er seinen künstlerischen Radius sinnvoll erweitern könnte, was man für ihn und damit für das Publikum – und damit für das Theater – tun könnte, sollte, müßte. Heute besorgen Theaterleiter und

Regisseure ihre eigenen künstlerischen und sonstigen Geschäfte über den Schauspieler hinweg. Und dieser, sei er noch so groß, noch so wichtig, noch so sehr der echten Anteilnahme und höchsten Förderung würdig, bekommt seine Rolle meist, weil gerade kein anderer da ist, weil ein Termin es nahelegt, weil Verträge erfüllt werden müssen, weil ein bestimmtes Stück gespielt werden muß und zu diesem Zeitpunkt ein bestimmter Schauspieler gerade zur Verfügung steht. Josef Meinrad hat nicht nur den ›Prinzen von Homburg‹, sondern auch manche andere Rolle nicht gespielt ... Es wurde verabsäumt, einem führenden Nestroy-Spieler planmäßig die ihm gemäßen Nestroy-Rollen zu erschließen, es wurde ein Raimund-Stück mit einer Meinrad-Rolle ohne Meinrad angesetzt. Dafür mußte er manche Rolle neben seiner Natur und manche gegen seine Natur spielen, nicht im Sinn produktiven Experimentierens, sondern aufgrund von Verlegenheit oder Gedankenlosigkeit. Er hat dadurch keinen Schaden genommen – doch das ist im Rahmen systematischer Theaterarbeit recht wenig; daß ein ganz besonderer Schauspieler keinen Schaden nimmt.«

Für März war die Premiere des *Zerrissenen* in der Regie von Rudolf Steinboeck im Akademietheater angesetzt. Während der intensiven Proben wurde am 3. März plötzlich gemeldet: »Ausgerechnet dem Burgschauspieler Josef Meinrad galt gestern die fünftausendste Ausfahrt der Wiener Rettung im heurigen Jahr. Bei der Probe zum Nestroy-Stück *Der Zerrissene* sprang Meinrad, der die Titelrolle des Herrn von Lips spielt, in der Schlußszene des ersten Aktes, wie vom Regisseur vorgeschrieben, von einer Rampe, nachdem er zuvor ›programmgemäß‹ mit Hugo Gottschlich, dem erbitterten ›Gluthammer‹ der Aufführung, gerauft hatte. Meinrad stürzte aber dabei so unglücklich, daß er sich am Unterschenkel eine Rißwunde und außerdem eine Lendenwirbelprellung zuzog. Nach einer Behandlung in der Ersten Unfallstation erschien Meinrad jedoch – mit Verband – eineinhalb Stunden später schon wieder auf der Probe … Die Samstag-Premiere ist trotz des Unfalls gesichert.«

Sie wurde ein Triumph. In der »Wiener Zeitung« war zu lesen: »Für Josef Meinrad wurde diese Premiere zu einem neuen außerordentlichen Erfolg … Das ist die richtige charmante Atmosphäre für den humorvollen und charmanten Darsteller. Vollends die Rolle des Herrn von Lips paßt ihm haargenau. Denn dieser Weltschmerzling mit dem zerrissenen Gemüt, das nach dem verrückten Jugendstreich seiner Brautwerbung ins Blaue durch eine handfeste Rauferei mit vermeintlich doppeltem Tod, durch Schuldbewußtsein, Geldnot, Enttäuschung an den Freunden, Angst vor dem Kriminal und die anhängliche Neigung eines lieben Mädels wieder zusammengeflickt wird, müßte für Meinrad erfunden werden, wenn er nicht schon seit hundertfünfzehn Jahren da wäre. Er prickelt und glitzert nur so in den komischen Situationen, den reizend ironischen, sich selber persiflierenden Verlegenheiten, den Tricks und Finten; er ist reizend in der Unverfrorenheit, ganz unbezahlbar, wenn ihn das moralische Bauchweh packt, und vollendet in den Couplets …«

»… Josef Meinrad in der Hauptrolle, Franz Böheim als Krautkopf und Hugo Gottschlich, der geradezu die Inkarnation eines Nestroy-Spielers ist, waren ein schlechthin überragendes Trio. Besseres kann man sich nicht mehr wünschen!« (Welt am Montag)

»Josef Meinrad ist heimisch auf jenen Höhen, wo die Nestroys wohnen«, schrieb Hans Weigel über diese Aufführung. »Wenn wir schon unbedingt einen Neo-Girardi krönen müssen. Hier ist er! In der Diktion, im Vortrag von Coupletstrophen, im Aufbau der Monologe, im Dialog mit Gleichwertigen erreicht Meinrad immer wieder die große Identität des Darstellers mit dem Darstellenden; er ist ein idealer Nestroy-Interpret und ein großartiger Herr von Lips.«

Im August gastierte Meinrad mit diesem Stück wiederum in Holland. Die neun Vorstellungen waren ausverkauft, der Künstler durfte erneut Triumphe feiern. Von Holland ging es weiter zu den Bregenzer Festspielen. Nach fünf Vorstellungen im Theater am Kornmarkt spielte Meinrad ab September das Nestroy-Stück am Wiener Akademietheater.

Die neue Herbstpremiere erfolgte mit Luigi Pirandellos *Sechs Personen suchen einen Autor* in der Regie von Willi Schmidt. Friedrich Torberg in der »Presse«: »Josef Meinrad, der schuldbeladene Vater, der seine Schuld nun endlich durch ihre Gestaltung, durch ihre Preisgabe an die Schaubühne loswerden möchte ..., und Sekunden vergingen, ehe der Beifallssturm losbrach, der den großen Erfolg einer großen Premiere besiegelte.«

Am 6. Oktober spielte Josef Meinrad in der Nachmittagsvorstellung im Akademietheater in *Sechs Personen suchen einen Autor,* dann eilte er zur Premiere ins Burgtheater, wo in der Inszenierung von Leopold Lindtberg *Wallensteins Lager* von Friedrich Schiller stattfand. »Alsbald sah man, was das Burgtheater auf Lager hat: etliche Sprecher, die vor lauter Sprechen den Text vernachlässigen«, schrieb Hans Weigel bissig über diese Aufführung. »Viele Komparsen, die der Führung bedürfen, viele, viele Kostüme ... Das ›Lager‹ ist turbulent, saftig bunt bewegt, so bei Schiller. In der Burg wirkt das wie ein Wandertag etlicher braver Schulklassen, ein unerhört kultivierter, manierlicher, zurückhaltender Dreißigjähriger Krieg. Nur hie und da bricht unvermittelt und aufs Stichwort einige Turbulenz aus. Die Saftigkeit wird in kleinen Portionen serviert ... Es gewinnt Reiz nur durch einzelne Soldaten, vor allem Josef Meinrads Kapuziner, der seine Predigt unkonventionell und ganz ohne Hanswursterei großartig steigert ...«

Josef Meinrad spielte also den Kapuziner, eher eine kleine Rolle, aber was hatte der Künstler daraus gemacht! Noch nie war die bekannte Kapuzinerpredigt so intensiv, so inbrünstig, so eifernd, ja so fanatisch auf dieser Bühne interpretiert worden. Bis jetzt war man als Zuschauer gewohnt, daß ein feister, kleiner Kapuziner auftrat und mit mehr oder weniger Pathos die Predigt deklamierte, oft auch herunterleierte und wieder abging. Ganz anders Meinrad. Schon sein Auftritt war eine kleine choreographische Meisterleistung. Wie sich die große, dürre Gestalt in der schlotternden braunen Kutte den Weg durch die saufenden Soldaten bahnte und mit sich überschlagender Stimme und flackerndem Blick mit ihrer Suada loslegte, war einmalig:

> *Heissa, Juchheia! Dudeldumdei!*
> *Das geht ja hoch her. Bin auch dabei!*
> *Ist das eine Armee von Christen?*

Der große Prediger Abraham a Santa Clara war auf einer Wiener Bühne wiederauferstanden! Der damals bekannte Dominikanerpater und ebenfalls mächtige Prediger, Pater Diego Götz, schrieb dem Künstler voller Begeisterung: »Und noch einen besonderen Dank für die Kapuzinerpredigt im *Wallenstein*. Am Tage nach der Premiere mußte ich eine Franziskuspredigt halten – dabei standen Sie Pate! Gott mit Ihnen, lieber Josef Meinrad!«

In diesem Jahr drehte Josef Meinrad den Film *Rendezvous in Wien* unter der Regie von Helmut Weiss, und unter Rolf Thiele *Die Halbzarte* mit Gertraud Jesserer, Erni Mangold, Romy und Magda Schneider, Rudolf Forster, Helmuth Lohner und Carlos Thompson. Im Presseheft der UFA ist zu lesen: »Häufig stellt Josef Meinrad Handwerker dar. So war er als Schneider, Friseur, Tischler und anderes mehr zu sehen, aber auch historische Rollen oder Menschen der Gesellschaft wurden von ihm gespielt. Die Skala seiner Darstellungskunst ist also außerordentlich reichhaltig und spricht für seine schauspielerische Wandlungsfähigkeit.«

Nach diesem Erfolgsfilm drehte Meinrad noch *Bezaubernde Arabella* unter der Regie von Axel von Ambesser und nochmals unter demselben Regisseur *Die schöne Lügnerin*. Damit wäre für den Künstler dieses arbeits- und erfolgreiche Jahr 1959 zu Ende gegangen, doch das Schicksal hatte für ihn noch einen besonderen Paukenschlag vorbereitet. Ende des Jahres schüttete Göttin Fortuna das Füllhorn über ihn aus, er wurde auf die höchste Stufe seiner Karriereleiter emporgehoben. Aus dem kleinen Pepi Moučka aus Wien-Hernals, der einst für seine Mutter Brot im Buckelkorb ausgetragen hatte, war ein Weltstar geworden!

Im Oktober stand William Shakespeares *König Lear* auf dem Spielplan des Burgtheaters. Werner Krauß spielte den mythischen König Britanniens, wie immer mit größter schauspielerischer Darstellungskunst. Während er auf der Bühne stand – Krauß war schwer zuckerkrank –, erlitt er plötzlich einen zentralen Gefäßspasmus, der ihm die Sprache raubte. Im ersten Augenblick dachte das Publikum an einen besonderen Regieeffekt, doch als der Mime immer undeutlicher brabbelte und scheinbar desorientiert auf der Bühne stand, wurden die Zuhörer unruhig. Der Vorhang fiel, der Theaterarzt war sofort zur Stelle und leistete Erste Hilfe. Nun war die Frage, ob Krauß weiterspielen konnte oder ob die Vorstellung abgesagt werden mußte. Nichts ist für einen Schauspieler furchtbarer, als aus Gesundheitsgründen eine Vorstellung platzen zu lassen. Nachdem sich Krauß etwas erholt hatte, empfahl der Arzt, ihn das Stück fertigspielen zu lassen, denn die Absage der Vorstellung hätte ihn derart aufgeregt, daß ein neuerlicher Schlaganfall zu befürchten gewesen wäre. So spielte er den »Lear« zu Ende. Hans Weigel schrieb später: »So stand Werner Krauß zum letztenmal im Leben auf einer Bühne; todkrank, seiner selbst nicht mehr ganz Herr, schon halb ›drüben‹, doch er spielte, umgeben von seinen erschütterten, zu Tode erschrockenen Partnern, er machte alle Bewegungen, sprach alle Worte, aber wie im Traum oder im Fieber, man verstand ihn kaum mehr, aber er spielte die Vorstellung zu Ende. Das Publikum war verwirrt angesichts des Ungewöhnlichen, Unbegreiflichen, das in Wahrheit der große Abschied eines Großen war.«

Am 20. Oktober 1959 starb Werner Krauß im fünfundsiebzigsten Lebensjahr. Der Träger des Iffland-Ringes war tot!

8
Der Iffland-Ring

> »Der Menschheit Würde ist in eure
> Hand gegeben, bewahret sie!
> Sie sinkt mit euch! Mit euch wird sie
> sich heben!«
>
> Friedrich Schiller (*Die Künstler*)

Der Iffland-Ring ist die höchste Auszeichnung, die ein Schauspieler im deutschsprachigen Raum für seine Bühnenleistungen erhalten kann. Er weist ihn als den Größten unter den Großen der Theaterwelt aus und hat eine besondere Geschichte.

Eine alte, aber unbewiesene Überlieferung besagt, daß der Ring aus Goethes Hand an Iffland gekommen wäre. August Wilhelm Iffland, geboren 1759 in Hannover, 1814 in Berlin gestorben, war Schauspieler, Theaterdirektor und Dramatiker an verschiedenen Bühnen Deutschlands. Von seinen angesehenen Eltern zum Priesterberuf ausersehen, flüchtete der Sohn 1777 aus dem Elternhaus nach Gotha ans Theater, um dort den Schauspielberuf von der Pike auf zu erlernen. Er erwarb sich mit seiner Darstellungskunst einen Namen und wurde 1811 Direktor des königlichen Schauspielhauses in Berlin. »Als Schauspieler zeichnete sich Iffland weniger durch Genialität als vielmehr durch kunstvoll bis ins einzelnste berechnete Darstellung aus. Am besten glückten ihm chargierte, hochkomische und gemütvoll rührende Rollen, welche der Sphäre des Familien- und bürgerlichen Lebens angehörten. Zu hochtragischen und heroischen Rollen war er schon durch sein Äußeres weniger befähigt.« (Meyers Konversations-Lexikon, Leipzig 1895)

Ein Zeitzeuge berichtete über die Schauspielkunst Ifflands: »Jede seiner Stellungen ist malerisch, jede Miene, jede Bewegung überdacht und wahr. Nie entwischt ihm ein fremder Akzent, nie übersieht er eine Nuance seines Charakters. Auch herrscht durchaus eine gewisse Würde in seinem Spiele, die ihn selbst in leidenschaftlichen Szenen nicht verläßt.« Iffland hatte fünfundsechzig geschickt und gekonnt aufgebaute Theaterstücke verfaßt, die ihm viel Geld einbrachten. Jedenfalls kassierte er mit seinen Stücken mehr Tantiemen als Goethe und Schiller zusammen.

Der Iffland-Ring ist ein Eisenreif mit einem großen, blauvioletten Halbedelstein, der den Kopf des Künstlers trägt, umgeben von achtundzwanzig kleinen Diamanten, die den Stein wie einen Kranz umrahmen.

An der Unterseite des Etuis, das den Ring beherbergt, ist ein kleiner, vergilbter Zettel aufgeklebt, der in der Handschrift Friedrich Haases (1827 in Berlin geboren und der bekannteste Schauspieler Deutschlands) wörtlich mitteilt: »Insignie … von Theodor Döring an Friedrich Haase, ein Ring mit Ifflands Bildnis, den derselbe Ludwig Devrient in Berlin übergab. Gewidmet von Dörings Witwe an mich 75.« Das älteste Dokument über den berühmten Iffland-Ring stammt also aus dem Jahre 1875. Die Fama weiß zu berichten, daß Iffland den Ring im Jahre 1813 Ludwig Devrient übergeben haben soll, von ihm sei er an seinen Neffen Emil Devrient weitergegeben worden. Von diesem ging er an Theodor Döring über, ebenfalls ein bekannter deutscher Schauspieler, der 1879 in Berlin gestorben ist. 1908 hat Friedrich Haase den Ring an Albert Bassermann übergeben. So entstand die Tradition der Weitergabe des Rings an den »Würdigsten«.

Am 11. Juni 1911 bestimmte Albert Bassermann Alexander Girardi zum Ringträger:

»11. Juni 1911

Mein lieber Girardi!

Der mir von Friedrich Haase vermachte Iffland-Ring fällt nach meinem Tod Ihnen zu, weil Sie mir unter den jetzigen großen Schauspielern durch die Einfachheit und Innerlichkeit Ihrer Kunst den stärksten Eindruck gemacht haben.

Mit herzlichen Grüßen
Ihr
Albert Bassermann«

Girardi starb, und Bassermann wollte den Ring an Max Pallenberg weitergeben, der jedoch tödlich verunglückte. Nun wollte er Alexander Moissi auszeichnen, der aber ebenfalls verstarb. Bassermann, wie jeder Schauspieler abergläubisch, vermutete einen Fluch auf diesem Ring. Am liebsten hätte er ihn, wie er sagte, in die »Donau geschmissen«. Er hat es Gott sei Dank nicht getan, sondern den Iffland-Ring dem österreichischen Unterrichtsministerium, zu Händen des »Bundestheatermuseums«, im Jahre 1935 zurückgegeben. Dazu schrieb er (Orthographie berichtigt):

»Wien, 10.10.1935

An die Leitung des Bundestheatermuseums in Wien

Der mir von Friedrich Haase zur Weitergabe an den ›Würdigsten‹ vermachte Iffland-Ring war von mir zuerst Alexander Girardi, dann Max Pallenberg und schließlich Alessandro Moissi zugedacht.
Die drei Meister der Schauspielkunst starben in der Vollkraft ihres Schaffens. Dieser seltsame Umstand ließ in mir den Entschluß reifen, den Ring keinem Darsteller mehr weiterzureichen. Ich übergebe den Iffland-Ring, der mir nur ›auf Zeit‹ anvertraut war, in demselben Sinne dem ›Bundestheatermuseum‹ in Wien, wo der Ring bis zu meinem

11. juni 1911

Mein lieber Herr Girardi,

der mir von
Friedrich Haase fermachte Iffland – Ring
fäll nach meinem Tod Ihnen zu,
weil Sie mir unter den jetzigen großen
schauspielern durch die einfachheit und
innerlichkeit Ihrer Kunst den wollstärksten
eindruck gemacht haben. –

Mit herzlichen grüßen

Ihr

Albert Bassermann

Albert Bassermann verfügt die Weitergabe des Iffland-Rings an Alexander
Girardi

Brief Bassermanns an die Leitung des Bundestheatermuseums

Tod aufbewahrt sein soll. Weiterhinaus kann ich über den Ring nicht verfügen, da mir die Rechtsverhältnisse in diesem Schauspieler-Fall nicht bekannt sind.

Albert Bassermann«

Albert Bassermann bestimmte, daß der Ring bis zu seinem Tode in der Obhut des Ministeriums verbleiben sollte. Er starb 1952 in Zürich. Im Jahre 1954 wurde diese Auszeichnung durch eine Jury der deutschsprachigen Bühnen (Deutschland, Österreich, Schweiz) Werner Krauß anläßlich seines siebzigsten Geburtstages als dem »größten« und »würdigsten« noch lebenden deutschen Schauspieler zuerkannt.
Bei der Übergabe des Ringes an Werner Krauß am 19. November 1954 hat der damalige Unterrichtsminister Dr. Heinrich Drimmel die Richtlinien für die Weitergabe des Iffland-Ringes festgelegt:

»Als verantwortlicher oberster Leiter der gesamten österreichischen Kunstverwaltung bestimme ich hiermit, daß der Iffland-Ring, der von seinem letzten Träger, dem unvergeßlichen Künstler Albert Bassermann, der Bundestheaterverwaltung zur weiteren freien Verfügung zugekommen ist, in Erfüllung einer großen Tradition, edelste Schauspielkunst deutscher Zunge auszuzeichnen, in Hinkunft nach den folgenden Grundsätzen verliehen wird:

1. Der Ring soll widmungsgemäß dem jeweils bedeutendsten und würdigsten Bühnenkünstler des deutschsprachigen Theaters auf Lebenszeit verliehen werden.
2. Spätestens drei Monate nach der Verleihung des Ringes bestimmt sein jeweiliger Träger nach seinem Ermessen einen den Voraussetzungen des Punktes 1 entsprechenden Nachfolger, an den der Ring nach seinem Tod verliehen werden soll, indem er den Namen des Betreffenden aufschreibt und dieses Schriftstück in einem verschlossenen und womöglich

versiegelten Briefumschlag der Bundestheaterverwaltung in Wien eigenhändig ... mit dem Hinweis, daß darin sein Nachfolger genannt ist, zur Aufbewahrung übermittelt.

3. Der Ringträger kann jederzeit seinen Vorschlag widerrufen und einen anderen als den bereits namhaft gemachten Nachfolger in der unter Punkt 2 festgelegten Weise bestimmen ...

4. Unterbleibt eine Verfügung über den Ring im Sinne der Punkte 2 und 3 oder kann eine solche Verfügung wegen Vorversterbens des namhaft gemachten Nachfolgers oder aus anderen Gründen nicht erfüllt werden, so wird die Bundestheaterverwaltung den Kartellverband deutschsprachiger Bühnen ersuchen, einen Vorschlag über die Weiterverleihung des Ringes im Sinne des Punktes 1 zu erstatten.

5. Der Ring bleibt im zweckgebundenen Eigentum der Republik Österreich (Bundestheaterverwaltung) und wird von ihr nach dem Tode des jeweiligen Ringträgers bis zur Neuverleihung verwahrt. Dementsprechend hat der Ringträger nach Möglichkeit alle Vorkehrungen zu treffen, um die Rückgabe des Ringes an die Bundestheaterverwaltung nach seinem Tode zu sichern.

6. Die Überreichung des Ringes erfolgt durch den jeweiligen österreichischen Bundesminister für Unterricht im Wiener Burgtheater ...

7. Sofern die zur Verwahrung oder zur Mitwirkung bei der Weitergabe des Ringes nach den vorstehenden Grundsätzen berufenen staatlichen oder sonstigen Organe und Einrichtungen nicht vorhanden sein sollten, treten an ihre Stelle ihre Rechtsnachfolger ..., die ihnen hinsichtlich ihres Aufgabenkreises am ehesten entsprechen. Mangelt es an einer rechtmäßigen Gesamtvertretung der deutschsprachigen Bühnenkünstler, so wird ... ein Kollegium zur Erstattung eines mit Mehrheit zu beschließenden Verleihungsvorschlages einzuladen sein, das aus je drei Mitgliedern des Burgtheaters und

je eines der bedeutendsten Theater Deutschlands und der Schweiz besteht.«

Entsprechend diesen neu erlassenen Vorschriften über die Verleihung des Iffland-Ringes hat sich Werner Krauß bereits am 3. Dezember 1954 für seinen Nachfolger entschieden und am 6. Dezember seinen Wunsch bei der österreichischen Bundestheaterverwaltung deponiert.

»Meine Verfügung
über den Iffland-Ring,
der Bundestheaterverwaltung
in Wien übergeben am 6.12.1954.
Werner Krauß«

»Wien, 3.12.1954
Ich habe den Wunsch, daß nach
meinem Tode den Iffland-Ring
Josef Meinrad
erhält.
Werner Krauß«

Damit erübrigt sich auch der Witz, der anläßlich der Verleihung des Ringes an Josef Meinrad die Runde machte: Kollegen, die diese Auszeichnung wohl selbst gerne in Empfang genommen hätten, erzählten, wie Meinrad dazu gekommen sei. Der große Mime Werner Krauß soll, bereits auf dem Totenbett, noch eingehend befragt worden sein, wer denn nach ihm die begehrte Ehrung erhalten solle. Der sterbende Krauß habe mit letzter Kraft geröchelt: »Mein Rat ist ...«, und ehe er den Namen aussprechen konnte, starb er. Der letzte Wunsch war also: »Mein Rat« – und so bekam »Meinrad« den Ring. Heute wissen wir, daß Werner Krauß sich bereits im Dezember 1954, im Vollbesitz seiner geistigen Kräfte, für Josef Meinrad entschieden hatte. Warum er gerade

Meine Verfügung

über den Ifflandring.

der bundestheaterverwaltung

in Wien übergeben am 6.12.1954.

Werner Krauß.

Wien 3.12.1954

Ich habe den Wunsch, daß nach

meinem Tode den Ifflandring

Josef Meinrad

erhält.

Werner Krauß.

Iffland-Ring-Träger Werner Krauß hält Josef Meinrad für seinen würdigsten Nachfolger

diesen Künstler erwählt hatte, gab er in seinem Brief vom 9. Juni 1958 bekannt, der Meinrad nach Krauß' Tod überreicht werden sollte:

»Wien, 9. Juni 1958.

Lieber Josef Meinrad, am 28. November 1954 erhielt ich den Iffland-Ring. Am 6. Dezember 1954 übergab ich der Bundestheaterverwaltung meine Verfügung über den Nachfolger. Der Träger des Ringes sind nun Sie, lieber Josef Meinrad.

Nicht die Meinung der Kollegen ist maßgebend, nicht die öffentliche Meinung ist maßgebend, wer den Ring bekommt, nur der jeweilige Träger hat darüber zu verfügen.

So hat Friedrich Haase den Ring dem jungen, modernen Schauspieler Albert Bassermann hinterlassen. Albert Bassermann bestimmte zuerst Alexander Girardi, er starb, dann Alexander Moissi, er starb, dann Max Pallenberg, er stürzte mit dem Flugzeug ab. Und da Bassermann abergläubisch war, bestimmte er keinen Nachfolger mehr. Er übergab ihn der Bundestheaterverwaltung. Diese ließ die österreichisch-deutsch-schweizerischen Bühnenangehörigen abstimmen, so kam der Ring an mich.

Nun können Sie, lieber Josef Meinrad, mich nicht mehr fragen, warum ich Sie zum Träger bestimmt habe. Da muß ich es jetzt niederschreiben. Sie, lieber Josef Meinrad, sind für mich, in Ihrer Einfachheit, Ihrer Schlichtheit, Ihrer Wahrhaftigkeit der Würdigste.

Darum, bitte, nehmen Sie den Ring, tragen Sie ihn, und gedenken Sie manchmal meiner.

Ihr
Werner Krauß«

Die Auszeichnung traf gewiß keinen Unwürdigen, dennoch hat die Entscheidung von Werner Krauß manche Kritik, besonders in Deutschland, ausgelöst. So versah der in der Zwi-

Wien, 9. Juni 1958.

Lieber Josef Meinrad, am 28. November 1954 erhielt ich den Ifflandring. Am 6. Dezember 1954 übergab ich der Bundestheaterverwaltung meine Verfügung über den Nachfolger. Der Träger des Ringes sind nur Sie, lieber Josef Meinrad.

Nicht die Meinung der Kollegen ist maßgebend, nicht die öffentliche Meinung ist maßgebend wer den Ring bekommt, nur der jeweilige Träger hat darüber zu verfügen.

So hat Friedrich Haase den Ring dem jungen, modernen Schauspieler Albert Bassermann hinterlassen

Albert Bassermann bestimmte zuerst
Alexander Girardi, er starb. Dann
Alexander Moissi, er starb, dann
Max Pallenberg, er stürzte mit
dem Flugzeug ab. Und da Bassermann abergläubisch war, bestimmte er keinen Nachfolger
mehr. So übergab ihn der Bundestheaterverwaltung. Diese ließ
die österreichisch - deutschen - schweizerischen Bühnenangehörigen abstimmen, so kam der Ring
an mich.

Nun können Sie, lieber Josef
Meinrad, mich nicht mehr fragen
warum ich Sie zum Träger bestimmt
habe. Da muß ich es jetzt niederschreiben.

Werner Krauß begründet, warum Meinrad der Iffland-Ring gebührt

schenkriegszeit bekannte deutsche Filmschauspieler Albert Matterstock bereits am 26. November in der »Frankfurter Rundschau« ein Pamphlet gegen Meinrad mit der Überschrift »Spatz mit Adlerkrallen«. »Daß Josef Meinrad der ›größte‹ lebende Schauspieler sei«, schrieb eine andere deutsche Zeitung, »muß, ohne daß ihm deshalb seine überdurchschnittlichen Fähigkeiten abzusprechen wären, füglich bezweifelt werden.« Man hätte sich zum Beispiel – so in dem Artikel – einen Gustav Gründgens denken können, dessen Ruf internationale Geltung hatte, vielleicht auch einen Ernst Deutsch oder einen Ewald Balser, den viele Wiener gerne als Iffland-Ring-Träger gesehen hätten. Im übrigen hat bisher kein Ringträger daran gedacht, auch einmal eine Frau, zum Beispiel Hermine Körner oder Käthe Gold, zu ehren.

Viele Künstler waren der festen Überzeugung, Oskar Werner, der Werner Krauß nicht nur verehrte, sondern auch privat mit ihm sehr befreundet war, würde von seinem Mentor und Freund den Ring erhalten. Einige behaupteten sogar, daß die große Enttäuschung Anlaß und Ursache seiner Alkoholprobleme gewesen sei. Im letzten Interview, das Oskar Werner dem österreichischen Fernsehen 1984 gab, behauptete er, daß Werner Krauß ihm den Iffland-Ring angeboten habe, doch habe er ihn abgelehnt, da er sich nichts aus Auszeichnungen mache. Daraufhin wollte Krauß Alma Seidler als nächste Ringträgerin sehen, doch damit hätte er demonstriert, daß nach ihm kein männlicher Schauspieler der Ehre würdig gewesen wäre, und so sei er von diesem Plan wieder abgekommen. Ob diese Darstellung Oskar Werners tatsächlich der Wahrheit entspricht, sei dahingestellt.

Manche Neider, die sich Hoffnungen gemacht hatten und übergangen worden waren, übten versteckte, aber auch offene Kritik an der Vergabe dieser hohen Auszeichnung. So sagte einmal ein »lieber Kollege« beim Schlußapplaus nach einer Vorstellung, als Meinrad immer wieder vor den Vorhang gerufen wurde, zu den Umstehenden in den Kulissen: »Ich verstehe nicht, wie ein Mensch mit einem solchen Affengesicht soviel Applaus bekommen kann.«

Eine Woche nach Krauß' Tod wollte sich Josef Meinrad mit seiner Frau Germaine die Generalprobe zu Schnitzlers *Weitem Land* im Akademietheater ansehen. Doch bevor sie aufbrachen, erreichte ihn ein Anruf aus dem Burgtheater, er möge zwecks Vertragsverhandlungen sofort in der Direktion vorsprechen. Dort erwartete ihn der Betriebsrat Volters, der sehr geheimnisvoll tat, Meinrad an die Hand nahm und mit ihm zur Bundestheaterverwaltung ging. Josef Meinrad war völlig ahnungslos, als er zu Ministerialrat Dr. Haertl geführt wurde und dort die Witwe von Werner Krauß und dessen dreizehnjährigen Sohn Egon traf. Dr. Haertl eröffnete ihm, daß Werner Krauß ihm testamentarisch den Iffland-Ring hinterlassen habe, und übergab ihm den Brief, den Krauß 1958 an Meinrad verfaßt hatte.

Dem vor Überraschung fassungslosen Künstler erzählte die Witwe des großen Kollegen, daß ihr Mann mit höchster Begeisterung alle Nestroy- und Raimund-Aufführungen besucht habe, in denen Meinrad mitspielte und stets begeistert nach Hause gekommen sei. »Er hielt Sie für einen gottbegnadeten Künstler!«

»Werner Krauß hat im Sinne Bassermanns gehandelt, als er sein Testament festsetzte«, schrieb der »Express« einige Tage später. »Bassermann wollte seinerzeit den Iffland-Ring an den größten Wiener Volksschauspieler der Jahrhundertwende weitergeben – Krauß gab ihn dem größten Wiener Volksschauspieler *unserer* Zeit. Als solchen glauben wir mit Fug und Recht unseren Pepi Meinrad bezeichnen zu können. Mag sein, daß man im deutschen Sprachraum die Auszeichnung für einen der in Ehren ergrauten, verdienten Heldenspieler erwartet hat – Wien kann Krauß nur dankbar sein: Er erwies seine Reverenz unserer Stadt, unseren Volksdichtern und jenem, der als ein zweiter Girardi ihren Werken aufs neue brillantes Bühnenleben schenkt.«

Josef Meinrad selbst berichtet über diese Tage: »Ich war dabei, als Werner Krauß den Iffland-Ring überreicht bekommen hat. Ich fand es selbstverständlich, daß dieser einmalige Künstler, mit dem ich übrigens kaum hundert Worte privat gesprochen habe, an dem ich stets nur mit einem Buckerl vorbeigegangen bin und devot ›Meine Verehrung, Herr Kammerschauspieler‹ gesagt habe und der mir bei einer Tournee in Hamburg wegen des kalten Windes eine blaue Pudelmütze geschenkt hat, diesen Ring erhielt. Solange er ihn besaß, war mir dessen Bedeutung ganz klar. Seit ich ihn habe, ist mir gar nichts mehr klar. Meine Einstellung zum Iffland-Ring war ungefähr so wie zu Kronjuwelen. Sicher, die gibt's, aber völlig unerreichbar. Ich habe nie viel von Orden und Ehrenzeichen gehalten, aber nun habe ich doch eine andere Einstellung dazu. Wahrscheinlich ist jeder Mensch eitel und freut sich, wenn ihm irgend etwas umgehängt und verliehen wird. Und noch mehr freut es einen natürlich, wenn man weiß, ich bin der einzige auf der Welt, der so ein Ehrenzeichen tragen darf. Werner Krauß hat in seinem Brief an mich nicht vom ›besten‹, sondern vom ›würdigsten‹ Schauspieler gesprochen. Das möchte ich ausdrücklich betonen, und ich halte es auch für richtiger. Nachdem sich der erste Wirbel gelegt hatte, habe ich mich im Innern doch sehr, sehr gefreut. Gefreut habe ich mich für Germaine, der ich gezeigt habe, mit welch ›verflucht tollem Kerl‹ sie verheiratet ist; gefreut habe ich mich für meine engsten Freunde und bedauert habe ich, daß meine Mutter diesen Tag nicht erleben durfte – daß aus ihrem ›Pepperl‹ noch eine Berühmtheit geworden ist. Natürlich hat mich diese Auszeichnung in meinem Beruf verändert. Ich konnte von nun an nicht mehr alles spielen, was mir angeboten wurde, und viele Verträge wurden mir jetzt vorgelegt. Der Iffland-Ring hat mir nicht nur eine große Freude bereitet, sondern auch eine schwere Last und Verantwortung auf meine Schultern gelegt. Ich wußte, daß das Publikum jetzt noch mehr auf mich sehen, mich noch genauer beobachten und kritisieren würde. Jeder Abend, den ich auf der Bühne stand, war für mich eine noch größere Herausforderung und Verpflichtung, noch besser zu sein, noch mehr zu geben, noch höhere Anforderungen an mich zu stellen.

Eine gewisse Sorge hatte ich dem deutschen und schweizerischen Theaterpublikum gegenüber. Ich hatte bis 1959 nur ganz wenige Theatertourneen durch Deutschland und in einigen Städten der Schweiz absolviert. Die Menschen kannten mich dort nur von einigen Fernsehaufzeichnungen und Filmen her, und die haben sicher nicht dazu beigetragen, auf mich aufmerksam zu werden. Dazu kam, daß die deutsche Presse die Ringverleihung von Werner Krauß an mich mit Verwunderung, ja mit großer Reserviertheit aufnahm. Ich war in diesen Ländern eher ein unbekannter, in manchen Kreisen sogar ein unbedeutender Schauspieler.

In manchen Stunden des Zweifels habe ich dann den Brief, den Krauß mir hinterlassen hat, hervorgeholt und immer wieder gelesen, was er über mein Können und meine Schauspielkunst geschrieben hat, und da war ich wieder beruhigt, denn der Mann konnte sich mit seiner jahrzehntelangen Bühnenerfahrung doch nicht so geirrt haben. Der muß mich, ohne daß ich es bemerkte, jahrelang beobachtet und sich ein Bild von meiner Darstellungskunst gemacht haben. Man hat es mir später erzählt: Angeblich gefiel ihm meine direkte Wirkung auf das Publikum. Er soll einmal mit Axel von Ambesser hinter der Bühne gestanden sein und mich beobachtet haben. Seine damaligen Worte übermittelte man mir so: ›Schauen Sie, dieser dünne und unscheinbare Bursche geht an uns vorbei und grüßt. Sekunden später steht er auf der Bühne, und den Menschen geht das Herz auf – und man weiß nicht, was geschieht!‹ Wie schon erwähnt, wir hatten kaum persönlichen Kontakt, ich kam mir im Vergleich zu ihm viel zu klein vor. Der letzte Satz in dem Brief, den mir Krauß hinterließ, lautete: ›Darum nehmen Sie den Ring, tragen Sie ihn und gedenken Sie manchmal meiner.‹ Das tue ich oft und werde es bis an mein Ende so halten, in großer Dankbarkeit.«

Hans Weigel schrieb als kompetentester Kenner der Szene – er stand Krauß sehr nahe und hatte Meinrad seit Jahrzehnten beobachtet – zur Iffland-Ring-Verleihung an Josef Meinrad einen Beitrag, der alle Zweifel ausräumte: »… Man war verwundert und überrascht. Aber dann dachte man nach.

Man vergegenwärtigte sich Josef Meinrads Wesen und Josef Meinrads Weg. Und bald war man einverstanden. Man begann, sehr froh über diese Wahl zu sein. Und wenn ein anderer verwundert und erstaunt war, verteidigte man die Wahl Josef Meinrads leidenschaftlich und aus Überzeugung. Schauspieler sind auf Schauspieler selten gut zu sprechen – das ist eine Berufskrankheit, ein konstitutioneller Zug ihres Wesens. Doch als der Ring an Josef Meinrad kam, waren viele, um nicht zu sagen alle, die ihn kannten, neidlos und aufrichtig einverstanden mit dieser Wahl. Sie wußten oder fühlten, daß damit nicht nur ein bedeutender Kollege geehrt worden war, sondern auch eine künstlerische Gesinnung, eine Einstellung, ein (wenn das große Wort gestattet ist) Berufsethos. Aber nicht alle Schauspieler, nicht alle Kritiker und Kommentatoren kannten ihn. Und etliche meinten ihn zu kennen, indem sie ihn in Filmen gesehen hatten, kannten ihn also noch weniger als die, welche ihn nicht kannten. Man zweifelte die Ernsthaftigkeit der Verleihung an, schrieb von einem ›Schauspielerscherz‹, von ›Kulissengaudi‹, von ›einer internen Angelegenheit des Burgtheaters‹.

Auch ich war durch die Wahl Meinrads überrascht, aber ich war in der Lage, ihre Ernsthaftigkeit zu bezeugen. Ich reimte mir nun rückwirkend einiges zusammen. Denn ich hatte die Ehre und das Glück gehabt, Werner Krauß in der Zeit seines Lebensabends nahezustehen, seine Erinnerungen aufzunehmen und für ihn ein Buch zu redigieren … Er hat mit soviel liebevoller Zustimmung und Hochschätzung von seinem jungen Kollegen gesprochen, daß dadurch allein alle Zweifel an der Lauterkeit seines letzten Willens entkräftet sind.

Daß man Josef Meinrad außerhalb Wiens nicht recht kannte oder vorwiegend auf unrechte Manier zu sehen bekam, daß man ihn als Iffland-Ring-Träger auch heute noch nicht überall gebührend wahrzunehmen und einzuschätzen Gelegenheit hatte, ist nicht Werner Krauß' und nicht Josef Meinrads Schuld, sondern die Folge problematischer Zustände innerhalb des Theaters in deutscher Sprache, dessen Maßstäbe verlorenzugehen drohen, dessen Kommunikationen gestört sind, dessen Duodez-Zentren sich als Möchtegern-Hauptstädte absolut setzen und die aus fremden, mechanischen Sphären abgeleitete ›Prominenz‹ so gern mit echter Größe verwechseln.

Daß ein Schauspieler an einer führenden Bühne als Ensemblemitglied engagiert ist und sich vorwiegend in der betreffenden Stadt aufhält, sollte ihm nicht vorgeworfen, sondern hoch angerechnet werden. Auch andere Größen – etwa Alma Seidler und Inge Konradi – sind ›interne Angelegenheiten des Burgtheaters‹ und darum nicht minder groß, sondern eher größer, um soviel größer, als sie einem Haus, einem Ensemble, dem dreidimensionalen Theater verschworen sind, statt ihr Gewerbe im Umherziehen auszuüben.

Wenn ein Professional des Theaters im Herbst 1959 Josef Meinrad nicht kannte, sprach dies gegen den Professional und nicht gegen Josef Meinrad. Wenn es der spektakulären Ringverleihung bedurfte, eine bedeutende Persönlichkeit verdientermaßen ins Licht zu stellen, dann nimmt der derart Gewürdigte seine neue Stellung nicht nur ad personam ein, sondern auch stellvertretend für viele seinesgleichen. Wenn ich hier ein Bekenntnis zu Josef Meinrad ablege und versuche, ihn, sein Wesen und seinen Weg zu feiern, ist dies zugleich ein Bekenntnis zu all jenen, die Gott sei Dank noch ›interne Angelegenheiten‹ der Theater sind, die damit das Theater bis auf weiteres vor innerer und äußerer Gefährdung bewahren helfen und in deren Namen Josef Meinrad den Iffland-Ring trägt.«

In einem persönlichen Brief schrieb Weigel dem Künstler: »Lieber Josef Meinrad! Unbeschadet Ihrer Einstellung und der Haltung des Burgtheaters gegen mich: Ich schätze Sie als blendenden Schauspieler, ich bin glücklich darüber, daß

Sie den Iffland-Ring bekommen haben, ich gratuliere Ihnen aufrichtig! Hans Weigel.« (29. November 1959)

Die Eingangsfloskel »unbeschadet Ihrer Einstellung und der Haltung des Burgtheaters gegen mich« war eine Anspielung auf die seinerzeitige leidige »Watschenaffäre«, wegen der Weigel vom Burgtheater und seinen Mitgliedern sabotiert wurde und seither als »persona non grata« galt: Am 13. April 1956 war in den Morgenblättern Weigels Kritik der Aufführung von Christopher Frys *Das Dunkel ist Licht genug* im Burgtheater erschienen. Weigel anerkannte zwar die Darstellungskunst von Käthe Dorsch mit »gepflegter Sprachkunst«, doch schränkte er ein: »Alles, was gestaltet, erlebt sein sollte, blieb Ansatz, Andeutung – wie Stars auf Verständigungsproben sind, oder bei der dreihundertsten Vorstellung.« Diese Kritik traf die Dorsch mitten ins Herz. Die damals sechsundsechzigjährige Mimin lauerte an diesem Morgen dem Kritiker an der Ecke Volksgartenstraße/Museumstraße auf, der dort täglich zu seinem Stammtisch ins Café Museum ging. Als sie seiner ansichtig wurde, gab sie ihm zwei schallende Ohrfeigen und beschimpfte ihn mit »Dreckskerl« und »Dreckfink«. Dann hatte sie ihren großen Abgang. Es kam zu einem Prozeß, in dessen Verlauf auch Raoul Aslan als Zeuge einvernommen wurde, der mit großem Pathos »die Todesstrafe für Hans Weigel« beantragte. Die Dorsch wurde zu einer Strafe von fünfhundert Schilling verurteilt und mußte die Prozeßkosten tragen.

Jahre später von dem bekannten Journalisten Georg Markus auf diesen Zwischenfall angesprochen, sagte Hans Weigel: »Die Käthe Dorsch, mit der ich ansonsten persönlich recht gut war, hat ja ein bisserl pathologische Schlagfertigkeit gehabt. Sie hatte vor mir schon den deutschen Kritiker Harrich geohrfeigt!«

Nicht sehr enthusiastisch, eher ein wenig skeptisch, klang ein Brief, den Josef Meinrad von Herbert Iffland aus Bückeburg erhielt: »Als Ur-Ur-Großneffe des großen Schauspielers August Wilhelm Iffland erlaube ich mir, Ihnen zu der kürzlich erfolgten Verleihung des ›Iffland-Ringes‹ meine allerherzlichsten Glückwünsche auszusprechen. Nach dem unvergleichlichen Werner Krauß ist Ihnen nun die große Ehre zuteil geworden, der nächste Träger des Iffland-Ringes zu sein. Ich verbinde daran den Wunsch, daß durch diese Verleihung Sie im Laufe der nächsten Jahre in die Rollen hineinwachsen mögen, die Ihnen durch das Tragen des Iffland-Ringes auferlegt werden. Als direkter Nachkomme verknüpfe ich damit meinen ganz persönlichen Wunsch, daß Sie dereinst einer der großen ausdrucksvollen Schauspieler deutscher Sprache werden mögen ...« (6. Dezember 1959)

Daß in Wien echte Freude über diese Ringverleihung herrschte, war fast selbstverständlich. Lesen wir aber auch eine distanzierte ausländische Kritik, die sich eingehend mit dieser Auszeichnung beschäftigte. Der angesehene »Münchner Merkur« brachte am 23. Oktober 1959 einen ausführlichen Artikel, der schon durch seine reißerische Überschrift »Aus Scherz wird Mythos und wieder Scherz!« Beachtung fand. Hier war zu lesen: »Der über Nacht zum ›größten Schauspieler deutscher Zunge‹ avancierte Meinrad ist wohl schlicht und wahrhaftig genug, um von dieser Wahl am meisten überrascht zu sein und sich als erster daran zu erinnern, daß die schöne Legende von Würde und Tradition des Iffland-Ringes auf den Scherz eines Schauspielers zurückgeht. Schon vor Jahren haben Theaterwissenschaftler diese Legende zerpflückt, wonach August Wilhelm Iffland den Ring an Ludwig Devrient vermacht haben soll, der ihn später seinem Neffen Emil Devrient übergab. Von diesem soll der Ring an Theodor Döring, von Döring an Friedrich Haase und von Haase schließlich an Albert Bassermann, den Vorgänger von Werner Krauß, gekommen sein. Tatsächlich hat der witzige Döring seinen jungen Kollegen Haase ein wenig an der Nase herumgeführt, als er dieses angebliche

Vermächtnis Ifflands weitergab, nicht ohne die Mysteriengeschichte vom ›größten Schauspieler deutscher Zunge‹ gleich mitzuliefern. Bassermann war der einzige, der den Ring nicht bis zum Tod getragen hat, sondern siebzehn Jahre vorher, im Jahre 1933, dem Wiener Theatermuseum vermachte. Die drei von ihm bestimmten Nachfolger waren ihm im Tode vorausgegangen: Alexander Girardi, Max Pallenberg und Alexander Moissi. Bassermann war mit Ifflands Ring nicht glücklich. Sein Schicksal als Emigrant mag ihn bewogen haben, den Ring keinem seiner Kollegen zu vermachen, die damals die deutschen Bühnen beherrschten, etwa Krauß, Jannings, George, Wegener, Kayßler oder Gründgens. Er kam nur ungern auf den Ring zu sprechen; in zwei Interviews meinte er allerdings, er würde den Iffland-Ring an Kortner übergeben, wenn es mit dem Ring ›nicht eine so merkwürdige Bewandtnis‹ hätte. Nach Bassermanns Tod erkundigte sich die ›Neue Zeitung‹ bei einigen deutschen Schauspielern, wen sie für den würdigsten Träger des Iffland-Ringes hielten. Die meisten nannten Krauß, einige Kortner, aber andere Schauspieler wie Hermine Körner und Erich Ponto waren dafür, den Ring in der Wiener Vitrine zu lassen. Ein aus Deutschland, Österreich und der Schweiz gebildetes Gremium nahm sich schließlich der unklaren Geschichte an und vergab den Iffland-Ring an Werner Krauß. Die gleiche Jury sollte auch den Nachfolger bestimmen, wenn nicht der letzte Inhaber eine persönliche Wahl getroffen habe. (In den damals niedergelegten Statuten wird der Träger des Ringes allerdings zu einer solchen Wahl angehalten – nicht zuletzt, um der Jury eine so undankbare Aufgabe zu ersparen, den größten deutschen Schauspieler zu ermitteln.)

Pepi, wie der sechsundvierzigjährige Josef Meinrad in Wien genannt wird, wußte nicht, daß ihn Werner Krauß für den größten Schauspieler deutscher Zunge hielt … Fast wäre man versucht, dem ausgezeichneten und beliebten Wiener Pepi etwas abzubitten, daß nun nach der Verleihung des Iffland-Ringes seine schauspielerische Persönlichkeit mit unangemessenen Maßstäben betrachtet wird. Er kann nichts dafür, daß der Schauspielerscherz, der auf dem Wege zur großen Legende war, sich nun wieder ins Scherzhafte zurückentwickelt. Ein bißchen Kulissengaudi haftet nun wieder dieser mysteriösen Ringgeschichte an, sie ist zu einer mehr internen Angelegenheit des Wiener Burgtheaters geworden, und fast könnte man sich eine neue Geschichte ausdenken, wie es zu dieser letzten Wahl gekommen sei; vielleicht gefiel sich jemand, den Werner Krauß um Rat gefragt hatte, in dem Wortspiel: ›Mein Rat sei Meinrad!‹

Selbstverständlich ist der letzte Wille des großen Schauspielers unantastbar und hoch zu achten. Die Bedeutung des Iffland-Ringes jedoch erhält angesichts von Schauspielern wie Hermine Körner, Gustav Gründgens oder Ewald Balser wieder etwas so Privates, daß man künftig am Iffland-Ring nicht so sehr den Rang auf der deutschen Bühne erkennt als vielmehr die persönliche Hochachtung, die der vorige Träger für den jetzigen empfand.«

Die angesehene »Süddeutsche Zeitung« gefiel sich in einer sehr kritischen Beurteilung der Ringverleihung und meinte, daß Werner Krauß Theaterleuten und Kritikern ein letztes Mal Verdruß bereitet habe. Sie zweifeln, ob Krauß' letzter Wille »objektiv« war und finden, ein Gremium von Fachleuten hätte sicher anders entschieden. So aber kann nur die »subjektive« Meinung des großen Mimen respektiert werden. Eine andere Zeitung meinte: »Zweifellos hat Krauß seinen Entschluß wohl überlegt und jenseits von Abneigungen oder Launen getroffen.«

Am Montag, den 23. November 1959, fand auf der Bühne des Wiener Burgtheaters in Anwesenheit des Bundespräsidenten und einiger Minister der Bundesregierung die feierliche Übergabe des Iffland-Ringes durch Unterrichtsminister Dr. Heinrich Drimmel statt.

Montag, den 23. November 1959, 16.30 Uhr
auf der Bühne des Wiener Burgtheaters

ÜBERGABE

DES

IFFLAND-RINGES

W. A. Mozart:
1. Satz Adagio-Allegro aus dem Streichquartett K. V. 465
Das Johannis-Quartett

Begrüßung durch den Direktor des Burgtheaters
Prof. Ernst H. Haeusserman

Ansprache des Herrn Bundesministers für Unterricht
Dr. Heinrich Drimmel

Übergabe des Iffland-Ringes
an Kammerschauspieler Josef Meinrad

Ansprache des Präsidenten
des Kartellverbandes deutschsprachiger Bühnenangehöriger
Wolfgang Hebenstreith

W. A. Mozart:
4. Satz Allegro molto aus dem Streichquartett K. V. 465
Das Johannis-Quartett

Die »Presse« berichtete: »… Werner Krauß, der unvergeßliche Tragöde unserer Zeit, hatte den Künstler wegen seiner ›Einfachheit, Schlichtheit und Wahrhaftigkeit‹ für würdig befunden, den Ring, der die höchste Auszeichnung für einen Bühnenkünstler des deutschsprachigen Raumes darstellt, zu tragen. Der neue Burgtheaterdirektor, Prof. Ernst Haeussermann, gab in seiner Begrüßungsansprache der Freude darüber Ausdruck, daß Josef Meinrad, der geradezu den Gedanken des Ensembletheaters verkörpert, mit dem Iffland-Ring ausgezeichnet werde. Werner Krauß wurde durch eine Gedenkminute geehrt.

Auch Dr. Drimmel gedachte des großen Mimen, der, wie er sagte, noch nicht von den Unsicherheiten der Welt von heute angekränkelt war, sondern selbst eine Wertordnung darstellte, vor dem man in Ehrfurcht stand. Er freue sich ganz besonders, einen der echtesten und liebenswürdigsten Schauspieler des Burgtheaters, Josef Meinrad, ehren zu dürfen. Diese Auszeichnung stelle aber auch eine große Verpflichtung dar, ein Erbe, das nur mit dem Tode erlösche.«

Josef Meinrad dankte ergriffen: »Das also ist der Iffland-Ring. Ich halte ihn in Händen. Also ist es wahr, ich muß es glauben. Es ist schon einige Tage her, daß man mich in die Bundestheaterverwaltung gerufen hat, um mir feierlich mitzuteilen, daß Werner Krauß die schönste Auszeichnung für unseren Stand mir hinterlassen hat. Ich war fassungslos und ich fasse es auch jetzt noch nicht. Ich weiß auch nicht, wie ich danken soll. Mit Worten kann ich das bestimmt nicht.

In meiner Bedrängnis habe ich immer wieder den Brief gelesen, den Werner Krauß an mich gerichtet hat, den Brief, der für mich einen unsagbaren, ungeheuren Schatz bedeutet. Ich habe diesen Brief immer wieder gelesen, um zu verstehen, warum wohl Werner Krauß diese Entscheidung ge-

DURCH DIESE

URKUNDE

BEKRÄFTIGT DER ÖSTERREICHISCHE
BUNDESMINISTER FÜR UNTERRICHT,
DASS ER GEMÄSS DEN
VERLEIHUNGSGRUNDSÄTZEN
DEM VOM LETZTEN
RINGTRÄGER,
KAMMERSCHAUSPIELER WERNER KRAUSS,
NAMHAFT GEMACHTEN NACHFOLGER,

KAMMERSCHAUSPIELER
JOSEF MEINRAD

DEN

IFFLAND-RING

IM SINNE DER
GROSSEN ÜBERLIEFERUNG AUF
LEBENSDAUER ÜBERGEBEN HAT.

WIEN, AM 23. NOVEMBER 1959

DER BUNDESMINISTER FÜR UNTERRICHT.

troffen hat. Vielleicht wollte er das Land ehren, das ihm zur zweiten Heimat geworden ist, aber vielleicht wollte er auch sagen, auf seine Weise, daß die Bezirke ›des Humors nicht unbedingt Vororte der Kunst‹ sein müssen. Ich bin dabei gar nicht so wichtig. Trotzdem bin ich mir der großen Verantwortung bewußt, die dieser Ring mir auferlegt. Ich werde die Angst nicht los, daß die ganze Ahnenreihe der Ringträger mir jetzt bei den Proben und bei den Aufführungen kritisch zuschaut. Ich werde noch den Text vergessen, weil ich überlege, ob Werner Krauß mit dem einverstanden ist, was ich da mache. Ich weiß nicht, ob ich je erfüllen werde können, was er von mir erwartet, ich kann nur versprechen, daß ich nie aufhören werde, es zu versuchen. Und da mich dieser Ring jetzt sozusagen von der ›ebenen Erd'‹ der Volkskomödie in den ›ersten Stock‹ der Dichtkunst hebt, darf ich ausnahmsweise mit einem Zitat schließen, das mein Leben und meine Arbeit bestimmen soll: Was Du ererbt von Deinen Vätern hast, erwirb es, um es zu besitzen!«

Im Hause Meinrad trafen Glückwunschtelegramme und Briefe ein, von denen hier einige abgedruckt werden sollen:

»23.11.1959

Lieber Josef Meinrad!

Weil ich ganz scheußlich erkältet bin und nun auch noch mit einer Nebenhöhlenentzündung zu tun habe, trotzdem aber jeden Tag eine große Rolle spielen und probieren muß, konnte ich nicht zur Überreichung des Iffland-Ringes kommen. Herr Dir. Haeussermann hat Ihnen ja wohl meine Entschuldigung überbracht, die ich aber jetzt noch einmal wiederhole!

Nehmen Sie also die herzlich-guten Glückwünsche für die große Auszeichnung! Tragen Sie den Ring mit Stolz und

Genugtuung und mit dem gleichen Recht, mit dem ihn Ihr Vorgänger, unser Werner Krauß, getragen hat!

Ihr
Ewald Balser«

»30.10.59

Lieber Herr Meinrad,

meinen herzlichsten Glückwunsch zum Ifflandring!
Sie wissen, wie hoch ich Sie schätze!

Beste Grüße und Toi Toi Toi!
Ihr Boleslaw Barlog«

Wien, 1.11.1959

»Mein lieber Freund!

Ich beglückwünsche Dich von ganzem Herzen zu unserer höchsten Auszeichnung. Werner Krauß war seinerzeit öfter bei mir im Keller, und ich habe ihm damals gesagt: Werner, du mußt den Ifflandring bekommen und kein anderer. Und genau so hundert % wie das eingetroffen ist, bin ich mit seiner Wahl einverstanden. Du bist der Würdigste!
Und wenn es einen Ifflandring auch für Menschlichkeit geben würde, müßtest Du ihn auch bekommen.

Herzliche Grüße und Handküsse an Deine liebe Frau
Dein
Oskar Sima

Schließe mich voll Freude an! Viele Grüße an Ihre liebe Frau

Ihre
Lina Sima«

TELEGRAMM

von WIEN/R

Nr. 1165 Worte 18 vom 30.10. um 1300 Uhr

XLT= LX13 = JOSEF MEINRAD BURGTHEATER WIEN =

FREUE MICH UNENDLICH UND GRATULIERE IHNEN AUS
VOLLSTEM HERZEN = IIHR MARCEL PRAWY +

EWALD BALSER
WIEN, XVII. PROMENADEGASSE 24

am 23. XI. 55.

Lieber Josef Meinrad!

Weil ich ganz schön [...] erkältet bin und mich auch noch mit einer Nebenprobeneinführung zu tun habe, trotzdem aber jeden Tag eine große Rolle spiele und probieren muß, komme ich nicht zu [...] Überzeugung des [...] kommen. Herr Dir. Häussermann hat Ihnen ja wohl meine Entschuldigung übermittelt, die ich aber hier noch einmal wiederhole!

Nehmen Sie alle herzlichsten Glückwünsche für die große Auszeichnung! Tragen Sie den Ring mit Stolz und Genugtuung und mit dem gleichen Recht und dem ihn Ihr [...], unser armer Krauß, getragen hat!

Ihr
Ewald Balser

SCHILLER-THEATER

BERLIN-CHARLOTTENBURG 2 · BISMARCKSTRASSE 110 · TELEFON: 32 50 61

INTENDANZ

30. X 59

Lieber Herr Meinrad,

meinen herzlichen Glück-
wunsch zum Ifflandring!
Sie wissen, wie hoch ich Sie
schätze! Beste Grüße und
toi toi toi!

Boleslaw Barlog

OSTERR. POST- UND TELEGRAPHENVERWALTUNG

Die Telegraphenverwaltung übernimmt hinsichtlich der ihr zur
Beförderung oder Bestellung übergebenen Telegramme keine wie
immer geartete Verantwortung.

Dienstliche Angaben:

X

Gattung: Telegramm   69

= HERRN JOSEF MEINRAD   EWV D

BURGTHEATER WIEN/1

Aufgegeben am / 19

um   Uhr

Aus 0074 BERLIN FA 1 F 35 31 1200

Die obigen Angaben bedeuten: 1. den Namen des Aufgabeamtes, 2. die Aufgabenummer, 3. die Wort-
zahl (auch in Bruchform), 4. den Monatstag, 5. die Aufgabezeit.

= LIEBER FREUND MEINE FRAU UND ICH FREUEN UNS SEHR UND GRATULIEREN

HERZLICHST ZUM IFFLANDRING STOP JETZT WIRST DU ENDLICH GLAUBEN WAS ICH

DIR SCHON IMMER GESAGT HABE =

     DEIN ERNST MARISCHKA +

COL

Wien 1. XI. 59.

Mein lieber Freund!

    Ich beglückwünsche dich von
ganzem Herzen zu unserer höchsten Auszeichnung
Werner Krauß war seinerzeit öfter bei mir im
Keller und ich habe ihm damals gesagt: Werner
Du mußt den Ifflandring bekommen
und kein anderer. Und genau so 100% wie
das eingetroffen ist, bin ich mit seiner Wahl
einverstanden. Du bist der Würdigste—!

    Und wenn es einen Ifflandring
auch für Menschlichkeit — geben würde, müßtest
Du ihn auch bekommen.

    Herzliche Grüße und Handküsse
an Deine liebe Frau
    Dein

Schließe mich all Freude an! Viele Grüße an Ihre liebe
Frau   Ihre Lina Sina

Große Freude empfand Meinrad über den Brief, den ihm Else Bassermann übermittelte:

»Mein lieber Herr Meynrath! Ich kann Ihnen garnicht sagen, wie froh ich bin, dass Werner Krauss Ihnen den Iffland-Ring vermacht hat. Sie sind ganz genau der Schauspieler, den auch mein Mann geschätzt und gewürdigt hätte. Ich bitte Sie nur um eines: Denken Sie bei Ihrer Nachfolge an Curt Goetz, den mein Mann zärtlich geliebt hat ... Alles Gute Ihnen von meiner Tochter und mir, Ihre Else Bassermann.«

Ebenso freute ihn der Brief von Elisabeth Kallina-Werner, der ersten Frau Oskar Werners:

Wien, 25.10.1959

»Lieber Herr Meinrad!
Sie sollen es doch wissen, wie sehr aus ganzem Herzen ich mich für Sie und mit Ihnen freue! – Meine Tochter und ich beglückwünschen Sie innigst! Es ist wie ein Trost in diesem mühsamen Leben, daß doch neben der großen Leistung auch ein edles Menschentum erkannt und belohnt wird! Daß wir Sie, wenn auch nur aus der Ferne, aufrichtig lieben – das wissen Sie schon lange!
Wir teilen Ihre Freude!

Ihre
Elisabeth Kallina-Werner«

Es kamen Glückwünsche deutscher und holländischer Bühnen, österreichischer und deutscher Politiker und ein interessantes politisches Zeitdokument der Nationalratsabgeordneten Rosa Jochmann, die darin bekennt, daß sie es nie übers Herz gebracht hatte, Werner Krauß zum Iffland-Ring zu gratulieren:

»Wien, den 25.11.1959

Sehr geehrter Herr Burgschauspieler!

Heute schreibe ich den Brief den ich eigentlich schon vor Jah-

ren an Herrn Burgschauspieler Werner Krauss schreiben wollte, aber ich unterließ es immer wieder, leider. – Und zwar unterblieb dieses Schreiben deshalb, weil ich zwar fasziniert war von der hohen Kunst des Burgschauspielers Krauss, aber ich sah in ihm doch den Darsteller des ›Jud Süss‹ und ich war sechs Jahre im KZ Hitlers und daher. – Und doch wie falsch urteilen wir Menschen. Ich bin einige Male, wenn Werner Krauss spielte – leider fehlte mir die Zeit dazu dies öfters zu tun –, reich beschenkt vom Burgtheater heimgegangen, aber dann stiegen die Bilder der Vergangenheit in mir auf und der Brief blieb ungeschrieben. Ich sage nochmals ›leider‹! Und nun ist es zu spät. Ich kann dem wunderbaren Künstler nicht mehr sagen wieviel er uns durch seine Kunst jedesmal wieder geschenkt hat. Als ich nun vernahm, daß Sie, sehr geehrter Herr Burgschauspieler es sind, der die Ehre genießt und dazu auserkoren ist – unter der großen Schar von Künstlern – den Iffland-Ring zu besitzen, da traf mich diese Unterlassungssünde am härtesten, denn der Brief, den Herr Werner Krauss für Sie hinterlassen hat, ist wahr in jedem Wort. Ich will damit kein Werturteil fällen, denn Sie wissen selbst, daß uns das Unfassbare gelang, unser Burgtheater wieder auf die alte Höhe zu bringen. Wir sind reich an großen Künstlern, aber daß er Sie auserwählte, das hat mir mehr gesagt als alles andere. Und daher will ich Ihnen sagen, daß ich mich doppelt freue, erstens, weil damit die böse Erinnerung an den ›Jud Süss‹ für mich weggelöscht wurde und zweitens, daß Sie es sind, dem diese Würde zuteil wurde.
Wir KZ-ler sind ewig Verurteilte und kein Künstler weiß, daß immer wieder einer von uns unter der Menge sitzt und daß dieser beschenkter als alle anderen dann heimgeht. Und dafür seien Sie vom ganzen Herzen bedankt.
Daher meinen herzlichsten Glückwunsch und Ihnen und Ihren Lieben vor allem Gesundheit und weiteren ›Erfolg‹.
Und uns viele Abende an denen Sie uns beglücken.
In ehrlicher Hochachtung und Wertschätzung
Ihre Rosa Jochmann«

NATIONALRÄTIN
ROSA JOCHMANN
WIEN I. LÖWELSTRASSE 18

Wien, den 25.11.1959

Sehr geehrter Herr Burgschauspieler!

Heute schreibe ich den Brief den ich eigentlich schon vor Jahren an Herrn Burgschauspieler Werner KRAUSS schreiben wollte, aber ich unterliess es immer wieder, leider.-- Und zwar unterblieb dieses Schreiben deshalb, weil ich zwar fasziniert war von der hohen Kunst des Burgschauspielers Krauss, aber ich sah in ihm doch den Darsteller des "Jud Süss" und ich war 6 Jahre im KZ Hitlers und daher.-- Und doch wie falsch urteilen wir Menschen. Ich bin einige Male wenn Werner Krauss spielte - leider fehlte mir die Zeit dazu dies öfters zu tun - reich beschenkt vom Burgtheater heimgegangen, aber dann stiegen die Bilder der Vergangenheit in mir auf und der Brief blieb ungeschrieben. Ich sage noch - mals "leider"!

Und nun ist es zu spät. Ich kann dem wunderbaren Künstler nicht mehr sagen wieviel er uns durch seine Kunst jedesmal wieder geschenkt hat. Als ich nun vernahm, daß Sie, sehr geehrter Herr Burgschauspieler es sind, der die Ehre geniesst und dazu auserkoren ist - unter der grossen Schar von Künstlern - den Iffland-Ring zu besitzen, da traf mich diese Unterlassungssünde am härtesten, denn der Brief, den Herr Werner Krauss für Sie hinterlassen hat, ist wahr in jedem Wort. Ich will damit kein Werturteil fällen, denn Sie wissen selbst, daß uns das Unfassbare gelang, unser Burgtheater wieder auf die alte Höhe zu bringen. Wir sind reich an grossen Künstlern, aber daß er Sie auserwählte, das hat mir mehr gesagt als alles Andere.

Und daher will ich Ihnen sagen, daß ich mich doppelt freue, erstens, weil damit die böse Erinnerung an den "Jud Süss" für mich weggelöscht wurde und zweitens, daß Sie es sind, dem diese Würde zuteil wurde.

Wir KZ-ler sind ewig Verurteilte und kein Künstler weiss, daß immer wieder einer von uns unter der Menge sitzt und daß dieser beschenkter als alle anderen dann heimgeht. Und dafür seien Sie vom ganzen Herzen bedankt.

Daher meinen herzlichsten Glückwünsch und Ihnen und Ihren Lieben vor allem Gesundheit und weiteren "Erfolg". Und uns viele Abende an denen Sie uns beglücken.

In stärkster Verehrung
und Wertschätzung
Ihre
Rosa Jochmann

Bekanntlich hatte Krauß während der Nazizeit große Rollen in UFA-Filmen gespielt, so auch im berüchtigten Film *Jud Süß*. Nach Kriegsende wurde er aus diesem Grunde mit einem vierjährigen Berufsverbot belegt. Werner Krauß, von der Familie getrennt, lebte damals in einem möblierten Zimmer in Stuttgart. Er verstand dieses Urteil der deutschen Spruchkammer nicht und war überzeugt, daß ihm Unrecht geschehen sei. Er versuchte, ehemalige Freunde und Kollegen wie Elisabeth Bergner, Käthe Dorsch, George Bernard Shaw, Gustav Gründgens, Carl Zuckmayer und viele andere dazu zu bewegen, sich für ihn bei den deutschen Behörden zu verwenden und seine Unschuld zu bezeugen. Vergeblich. Kein einziger Kollege war bereit, sich für ihn auszusprechen. Josef Gielen, der Direktor des Burgtheaters nach Raoul Aslan, hatte 1948 Werner Krauß nach Wien an die Burg engagiert. Der große deutsche Charakterdarsteller fand somit in Österreich eine zweite Heimat. Doch in Deutschland waren die Ressentiments gegen ihn noch lange spürbar. Als er einige Jahre später mit dem Burgtheater in Henrik Ibsens *John Gabriel Borkmann* in Berlin gastierte, kam es zu lautstarken Demonstrationen gegen ihn, das Publikum verlangte die Absetzung des Stückes und die sofortige Beendigung des Gastspiels.

Zahllose offizielle Gratulationen erreichten Meinrad anläßlich der Verleihung seiner hohen Auszeichnung. Besondere Freude bereiteten ihm die Glückwunschschreiben einfacher Menschen, die zum Ausdruck brachten, wie stolz sie auf ihn wären. Ein lieber Brief kam vom Kollegen Oskar Sima. Bei dieser Gelegenheit soll auch eine Anekdote erzählt werden: Sima, dessen Sparsamkeit bekannt war, lud Josef Meinrad einmal auf seinen Bauernhof nach Hohenau ein und zeigte ihm auch seinen reichhaltigen Weinkeller. Nachdem Meinrad gegangen war, bemerkte Sima, daß er seinen Freund nie mehr einladen werde, denn »der Meinrad trinkt keinen

Tropfen Wein, den ich zur Genüge hätte und der mich keinen Groschen kostet. Der Pepi trinkt nur Mineralwasser, und das muß ich im Geschäft kaufen!«

Wer meint, Josef Meinrad habe diesen besonderen Tag, den größten in seinem Leben, mit Feiern und Freunden verbracht, der irrt. Um sechzehn Uhr dreißig stand er auf der Bühne des Burgtheaters zur Ringverleihung, vier Stunden später auf der des Akademietheaters und spielte Luigi Pirandellos *Sechs Personen suchen einen Autor*. Es wäre ihm nie in den Sinn gekommen, an diesem Abend »blauzumachen« und sich feiern zu lassen.

Alles, was von diesem Tag blieb, war ein dicker Ordner mit Fotos von der Ringverleihung, mit Zeitungsausschnitten – auch negativen –, vielen Telegrammen und Briefen. Den Iffland-Ring streifte Meinrad vom Finger und deponierte ihn in einem Banksafe. Nur einmal wurde der Ring noch in der Öffentlichkeit gezeigt, als das Historische Museum der Stadt Wien eine Österreich-Ausstellung veranstaltete. Der Ring mußte damals um eine Million Schilling versichert werden.

Die Ernennungsurkunde ließ sich der Schauspieler rahmen. Die Verpflichtung, einen Nachfolger zu bestimmen und den Namen der Bundestheaterverwaltung zu übergeben, bereiteten ihm schlaflose Nächte. Für ihn war die Sache viel zu ernst und heilig, niemand sollte nach seinem Tod je wieder schreiben, er hätte sich einen »Kulissenscherz« oder gar eine »Kulissengaudi« geleistet. Stundenlang besprach er mit Germaine diese wichtige Angelegenheit, und endlich entschied er sich für seinen Nachfolger. Erleichtert ging er mit einem versiegelten Kuvert in die Direktion der Bundestheaterverwaltung und gab sein Vermächtnis ab.

Doch die Neugierde läßt die Menschen nicht ruhen. Immer wieder flattern Briefe mit der Bitte ins Haus, doch den Namen preiszugeben. Es wird Geld geboten, und es werden tausend Eide geleistet, man werde den Namen nicht verraten. Doch außer Frau Germaine gibt es keinen Mitwisser.

Es wäre nicht Österreich, wenn sich um dieses wohlgehütete Geheimnis nicht ein operettenhafter Vorfall ereignet hätte. 1984 wurde Josef Meinrad von der Bundestheaterverwaltung unter tausend Entschuldigungen verständigt, daß sein Kuvert mit dem Namen seines Nachfolgers aus dem Panzerschrank der Direktion verschwunden und im ganzen Haus nicht zu finden sei! Meinrad möge neuerlich seinen Nachfolger nennen. Der Künstler kam diesem Wunsch nach.

Im Jahre 1986 gab Josef Meinrad Frau Trude Sagmeister von der »Kronen Zeitung« ein Interview, und die Journalistin brachte sehr geschickt die Rede auf den Iffland-Ring. Auf die Frage, ob er in der Zwischenzeit den Namen seines Nachfolgers ändern mußte, bejahte der Künstler wahrheitsgemäß. Wann das gewesen sei? Die Antwort: vor zwei Jahren. Weil der Erstgenannte schon gestorben sei? Meinrad legte sich nicht eindeutig fest. Nun begann sofort das große Rätselraten, und mit Hilfe von Theaterlexika wurde festgestellt, daß der Betreffende nur Oskar Werner gewesen sein konnte, der im Herbst 1984 verstorben war.

Der Name Oskar Werners stand jedoch für Meinrad nie zur Debatte, da der Künstler immer der Ansicht war, daß Werner Krauß es selbst in der Hand gehabt hätte, den Namen des Künstlers schon 1954 zu nennen. Möglicherweise hat er – so wie es Oskar Werner 1984 erklärt hat – diesem gesprächsweise den Ring angeboten, sich aber eine Abfuhr geholt. Somit konnte Josef Meinrad den Ring gar nicht an Oskar Werner weitergeben, er hätte sonst Werner Krauß desavouiert.

Mit großer Genugtuung und aufrichtiger Freude las Meinrad in einer deutschen Theaterzeitung eine sehr positive Beurteilung über die Verleihung des Ringes an ihn. Die »Monatsschrift der Volksbühne Hanau« schrieb: »Bevor das Iffland-Ring-Testament von Werner Krauß eröffnet wurde, setzte ein

allgemeines Rätselraten ein, wer nach dem Willen des Verewigten als der ›größte Schauspieler deutscher Zunge‹ – der
Iffland-Ring hat eine ähnliche Bedeutung erlangt wie der
Garrick-Ring in England – den Ring erhalten sollte. Man
nannte hochberühmte Namen wie Käthe Gold, Paula Wes-
sely, Hermine Körner, Elisabeth Bergner, Paul Hartmann,
Ewald Balser, Ernst Deutsch, Gustav Gründgens, auch Will
Quadflieg und Hans-Dieter Zeidler. Werner Krauß hat anders entschieden; er wählte den Burgschauspieler Josef Meinrad mit der Widmung: ›Sie sind für mich in Ihrer Einfachheit,
Ihrer Schlichtheit und Ihrer Wahrhaftigkeit der Würdigste.‹ In
diesen Worten liegt der tiefe Ernst und zugleich der letzte
Sinn der Wahl von Werner Krauß. Ihm ging es nicht um die
Berühmtheit der großen Namen, denn die künstlerische Leistung und Bedeutung aller in diesem Zusammenhang Ge-
nannten steht außer Frage. Als Schauspieler verkörperte Werner Krauß immer Menschen mit einer im Guten oder im
Bösen außerordentlichen Persönlichkeit – als Mensch war
Werner Krauß aber von einer überraschenden und überwältigenden schlichten Einfachheit und natürlichen Wahrhaftigkeit. Untheatralisch, weil absolut menschlich, war der Schauspieler Werner Krauß, und ebenso untheatralisch einfach war
der Mensch; und in dieser Übereinstimmung liegt das Wahr-
hafte, die letzte Größe und das Einmalige des verewigten
Werner Krauß. Die Widmung an Josef Meinrad kennzeichnet
das Besondere und Persönliche dieses Burgschauspielers und
ist zugleich für unsere Gegenwart eine eindringliche Mah-
nung; es kommt letztlich und schließlich nicht auf die Prominenz des Namens, die Virtuosität der geschliffenen Schauspielkunst und die Brillanz des Intellekts an – im Letzten entscheidend bleibt das Herz, das in aller Schlichtheit und Innig-
keit das Menschliche auch im Theater wirksam werden läßt
und lebendig erhält... Und darin liegt die Berufung Josef
Meinrads durch Werner Krauß begründet: durch die Sprache

des Herzens Unsagbares sagbar zu machen. Indem wir dies erkennen, dürfen wir Werner Krauß für seine Wahl danken!« Im Dezember hatte Meinrad Premiere am Burgtheater. In der Regie von Werner Düggelin stand *Donnerstag* von Fritz Hochwälder auf dem Spielplan. Meinrad spielte Pomfrit, die Hauptrolle, und mit der Rolle des Hechingen in Hugo von Hofmannstahls *Der Schwierige* unter der Regie von Ernst Lothar beendete Meinrad diese Saison.

Das wichtigste und ehrenvollste Jahr war für ihn zu Ende gegangen. In seinem täglichen Leben hatte sich nach außen hin nicht viel verändert. Trotzdem hielt die seelische Anspannung der letzten Wochen noch an. Unendliche Dankbarkeit erfüllte den bescheidenen Meinrad gegenüber seinem Mentor, der ihm diese hohe Auszeichnung hinterlassen hatte. In den »Wiener Monatsheften« (10/1960) widmete er Werner Krauß folgende Zeilen: »Nun ist das erste Jahr über den Hügel hinweggegangen, unter welchem die sterblichen Überreste von Werner Krauß zur ewigen Ruhe gebettet wurden. Eine solche erste Wiederkehr läßt die Gedanken mit besonders schmerzlicher Eindringlichkeit zu dem hineilen, dem sie gelten. Noch heute vor einem Jahr hatte ich nicht die leiseste Ahnung, daß er mir schon fünf Jahre zuvor den Iffland-Ring zugedacht hatte, und immer werden mir die Worte fehlen, die ungeheure Überraschung zu schildern, die die Testamentseröffnung für mich war. Den Hut zogen wir täglich alle vor ihm, wir begrüßten ihn mit Ehrfurcht, die seine Persönlichkeit in jedem erweckte, und alle waren wir schließlich seine Partner, der eine mehr, der andere weniger intensiv, je nach der Rolle. Aber was besagte das? Ich selber habe nur dreimal mit ihm gespielt, im *Wallenstein* als Isolani, in Hochwälders *Der öffentliche Ankläger* und in *Was ihr wollt,* wo Krauß den Malvolio gab und ich den Bleichenwang spielte.

Eines Abends kam er in meine Garderobe, setzte sich hin und las mir aus dem Textbuch eines modernen Stückes vor, einer Diebsgeschichte mit tieferem Hintergrund. Ein alter und ein junger Mann hatten darin eine große ethische Auseinandersetzung, und Krauß sagte: ›Das wäre doch etwas für uns beide, das werd' ich mit Ihnen spielen.‹ Es sollte nicht mehr dazu kommen; aber damals merkte ich zum erstenmal, daß er mich künstlerisch zur Kenntnis genommen hatte. Es war für mich sehr viel, denn ich war ja nie unter denen, die sich einer innigen Bindung zu ihm erfreuen durften, mein Teil war Verehrung.

Meine Erinnerungen an Werner Krauß reichen ungefähr siebenundzwanzig Jahre zurück. Er stand damals bereits auf dem Gipfel seines Ruhms, seiner Kunst; und ich war ein kleiner, armseliger Schauspielschüler und gelegentlich Statist am Burgtheater. Dort füllte ich eines Abends togabehangen mit sechzig anderen die ansteigenden Bankreihen des Senats von Rom, und unten, in der Mitte des riesigen Halbkreises, stand Er – nicht Werner Krauß, o nein, Gajus Julius Cäsar persönlich, und das dämonische Fluidum einer bis in die letzte Faser von Körper und Seele gelungenen Verwandlung strahlte von ihm aus. Mir war zumute wie einem, der dabeisein darf, wenn ein Halbgott die Erde betritt und ihr etwas von dem Licht spendet, das das Dasein lebenswerter macht. Von da an war ich ihm, wie alle meine Altersgenossen, verfallen. Trotzdem kann man nicht sagen, daß er uns zum Vorbild im üblichen Sinne wurde. Auch der leiseste Versuch, es ihm irgendwie nachzutun, hätte unfehlbar in die Karikatur geführt. Er war einmalig, unwiederholbar, ein Werner Krauß macht nicht Schule. Aber in der unerbittlichen Hingabe an die jeweilige Dichtung, darin konnte er jedem Lehrer und Leitstern werden.

Meine Erinnerung und mein Heim bewahren noch einiges andere auf: den gemeinsamen Spaziergang in die Ausstellung ›Planten und Bloomen‹ in Hamburg, zu dem Krauß mich einlud, die gemeinsame kleine Schiffahrt dort und die dunkelblaue Seemannszipfelmütze, die er mir damals, aus einer Laune, mit fast mürrischer Geste schenkte – ich wußte nie warum, und wer wollte danach fragen. Und ich bewahre eine Perchtenmaske auf, die er von Carl Zuckmayer erhalten hatte und die er mir vor acht Jahren als Erbstück versprach. Er hat es nicht vergessen und seine Gattin noch vor seinem Hinscheiden daran gemahnt ... Ich kann an Werner Krauß immer nur mit großer Rührung denken.«

9
Anerkennung im Ausland

*»Aber ich hoffe, solange ich hier die
Aufsicht über das Ganze in Händen
behalte, wird demgemäß alles in
schönster Ordnung sein.«*

Hugo von Hofmannsthal
(Der Unbestechliche)

Das Jahr 1960 begann für Josef Meinrad im Burgtheater
mit *Wallensteins Lager,* und von da an spielte er fast
täglich abwechselnd *Donnerstag, Der Schwierige, Der Zerrissene, Einen Jux will er sich machen, Der Unbestechliche,*
bis endlich im April ein neues Stück im Akademietheater
angesetzt wurde. In der Regie von Hans Thimig spielte Josef
Meinrad in *Die wundersame Schustersfrau* von Frederic
Garcia Lorca und im Einakter Jean Baptiste Molières *Der
Arzt wider Willen* die Hauptrollen. »Souveräne Triumphe
feiern Inge Konradi und Josef Meinrad im Akademietheater, wo *Die wundersame Schustersfrau* mit Molières Einakter *Der Arzt wider Willen* zusammengespannt wird ... Josef
Meinrad ist auch hier als Schuster ausgezeichnet, doch als
Arzt wider Willen spielt er geradezu grandios auf ... Alles in
allem: Konradi und Meinrad bewegen sich an diesem Abend
in äußerster Nähe der absoluten Darstellungskunst!«
(»Welt am Montag«) Und Hans Weigel: »Von dieser Qualität
zu reden und nicht zugleich an Inge Konradi und Josef Meinrad zu denken, wäre unrecht ... Welch eine Inge Konradi –
mit allen Schwebezuständen der Schwärmerei und sämtlichen Kadenzen der Hysterie! Und welch ein Josef Meinrad
– mit der reich besetzten Palette aller Ausdrucksarten von

Laune, Frohsinn, Gefühlsüberschwang, Phantasterei, Gutmütigkeit und Wärme!« Im Juni 1960 spielte Meinrad mehrmals in der Stallburg in der *Nachfolge Christi* von Max Mell, in der er die Rolle des Meisters verkörperte.

Im Juni folgte die Premiere einer Neuinszenierung von William Shakespeares *Sommernachtstraum* in der Regie von Werner Düggelin. Der »Kurier« berichtete über die Aufführung sehr eingehend: »Einen Maria-Theresien-Orden für Josef Meinrad! In der alten Armee gab es einen Orden, der in höherem Ansehen war als jeder andere: der Maria-Theresien-Orden. Er wurde jenen verliehen, die ohne Befehl Heldentaten vollbrachten, die die Schlacht zu einem glücklichen Ende führten. Die alte Armee ist nicht mehr. Und die Orden, die man heutzutage verleiht, stehen in keinerlei Ansehen. Aber die Erinnerung an den Maria-Theresien-Orden ist wach, und so möchte ich diese Auszeichnung im Geiste dem Schauspieler Josef Meinrad verleihen. Er vollbrachte bei der gestrigen Burgtheaterpremiere in der Rolle des Zettel in Shakespeares *Sommernachtstraum* ohne Anweisung des Regisseurs die Heldentat, eine von Anfang an verlorene Schlacht zu einem glücklichen Ende zu wenden. Wenn das Publikum, nachdem der Vorhang niedergegangen war, vergnügt, fast ausgelassen applaudierte, so war dies sein Verdienst … Werner Düggelin … hat den Schauspielern wenig zu geben und wenig zu sagen … In dieser Situation nun riß ein Schauspieler die Aufführung heraus und viele seiner Kollegen mit sich: Josef Meinrad, den weder das Milieu, noch die Mise en scène viel kümmerte, sondern dem nur eines wichtig zu sein schien: Shakespeare. Diesen spielte er mit soviel umwerfender Kraft und mit so erlösendem Humor, daß man plötzlich den Atem des träumenden Dichters verspürte.«
Außer Hans Weigel (»Was für ein Zettel könnte Josef Meinrad sein! Er war aber nur der Josef Meinrad!«) waren alle anderen Pressestimmen äußerst positiv.

In diesem Jahr stand Josef Meinrad für einen Fernsehfilm in München vor der Kamera. Es wurde Johann Nestroys *Der gutmütige Teufel* aufgezeichnet. Einige Filmprojekte mußte der Künstler aus Rücksicht auf den Iffland-Ring ablehnen, da sie zu leichte Kost boten. So sollte Meinrad in einem Sexfilm einen dozierenden Professor spielen! Für ihn war es wesentlich wichtiger, sich auf deutschen Bühnen zu behaupten und sich einem größeren Publikum mit seriösen Theaterrollen bekanntzumachen.

Eine ausgedehnte Theatertournee quer durch Westdeutschland, Luxemburg und die Schweiz mit ausgewählten Kräften des Burgtheaters sollte ihm Gelegenheit geben, auch seine Kritiker von seinem schauspielerischen Potential zu überzeugen. Selbstverständlich mußte dazu ein Stück ausgewählt werden, in dem der Künstler alle Register seines Könnens ziehen konnte. Keines lag näher als *Der Unbestechliche,* die Titelrolle war Josef Meinrad wie auf den Leib geschrieben. Meinrad dazu: »Das Stück *Der Unbestechliche* ist sicher nicht Hofmannsthals bestes Stück. Ja ich glaube, es sollte vor allem eine besonders dankbare Rolle für Max Pallenberg werden, und ich bin sicher, daß er fast die Hälfte des Textes selbst gebaut hat. Diese krause, verworrene Sprache klingt ganz danach. Daß es trotzdem Tiefgang hat, ist dem Dichter Hofmannsthal zu danken. Es ist eine meiner Lieblingsrollen, und man kann von sich aus soviel nebst dem Wort an Mimik und Gestik einbringen, um dieser grandiosen Figur noch mehr Leben einzuhauchen.«

Josef Meinrad hatte mit dieser Rolle schon im Burg- und Akademietheater brilliert. Er konnte die hohe Kunst seiner Charakterkomik zelebrieren und verbrämte sie auf geniale Weise durchhaltend und ohne Bruch mit dem schwierigen »böhmakelnden« Jargon der damaligen Domestiken. Meinrad hielt die Fäden des Spiels immer fest in seinen Händen und wurde nie zum Possenreißer, wozu die Rolle verführt.

Er wußte immer das Viel vom Zuviel wohl zu scheiden. Das war auch der Unterschied zu Pallenberg, für den das Stück ein »Fressen« war, und der sich – wie berichtet wird – in seiner Rolle austobte, ja oft ins Groteske abglitt, um nur ja jeden Lacher auskosten zu können. Nicht so Meinrad. Er spielte seinen Part so konzentriert, so intelligent durchdacht, daß bisweilen ein trockenes Schlucken, ein verlegenes Zucken der Schultern, ein aufhuschendes Lächeln und Staunen genügten, um ganze Seelenlandschaften zu enthüllen. Ihm allein war es bei jeder Vorstellung zu verdanken, daß dieses schon »vergilbte Albumblatt« Hugo von Hofmannsthals aus der Zeit der versinkenden Monarchie neues Leben bekam.

Für Josef Meinrad hing von dieser Tournee viel mehr ab als für die übrigen Ensemblemitglieder wie Inge Brückelmeier, Adrienne Gessner, Martha Marbo, Auguste Pünkösdy, Jane Tilden, Gusti Wolf, Robert Lindner und Hans Olden. Denn Meinrad würde nach dem Wirbel um die Iffland-Ring-Verleihung in Deutschland besonders kritisch beobachtet werden.

Die »Bremer Tageszeitung«, die ihn schon 1958 anläßlich eines Gastspiels mit Käthe Gold in *Viktoria* arg zerzaust hatte, war für ihn ein wichtiger Wertmesser, und so konnte er beruhigt und zufrieden lesen: »Als Werner Krauß den Iffland-Ring an Josef Meinrad weitergab, hat man bei uns zulande meist nur mit einem Achselzucken reagiert: Mehr war nicht zu sagen. Außerhalb Wiens kannte man Meinrad höchstens als forstadjünktlichen Liebhaber mit Jägerhütel und Schmalzlocke aus Filmproduktionen vom Rosenhügel ... Jetzt stellt er sich so vor, daß man die Entscheidung verstehen und billigen konnte. Wienerisch, als Volksschauspieler, mit jenem Hauch von Girardi, der Krauß fasziniert haben mag ...« Eine große Hürde war genommen, und auch die anderen Kritiken waren alle positiv bis enthusiastisch:

»Darin liegt die Berufung Josef Meinrads durch Werner Krauß begründet: Durch die Sprache des Herzens Unsagbares sagbar zu machen. Indem wir dieses erkennen, dürfen wir Werner Krauß für seine Wahl danken.«

Es gab keinen Tourneeort, in dem die zuständigen Presseartikel nicht Lobeshymnen glichen: »Der Iffland-Ring umschließt den Finger der richtigen Hand! Der Charme der Wiener beherrschte die Bühne. Trat jedoch Theodor in seiner böhmakelnden Servilität auf, dann war der Rahmen gesprengt, die Szene hatte einen bestimmten Mittelpunkt! Josef Meinrad ist ein herrlicher Schauspieler und einer auf den Spuren der Größten!« Und immer wurde auf Meinrads Auszeichnung angespielt. Auf einmal wußten alle, warum Werner Krauß diesen Ring gerade an ihn weitergegeben hatte: »Der Mensch Meinrad verdient, im Gegensatz zu etlichen anderen ›großen‹ Schauspielern, allein schon durch sein wahres Menschentum den Iffland-Ring!«

Es ist nicht übertrieben zu behaupten, daß diese Tournee zu einem einzigen Triumph für das gesamte Ensemble und vor allem für Josef Meinrad wurde. Noch waren die Kommentare der sehr nüchternen und nicht zum Überschwang neigenden Schweizer Kritiker ausständig. Sollte Angst aufgekommen sein, war sie unberechtigt. Die »Neue Zürcher Zeitung«: »Hofmannsthal hatte Pallenberg vor Augen, als er seine Komödie schrieb. In der Sicht des heutigen Zuschauers mutet sie an, als ob sie Josef Meinrad auf den Leib geschrieben worden wäre. Ihm vor allem gehört dieser Abend, und unsere Bewunderung für seine darstellerische Leistung wurde noch erhöht durch die Tatsache, daß Meinrad seit dem letzten Mal seine Rolle in unverminderter Präzision und Intensität gestaltet, nicht in die geringste Nachlässigkeit noch Übertreibung verfällt.«

Den endgültigen Beweis für Meinrads künstlerischen Durchbruch stellte ein offener Brief deutscher Theaterfreunde dar: »Offen gestanden: als wir hörten, daß Werner Krauß Ihnen den ehrwürdigen Iffland-Ring zuerkannt hat, haben wir uns etwas gewundert. Seien Sie nicht böse darüber. Wer von uns kannte Sie schließlich näher als aus den dummen und dümmlichen Röllchen, die man Ihnen bisher im Film gab? Jetzt wissen wir es besser.

Und wir haben begeistert Szenenapplaus geklatscht; immer wieder, als Sie uns Hofmannsthals *Unbestechlichen* vorspielten, und als wir sahen, daß Sie unbestechlich durch Ihren jungen Ruhm, der liebenswerteste Mensch und einsatzfreudige, eisern an sich arbeitende Schauspieler wirklich sind, als den Sie die Fama gepriesen hat. Sie haben uns begeistert! Wir haben Sie liebgewonnen! Vielen Dank für Ihr Gastspiel!«

Überall, wo Meinrad mit seiner Truppe hinkam, stand er im Mittelpunkt. In zahlreichen Interviews wurde nicht nur seine Schauspielkunst gelobt. Meinrads sprichwörtliche Bescheidenheit wurde hervorgehoben, über sein Privatleben wurde berichtet, seine Tierliebe betont und über seine Hobbys gesprochen. »Alles an Josef Meinrad ist Bescheidenheit«, hieß es in einem Artikel. »Dazu Güte und Herzlichkeit. Er hat Augen, in denen eine fast kindliche Schüchternheit wohnt. Nestroy könnte so ausgesehen haben oder Ferdinand Raimund, in deren Wiener Volksstücken der Schauspieler Meinrad seine größten Triumphe feiert. Aber er läßt sich nicht gern als Charakterkomiker abstempeln und in ein ganz bestimmtes Fach einordnen. Sieben große Rollen hat er am Burgtheater innerhalb einer Woche gespielt, heitere und ernste, das unterstreicht seine Wandlungsfähigkeiten, und wenn man seinen Worten lauscht, könnte man fast meinen, daß ihm die ernsten Rollen mehr Befriedigung geben als die komischen.«

Die Tournee endete am 17. Dezember mit der letzten Vorstellung in Nürnberg: »Von den Wiener Charme-Sternen ist die Rolle des Theodor seit eh und je gefragt. Hier hatte sie Josef Meinrad. Und sie ist sein Triumph. Nicht nur in dem, was er sagt ... sondern auch in dem, was er nicht sagt. Da ist er gestisch-mimisch ... gleich einer beredten k. u. k. böhmischen Wortkaskade. Das ist große komödiantische Kunst.«

Heimgekehrt von der anstrengenden Tournee, stand der Künstler sofort wieder mit dem *Zerrissenen* und dem *Verschwender* auf der Bühne des Wiener Burgtheaters.

Am 31. Dezember erlebte Josef Meinrad einen neuen Höhepunkt seiner Karriere. In der traditionellen Silvesteraufführung in der Wiener Staatsoper gab er den »Frosch« in der *Fledermaus*. Die Inszenierung lag in den Händen Leopold Lindtbergs, die musikalische Leitung hatte Herbert von Karajan inne. Es wirkten mit: Hilde Güden, Elfriede Ott, Rita Streich, Walter Berry, Peter Klein, Erich Kunz, Gerhard Stelzer, Eberhard Wächter und Guiseppe Zampieri. Die Aufführung wurde für Meinrad ein wahrer Triumph. »Als Frosch gibt Josef Meinrad eine wahrhaft hinreißende Separatvorstellung, ein komödiantisches Musterbeispiel, wie aus einer traditionsbelasteten Rolle und ohne das Geringste vom Traditionsinventar preiszugeben, ein Höchstmaß an persönlicher Wirkung gewonnen werden kann«, schrieb die »Presse«. Eine Kritik verstieg sich sogar zu der Feststellung, daß Meinrad allein schon wegen dieser Rolle der Iffland-Ring gebühre.

Auch in der ausländischen Presse fand die Darstellung Meinrads stärkste Beachtung. So schrieb die »Neue Zürcher Zeitung«: »Die stärkste Figur des Abends war merkwürdigerweise kein Sänger, sondern Josef Meinrad als Frosch. Sein diskreter Humor, die unendliche Phantasie seiner gutmütigen Komik, in der Bände von Philosophie durch eine Geste, eine Wortbetonung aufgewogen werden, stammen aus dem Bereich Raimunds und Girardis.«

Der ganze Januar war ausgefüllt mit der täglichen Probenarbeit in der Burg für die im Februar vorgesehene Premiere von Shakespeares *König Heinrich V.* in der Regie von Leopold Lindtberg, von dem Direktor Haeussermann sagte, er sei einer der bedeutendsten Regisseure des Burgtheaters gewesen, der in »allen Theatersätteln daheim war«. Meinrad stelle den walisischen Captain Fluellen dar. Obwohl ein Großaufgebot des Ensembles bei dieser Produktion beschäftigt war und Josef Meinrad keine Hauptrolle spielte, gab es in der Wiener Presse keine Kritik, die nicht ihn in der Darstellung des Fluellen hervorhob. Der Beifall war stark und herzlich, steigerte sich von Bild zu Bild. Besonders akklamiert wurden – oft auf offener Szene – Josef Meinrad und Oskar Werner. Es hätte viele Vorhänge gegeben, wenn man nicht im Burgtheater gewesen wäre!

Dazu eine Erklärung: Als Kaiser Joseph II. das Hoftheater zum »Teutschen Nationaltheater« privilegierte, kümmerte er sich persönlich um Theaterangelegenheiten. Er veranlaßte die doppelte Besetzung der Rollen und unter anderem verbot er seinen Schauspielern, nach der Vorstellung vor den Vorhang zu treten und den Applaus des Publikums entgegenzunehmen. Der Kaiser war ein Sohn der Aufklärung und wollte mit Hilfe der deutschen Sprache und des neuen Zeitgeistes die vielsprachigen Völker seines Reiches zu einer einzigen Bildungsgemeinschaft und zu denkenden, freien Menschen erziehen. Die Theater, vor allem das Burgtheater, hatten die besondere Aufgabe, diese neue Gesellschaft, die noch nicht existierte, mitzugestalten. Wenn das Theater aber eine erstklassige Bildungsanstalt sein sollte, konnten die Schauspieler nicht Lakaien sein, die sich jeden Abend applausheischend vor dem »adeligen Pöbel« verneigten. Nach Josephs Willen sollten Schauspieler Diener einer heiligen Sache sein und sich nur vor der Kunst und dem Genius eines Dichters beugen. Zugleich mit dem Vorhangverbot wurde eine Konstituierung des »Schauspieler

Corps« vollzogen. Dadurch wurden die Angehörigen dieser Truppe Staatsdiener und damit auch pensionsberechtigt. Nur Debütanten des Ensembles durften sich nach Schluß der Vorstellung an drei Abenden vor dem Vorhang verneigen. Auf Veranlassung des Unterrichtsministers Dr. Helmut Zilk wurde das Vorhangverbot in der Ära des Burgtheaterdirektors Achim Benning am 27. Februar 1983 als nicht mehr zeitgemäß aufgehoben.

Im März fand im Burgtheater die Premiere von Ferdinand Raimunds *Die unheilbringende Krone* unter der Regie von Rudolf Steinboeck statt, Josef Meinrad spielte den Dorfschneider Simplizius Zitternadel. Alle Figuren – gespielt von Josef Meinrad, Judith Holzmeister, Albin Skoda, Inge Konradi, Erika Pluhar – bewegten sich in einem Kraftfeld von Farben. Rudolf Steinboecks Regie führte die Szenen auf die volle Entfaltung der Schauspieler hin, unter denen Josef Meinrad spielte, wie vielleicht einst Raimund selbst. Hans Weigel meinte, daß »dieser Einzigdastehende endlich wieder zu einer ihm gemäßen Rolle gekommen ist«. Paul Blaha im »Express«: »Den saftigen Humor, die pralle volkstümliche Komik aber verkörpern Josef Meinrad und Inge Konradi: Dies feige Schneiderlein, dieser Simplizius Zitternadel, von Kopf bis Fuß auf Raimund eingestellt, und von da zurück in umgekehrter Richtung, und jeden Augenblick in Bewegung, und diese Vollblut-Aloe, die aus einer alten Vettel in eine Schönheitskönigin sich verwandelt, die beiden sind das Salz, sind die Würze des Abends ... Ohne Meinrad und ohne Konradi wär' es ein halbes Stück.«

Sophokles' *Antigone* hatte im April unter der Regie von Rudolf Sellner Premiere. Sophokles folgte der älteren Fassung der Sage über Antigone, die Tochter des Ödipus.

Hans Weigel über den Künstler in der »Kronen Zeitung«: »Und Josef Meinrad, der wieder, wie zu Fleiß, eine Rolle spielen muß, die ihm absolut nicht zukommt, ist ein begnadeter Künstler, daß er darüber hinweg als greiser Teiresias ein großes und beglückendes Trotzdem zustandebringt und gegen alle Denkbarkeit echte dämonische Erschütterung vermittelt.« Später kam der Kritiker noch einmal auf diese Darstellung Meinrads zurück und meinte: »... Und wieder geschah ein Wunder – eine durch die Fassade ›Pepi‹ verdeckte Tiefe wurde sichtbar – wieder öffnete sich eine neue Türe zu einer ungeahnten Dimension – das Jenseitige, das ›Drüben‹, das Dämonische klassischen Maßes trat in diesem hageren, kahlköpfigen Greis auf die Bühne. Das war kein Theatergreis, der auf ›alt‹ spielt, was ein vergleichsweise junger Mensch ja technisch zustandebringen kann – nein, dieser vergleichsweise junge Mensch spielte einen Alten, der glaubhaft uralt wirkte, doch als solcher seine ganze innere Kraft bewahrt hatte, und dieser Blinde macht sich zum Mittelpunkt, ganz ohne weihevolle Priesterlichkeit hetzte er die Sehenden – daß Meinrad auch das und so konnte, war wahrhaft überwältigend und ein Triumph rarer Art, nämlich ein Triumph des Schauspielers über sich selbst.« Als Hans Weigel ein Jahr nach der *Antigone* in der Buchreihe »Theater heute« eine kleine Biographie über Josef Meinrad vorbereitete, stand er mit dem Künstler in brieflichem Gedankenaustausch. In einem Brief vom 17. Juli 1962 schrieb Weigel: »... Ich kenne viele Schauspieler, die sowohl den Nestroy wie den Kapuziner können, aber ich wüßte wohl keinen, bei dem es von Nestroy zum Teiresias reicht!«

Trotz seiner Theaterverpflichtungen in Wien war es Josef Meinrad möglich, in der Zeit vom 14. März bis 22. April in Hamburg einen Fernsehfilm unter Wolfgang Staudte zu drehen. Dem deutschen Fernsehen war es vorbehalten, Meinrad die Chance zu geben, sich in einer wunderbaren, noch dazu in ihrer ganzen Konzeption österreichischen Charakterrolle Millionen von deutschen Fernsehzuschauern vorzustellen. Staudte holte Meinrad für die Rolle des Andreas

Pum in der Verfilmung von Josef Roths Novelle *Die Rebellion* ins Studio Hamburg. »Ohne Meinrad wäre die Realisierung des Projekts, seit Jahren eine meiner Lieblingsideen, gescheitert«, sagte der Regisseur. »Meinrad war herrlich! Er erschüttert, und das ist das Größte, das ein Schauspieler vermag.«

Dieser Film wurde im Herbst 1962 in Deutschland und Österreich ausgestrahlt und fand übereinstimmende, hervorragende Kritiken in der Presse. Meinrad vermied in dieser Rolle das tragische, reißerische Pathos, das sich manchem Darsteller hier hätte aufdrängen können. Die schlichte Einfalt, der in sich bedrückte und befangene Mensch, der, durch die Machinationen der staatlichen Obrigkeit ins Elend getrieben, die Welt nicht mehr versteht, wurde von Meinrad mit bescheidenen künstlerischen Mitteln eindrucksvoll, oft beklemmend echt dargestellt.

Eine besondere Auszeichnung für diese Leistung erhielt der Künstler durch ein privates Schreiben des österreichischen Unterrichtsministers Dr. Heinrich Drimmel, der ihn wissen ließ: »Gestern haben wir Sie nach langer Zeit wieder gesehen. Im Fernsehen. Nur wenige Österreicher haben Österreich so schmerzhaft gern gehabt wie Roth. Und noch weniger können es darstellen. Sie haben uns einen Abend geschenkt – wie wir ihn schon lange nicht hatten. Wir – meine Familie und ich – danken Ihnen recht sehr für diesen Abend, den wir lange nicht vergessen werden ...«

Zurück ins Jahr 1961. Im Mai erhielt Josef Meinrad eine hohe amerikanische Auszeichnung für die beste schauspielerische Leistung im Monat April 1961, den »Blue Ribbon Award«, der vom »National Screen Council« für den besten Darsteller in einem Spielfilm, TV-Film, Radiokommentar und so weiter verliehen wird. Josef Meinrad erhielt diese Auszeichnung für seine Darstellung des Dr. Wasner »as the priest and musical teacher who trains the children as a chorus« in dem 20th-Century-Fox-Film *Die Trapp-Familie* in der Produktion von Wolfgang Reinhardt und der Regie von Wolfgang Liebeneiner. Diesen Film hatte Meinrad bereits 1958 gedreht. In der Verleihungsurkunde hieß es:

»Congratulations! ›The Trapp Family‹, in which you played the role of Dr. Wasner, has been voted ›Boxoffice‹ Blue Ribbon Award for April. This means National Screen Council members felt it to be the most outstanding picture in current release which is also good entertainment for the whole family …«

Im Juni war Josef Meinrad zu einem Filmprojekt nach Frankreich verpflichtet worden. Unter der Regie von Claude Boissol drehte er *Napoleon II. l'Aiglon* nach dem bekannten Roman von Edmond Rostand. Meinrad verkörperte in diesem Streifen den österreichischen Kaiser Franz I., den Großvater »Napoleons II.«, der in die österreichische Geschichte als Herzog von Reichstadt eingegangen ist.

Bevor Josef Meinrad sein Domizil in Paris aufschlagen konnte, wurde noch *Der Unbestechliche* von Hugo von Hofmannsthal in den Rosenhügel-Ateliers in Wien vom österreichischen Fernsehen aufgezeichnet. Zwischen drehfreien Tagen in Paris, Ende Juni, eilte Meinrad in die Ateliers von Wien-Sievering, wo Hofmannsthals *Das große Welttheater* unter der Regie von Hans Jaray verfilmt wurde und Meinrad die Rolle des Bettlers übernommen hatte. Am 14. Juni erntete er in der Wiener Staatsoper noch einmal einen Riesenapplaus für seinen Frosch in der *Fledermaus*.

Kaum aus Paris zurückgekehrt, begannen die Proben für die Salzburger Festspiele. Josef Meinrad war sowohl im *Großen Welttheater* als auch im *Bauer als Millionär* von Ferdinand Raimund in der Regie von Rudolf Steinboeck in der Rolle des Fortunatus Wurzel engagiert. Ein Großaufgebot an her-

Für seine Darstellung des Priesters und Musiklehrers in der »Trapp-Familie« erhielt Meinrad den »Blue Ribbon Award«

vorragenden Schauspielern war für die Aufführung vorgesehen, denn zugleich sollte diese Inszenierung für einen Film
festgehalten werden. Die filmische Gesamtleitung lag in den
bewährten Händen von Alfred Stöger, der neben seiner
künstlerischen Arbeit 1955 das Doktorat an der philosophischen Fakultät der Universität Wien erworben hatte und als
Professor am Institut für Theaterwissenschaft an der Universität Wien lehrte.

»Großartig natürlich Josef Meinrad, sowohl als Bauer als
auch als Millionär«, war die übereinstimmende Meinung.

Kritisch hingegen beurteilte Hans Weigel die Darstellung
Meinrads, während er hingerissen über Hans Moser schrieb:
»... Hans Moser spielt das ›Hohe Alter‹. Die kurzen Minuten seiner Anwesenheit auf der Bühne machen nicht nur alles andere vergessen; sie wären wert, daß man ihnen zuliebe
von weither zu Fuß nach Salzburg pilgerte, um einer Offen-
barung beizuwohnen. Hier ist äußerste einsame Vollendung
in kaum glaublicher Manier am Werk ... Das, was er uns in
diesen Minuten schenkt, war noch nie und wird nie wieder
sein, es ist nicht zu fassen und nicht zu deuten und jenseits
aller Erfahrung und Darstellbarkeit, nur Wunder und Gnaden ... Der Parvenu, der heraufgekommene Bauer, ist zum
erstenmal Josef Meinrad ... Ihm fehlt noch das animalisch
breite Behagen des Emporgekommenen, er ist durch und
durch städtisch – und hier könnte man eine Abhandlung
über die unbetreute Sprache auf unseren führenden Bühnen
anschließen ... Meinrad hat viele große Augenblicke, sein
Fluch hat dramatische Kraft, seine Verwandlung in einen Alten ist packend und bewegend, die Aschenmann-Szene und
das Aschenlied sind ergreifend und von echter Größe, seine
Stille so eindrücklich, daß man auf die forcierte Lautstärke
verzichten möchte. Aber Meinrad ist hier noch nicht, wie im
›Verschwender‹, ein großer, erfüllender Hauptdarsteller,
sondern ein Prominenter, der eine Hauptrolle spielt ...«

Von den erfolgreichen Wochen in Salzburg nach Wien zurückgekehrt, begannen sofort intensive Proben am Akademietheater für *Die Reise* von Georges Schehadé unter Axel Corti. Josef Meinrad spielte Herrn Strawberry, einen nachsichtigen Geschäftsmann in einem Knopfladen in Bristol.

Ab 1. Oktober trat Josef Meinrad mit einigen Kräften des Burgtheaters eine ausgedehnte Theatertournee durch Westdeutschland, Luxemburg und die Schweiz an. Als Stück wählte er Johann Nestroys *Der Färber und sein Zwillingsbruder* in der Bearbeitung von Hans Weigel und führte dabei selbst Regie. Das Ensemble gastierte in siebenundfünfzig Städten, von Kiel über Luxemburg bis Basel. Mit ihm spielten Martha Marbo, Gusti Wolf, Franz Böheim, Hugo Gottschlich, Hans Pata, Tonio Riedl und Hans Unterkirchner.

Hans Weigel versuchte, dem deutschen und schweizerischen Publikum das Phänomen Nestroy und seinen Sarkasmus näherzubringen, denn bei vorangegangenen Tourneen konnte beobachtet werden, daß der krasse Humor, der Klamauk auf der Bühne von den Theaterbesuchern zwar goutiert, doch die Tiefgründigkeit der Texte oft nicht verstanden wurde. Hans Weigel verfaßte daher ein Programmheft mit Erläuterungen über Nestroys Wortspiele: »Die große Wirkung des Nestroy-Lustspiels erklärt sich nur aus der unvergänglichen Zeitlosigkeit seines Menschen und Weltbildes. Er bringt immer wieder das Kunststück fertig, komisch und doch seriös zu sein, er macht sich und uns einen Jux und meint es doch bitter ernst. Nestroy ist nicht Humorist, sondern Satiriker, er kritisiert und bekämpft das Übel durch seine extreme Darstellung. Die scheinbare Amoral des Dargestellten kommt in Wahrheit von einem Moralisten … Nestroy war ein meisterlicher sprachlicher Gestalter, ein barocker Spieler mit Bildern und Doppelsinnigkeiten, ein unheimlich und unnachahmlich treffsicherer Formulierer …«

Daß dieser Johann Nepomuk Nestroy in der damaligen Zeit – es war Vormärz und des Kaisers Franz Zensur lief auf Hochtouren – mit seinem »Humor« überall aneckte und sich ständig mit seinen Bonmots und hintergründigen Bemerkungen den Mund verbrannte, war wohl selbstverständlich. Die Partitur für die Hauptrollen, die er selbst auf der Bühne spielte, hatte er aus seinen Erlebnissen geschöpft und maßlos übertrieben dargestellt. Hier eine Episode aus seinem ereignisreichen Leben, die zeigt, daß er selbst im Gefängnis nicht ernst bleiben konnte. Nestroy hatte es mit den Kritikern nicht immer leicht. So machte sich der Kritiker Franz Wiest in Bäuerles Theaterzeitung lustig über Johann Nestroys Theaterstück *Zu ebener Erde und im ersten Stock*. Der erboste Dichter revanchierte sich umgehend in der nächsten Theateraufführung mit folgenden Worten: »An diesem Tisch hier wird Whist gespielt. Es ist merkwürdig, daß das geistreiche, in England erfundene Spiel den gleichen Namen mit dem dümmsten Menschen in Wien hat!« Der Kritiker fühlte sich beleidigt, lief zum Kadi, Nestroy wurde verhaftet und vom Oberzensor und Polizeipräsidenten Sedlnitzky zu drei Tagen Haft verurteilt. Aus dem Gefängnis schrieb Nestroy seinem Freund: »Kerker, den 17then Jänner 1836. Ich sitze zwischen vier Wänden. Gestohlen kann ich unmöglich werden. Jetzt kann mir niemand mehr abstreiten, daß ich ein gesetzter Mann bin … Mein Arrest ist vollkommen den Grundsätzen der Kerkeretikette gemäß. Die Schlösser an meiner Türe haben die Größe derer, die man gewöhnlich vor den Kerkertüren der Hochverräter antrifft. Die Bewachung vor einem möglichen Echappieren ist so sorgfältig, als ob ich um zwei Millionen Obligationen verfälscht, sieben Jungfrauen, à 13 Jahre alt, genothzüchtigt, einige Kinder und diverse Erwachsene umgebracht hätte. Vor meinem Gitterfenster ist ein hölzerner Kübel, damit das Licht nur von oben eindringen kann, aus Vorsicht,

daß ich mit anderen Missetätern, Genossen meiner Frevel-
taten, nicht vielleicht durch Zeichensprache korrespondie-
ren kann. Ich schreibe Dir diese Miserabilitäten nur, damit
Du siehst, wie sehr man in Wien Kunst und Künstler achtet
und mit welcher ausgezeichneten Humanität man sie bei ge-
ringen Vergehungen behandelt. So sitze ich in der pikante-
sten Einsamkeit. Nur selten bringt das sanfte Himmelblau
eines bedienenden Polizeimannes eine Abwechslung in das
einförmige Weiß meines Turmgemachs... Dein Freund
Nestroy, Sänger, Schauspieler, Komiker, Dichter und Arre-
stant und der Himmel weiß, was noch alles.«
Die Tournee begann am Salzburger Landestheater, und das
Publikum war übereinstimmend der Meinung, die Aufführung könnte »festspielmäßig« genannt werden.
Nestroys Doppelrolle im *Färber* gibt zweifellos alles her,
was sich ein Schauspieler nur wünschen kann, und Josef
Meinrad war sicher nicht der erste, der mit ihr Triumphe feiern konnte. Was ihn aber über seine Vorgänger hinaushob,
das war seine mitreißende Spielfreudigkeit, sein echtes Gefühl und die unfehlbare Sicherheit des Maßhaltens mit diesem Gefühl. Obwohl die Rolle zum Klamauk verführen
könnte, glitt das Spiel Meinrads auch nicht einen Augenblick in die Klamotte ab. Während im Publikum oft Tränen
gelacht wurden, blieb doch der tiefe Eindruck, daß, wenn
Meinrad Nestroy spielte, man immer der Poesie des Theaters begegnete.
Die Kritiken in der Deutschen Presse über diese Gastspieltournee waren übereinstimmend positiv. Die angesehene
»Frankfurter Allgemeine Zeitung« schrieb: »Da kommen
sie daher; die Wiener mit ihrem Nestroy und mit ihrem Josef Meinrad: Sie spielen zu einer unmöglichen Zeit, am
Sonntagnachmittag um zwei Uhr, haben in Frankfurt ein
volles Haus und bringen die Leute am Main zu Jubel und
prasselndem Beifall... Soviel Erfolg an einer Stätte, deren

Publikum eher konventionell-höflich applaudiert, entwaffnet. Solch ein Sieg der österreichischen Posse in nördlichen Gefilden ... macht eigentlich nachdenklich. Wie schwer tun sich die Bühnen hierzulande mit dem Leichten. An der Donau hat man's im Blut, wir wissen es, und es ist eine banale Weisheit.«

Im Mittelpunkt der Rezensionen stand natürlich Josef Meinrad, der als echter Nachfahre Raimunds und Nestroys bezeichnet wurde. Er sei der »bezauberndste Komödiant«, den das deutschsprachige Theater besitze. Fast alle Kritiker betonten, daß ein *Würdiger* den Iffland-Ring trage, daß Werner Krauß die richtige Wahl getroffen habe, als er Meinrad diese Auszeichnung hinterließ.

Meinrad selbst konnte mit großer Befriedigung feststellen, daß auch in Deutschland die negativen Stimmen über ihn endgültig der Vergangenheit angehörten.

Als Josef Meinrad mit seiner Truppe von der Tournee nach Wien zurückkehrte, verbreitete die »Abend Zeitung Wien« die Meldung, daß Josef Meinrad von der »Stuttgarter Zeitung« übereinstimmend zum besten Schauspieler des Jahres 1961 gewählt worden war. Die Zeitung schwärmte in ihrem Leitartikel von der »Begegnung mit dem Wunder eines Schauspielers«.

Der Oberspielleiter des österreichischen Fernsehens, der diese Produktion des *Färbers* für das Fernsehen aufgezeichnet hatte, sagte in einem Interview, daß er zwar gewußt habe, daß Meinrad ein großartiger Schauspieler sei, nun habe er sich aber auch davon überzeugen können, welch glänzender Regisseur der Künstler sei.

10
Kontraste: Schnoferl, Liliom,
Franziskus, Heinrich VI.

»O Gott, mich dünkt, es wär ein
glücklich Leben,
Nichts Höheres als ein schlichter
Hirt zu sein.«

William Shakespeare
(Heinrich VI.)

Im Jahre 1962 spielte Josef Meinrad vorwiegend Theater in Wien, neben *Olympia* von Franz Molnár hauptsächlich Johann Nestroy, *Einen Jux will er sich machen, Der Zerrissene* und *Das Mädel aus der Vorstadt,* das im September anläßlich eines Gastspiels im Kurtheater in Meran mehrere Vorstellungen erlebte.

Unter der Regie von Leopold Lindtberg spielten neben Josef Meinrad in der Neuinszenierung des *Mädel aus der Vorstadt* Richard Eybner und Hans Thimig, Susi Nicoletti, Christiane Hörbiger, Elisabeth Höbarth, Helma Gautier und Ingeborg Gruber. Die Figur des Winkelagenten mit dem bezeichnenden Namen Schnoferl (Schnüffler), wieder eine von Meinrads Paraderollen, wurde auch vom österreichischen Fernsehen aufgezeichnet. In freundlich-boshafter Manier zieht er die Fäden der Handlung und intrigiert unnachahmlich für das Gute. Dazu eine Wiener Tageszeitung: »Und Josef Meinrad, der Primus inter Nestroy-pares im Burgtheaterensemble, führt dieses, steckt es mit einer derart souveränen Selbstverständlichkeit an, daß sein Humor, seine tiefe und rührende Menschlichkeit und seine selige Lust am Theaterspielen, nach allen Seiten ausströmend, schließlich Mitspieler und Publikum wie ein Zauberkreis

umfassen ... Gewiß stand Lindtberg der bedeutendste Ne-
stroy-Schauspieler zur Seite, den es jetzt gibt: Josef Meinrad,
der auf dieser Bühne, auf der Girardi so unvergeßliche Triumphe feierte, sich nun wohl endgültig als der Girardi
unserer Tage erweist. Ein Künstler, der mit seiner Bewegung, einem Wort, einem Lachen den ganzen Bereich der
Nestroyschen Komik durchmißt – und der Nestroyschen
Tiefe dazu.« Im Sommer 1965 wird Meinrad mit dieser
Rolle in Bregenz erneut das Publikum begeistern.

Im März eilte Meinrad nach Hamburg, um noch einige Szenen für *Die Rebellion* nachzudrehen und zu synchronisie-
ren. Heimgekehrt, fand er ein Telegramm von Ernst Haeussermann vor: »Habe eben den Rohschnitt des Bauer-als-
Millionär-Films gesehen und muß Ihnen ganz schnell sagen,
wie hinreißend ich Sie darin finde.«

Am 22. Mai fand im Künstlerhaus-Kino die Premiere dieses
Films statt, der im Vorjahr in Salzburg gedreht worden war;
er erhielt von der Filmkommission das Prädikat »wertvoll«.
Der Bauer als Millionär wurde bei den Salzburger Festspielen 1962 wieder in das Programm aufgenommen. Die Besetzung war gegenüber dem Vorjahr nahezu unverändert. Josef
Meinrad blieb in der Titelrolle als Bruder Leichtsinn und
Millionär sympathisch, so sympathisch, daß man ihm die
Vertreibung Lottchens und den ausgesprochenen Fluch fast
nicht glaubte. Ergreifend und sehr menschlich gestaltete er
seinen Abschied von der Jugend und seine erste Begegnung
mit dem Alter.

Auch hier faszinierte Meinrad, wie bei Ferdinand Raimunds
Verschwender, in einer Schlüsselszene, wenn Fortunatus
Wurzel vom hohen Alter heimgesucht wird. Hans Weigel
darüber: »Da stand das ›Hohe Alter‹, der große, der überle-
bensgroße ›kleine Mann‹ Hans Moser in der Salzburger Felsenreitschule mit Josef Meinrad auf der Bühne; und Meinrad verwandelte sich in einen Alten, und das Duo zweier

volkstümlicher wienerischer Komiker weitete sich zu den Dimensionen klassischer Tragik.«

»Die Entfaltung der Schauspieler, die der Ironie und Poesie gleichermaßen dienten, wurde Josef Meinrad, Paula Wessely und Hans Moser mit Auftrittsbeifall gedankt«, schrieben die »Oberösterreichischen Nachrichten«.

Im Oktober war Josef Meinrad in einem Wiener Atelier zur Fernsehaufzeichnung von Bernard Shaws *Don Juan in der Hölle* beschäftigt, abends spielte er auf der Bühne des Burgtheaters den Schnoferl in *Das Mädel aus der Vorstadt*. Danach begann in Salzburg die Theatertournee durch Westdeutschland und die Schweiz mit *Don Juan in der Hölle.* Es wurde in vierundfünfzig Städten gastiert. Auch diese Tournee konnte an den vorjährigen Erfolg anschließen. Die Mitglieder des Ensembles waren Eva Servacs, Ewald Balser, Josef Meinrad und Willy Birgel. Über die Aufführung schrieb die »AZ-Basel«: »Vor einigen Jahren sahen und hörten wir diese höllisch-himmlischen Dialoge von Trägern prominenter Namen in einem Basler Theatersaal verständnislos abgespielt. Jetzt erst kam das Stück eines großen Ganzen als willkommenes Gastspiel in der Komödie musterhaft zur Geltung. Regie: Josef Meinrad, unter den Schauspielern deutscher Zunge heute der größte, der eindringlichste. Wie von selbst übertrug sich seine hohe Intelligenz, seine schauspielerische Elastizität lustig harmonisch auf seine vorzüglichen Mitspieler ... In Don Juans Rolle hielt Meinrad sein Temperament klug zurück, und gerade darum bleibt haften, wie er den Himmel als Konkurrenzunternehmen der Hölle charakterisierte und feststellte, in den Künsten des Friedens ist der Mensch ein Stümper ...« Die letzte Vorstellung fand am 11. Dezember in Erlangen statt. Den Silversterabend verbrachte Meinrad wieder als Herr Schnoferl auf der Bühne des Burgtheaters.

Im Februar 1963 standen neben verschiedenen Vorstellungen intensive Proben für Franz Molnárs *Liliom* im Theater an der Wien in Meinrads Terminkalender. Anläßlich der fünfzigsten Wiederkehr der deutschen Erstaufführung des Stücks am 28. Februar 1913 im »k. k. priv. Theater in der Josefstadt« wurde *Liliom* wieder auf den Spielplan gesetzt. Die deutsche Übersetzung stammte seinerzeit von Alfred Polgar. Den Liliom verkörperte bei der Erstaufführung Josef Jarno, Hansi Niese die Julie.

Als die Besetzungsliste bekannt wurde, erhoben sich etliche Stimmen, die Josef Meinrad in der Hauptrolle ablehnten, da er als Darsteller des Liliom, des ordinären Praterstrizzis und Hutschenschleuderers, überfordert sein würde. Viele fürchteten, Meinrads Image könnte durch diese Rolle angekratzt werden, und dies hätte er jetzt, am Zenit seiner Karriere, nicht notwendig. Unter der Regie von Kurt Meisel agierten Inge Konradi (als Julie), Lotte Ledl, Susi Nicoletti, Franz Böheim, Richard Eybner, Michael Janisch und Hans Moser. Die Premiere fand am 14. Februar statt und wurde zu einem einzigen Triumph. »Nein, das ist nicht mehr Theater, es sei denn, Theater ist etwas von jener anderen Welt!« hieß es in einem enthusiastischen Bericht. Josef Meinrad spielte den hoffnungslos Verstockten. Er war nicht der unwiderstehliche fesche Kerl à la Hans Albers, eher ein Grobian, der sich aber in seiner Haut nie wohl fühlte, der losbellte, um nur ja nicht weich zu erscheinen, der sich eher die Zunge abbeißen würde, bevor ein gutes Wort über seine Lippen käme. Im Innern dieses Rauhbeins steckte aber ein echtes und weiches Herz, und das machte seinen Liliom zu einer gewinnenden, fast könnte man sagen zu einer liebenswerten Erscheinung.

Ausführlich und noch ganz unter dem Eindruck dieses Theaterabends berichtete Hedi Schulz in der »Kronen Zeitung«: »Von diesem Liliom wird man noch in zwanzig Jahren reden: Ja, damals in der Aufführung mit dem Meinrad und der Konradi und dem Moser ... Das waren halt Zeiten! ...«

Der beeindruckende Auftritt Hans Mosers soll mit den Worten Hans Weigels vor dem Vergessen bewahrt werden. Die berührendste Szene in Molnárs Vorstadtlegende spielt im sechsten Bild im »Jenseits«. Dieses Jenseits ist säkularisiert, ist nur ein Amt, und der liebe Gott, ein Polizeikonzipist, trägt Uniform; die armen Seelen haben vor ihn hinzutreten und über ihr weltliches Dasein Rechenschaft abzulegen. »Hans Moser trat im sechsten Bild in die himmlische Polizeistube«, schrieb Hans Weigel. »Es hätte keines Scheinwerfers bedurft. Himmlisches Licht strahlte von dem kleinen alten Mann aus; er kam aus der Tür einer Theaterdekoration und doch geradewegs von drüben. Er trug eine stilisierte Uniform und war ganz und gar ein Engel und war ganz und gar ein Beamter. Er hatte alle Liebenswürdigkeit und Güte und ›himmlische Geduld‹ und dazu noch die Müdigkeit und Verdrossenheit und leise Verrauztheit des Österreichers, er war nicht der liebe Gott schlechthin, sondern dessen österreichisch-ungarische Spielart: der Himmelvater. Er vollzog seine Amtshandlung, und man merkte, daß sie Routine war, doch auch, wie tief ihn jeder einzelne Tatbestand der vor ihm zum Verhör antretenden armen Seele berührte. Von Hans Moser war in dieser Szene alles abgefallen, was komisch oder komikerhaft an ihm war und ist. Er sprach seinen Text in einem dem Hochdeutschen angenäherten Idiom, wie eben der Wiener sich seinen Herrgott denkt, er sprach ihn eindringlich und liebevoll und deutlich und langsam. Der rührigen Direktion des Burgtheaters war es gelungen, für eine Rolle in Molnárs *Liliom* den lieben Gott persönlich als Gast zu gewinnen. Ein kleiner Mann, über achtzig Jahre alt, der als Statist und Chorsänger an einer schlesischen Schmiere begonnen hatte, der in kabarettistischen Soloszenen und dann in Dialekt-und-Jargon-Rollen unter mittelmäßiger dramatischer Fertigware populär geworden war, ein Dritter-Akt-Komiker der letzten Wiener Operettenära und Sänger von Heurigenliedern, allzu spät erst zur rechten Schauspielerei vorgedrungen und in unzähligen Filmen zur seichten Spaßmacherei mißbraucht, nur allzu selten mit ernsthaften Bühnenrollen bedacht, hat in einer kurzen Szene an die Sterne gerührt, indem er auf alles verzichtete, was er sein Leben lang auf der Bühne mit Erfolg getan hat, indem er gar nichts mehr machte und aus der Fülle seiner schöpferischen Persönlichkeit einfach da war, nur er selbst und eben darum so himmlisch, wie er es nie zuvor gewesen ist und wie es kein anderer außer ihm hätte sein können.«

Während Josef Meinrad jeden Abend mit dem *Liliom* Triumphe feiern konnte, tat sich einiges hinter seinem Rücken. Im Wiener »Express« erschien ein ausführlicher Artikel über ein großes Filmprojekt. Preminger hatte die Absicht, den Roman von Henry Morton *Der Kardinal* zu verfilmen. Das Buch war weltweit ein Bestseller geworden, es schilderte das Ringen und den Aufstieg eines amerikanischen Priesters zum Kirchenfürsten. Obwohl der Autor ausdrücklich darauf hingewiesen hatte, daß er keine historischen Vorbilder verwendet hätte, sahen doch viele in der Romanfigur eine dem bekannten und einflußreichen Kardinal Spellman von New York nachgebildete Gestalt.

Otto Preminger, der 1938 in die USA emigriert war, hatte die Absicht, bei der Verfilmung von Mortons Buch die Situation der katholischen Kirche und ihres Protagonisten, Kardinal Theodor Innitzer, in den denkwürdigen Märztagen 1938 einzubauen. Der »österreichische Anhang« des Films entsprach also nicht der Originalvorlage von Mortons Buch. Preminger hatte auch schon eine Idee, wer Innitzer in seinem Film darstellen sollte. Als er nach Österreich kam, um mit den katholischen Stellen erste Vorbesprechungen zu führen – Preminger war vom Wohlwollen der katholischen

Kirche in Österreich abhängig –, wurden seitens der Erzdiözese erste Bedenken geäußert. Zuerst gegen Preminger selbst. Es wurde bezweifelt, daß er, als Nichtkatholik, fähig sei, diesen katholischen Film zu drehen und das Milieu und Umfeld zu treffen. Der zweite Einwand richtete sich gegen den vorgesehenen Darsteller des Kardinal Innitzer. Dieser sollte nämlich, nach Premingers Wunsch, von Curd Jürgens dargestellt werden. »Nicht Curd Jürgens, sondern Josef Meinrad sei die ideale Besetzung für den Kardinal Innitzer«, hieß es im »Express« am 16. Februar 1963. »Das wird zur Zeit in Kreisen, die der Wiener Erzdiözese nahestehen, gemunkelt. Selbstverständlich ist dies nicht eine offizielle Bedingung für die Förderung der Dreharbeiten, nicht einmal ein Vorschlag. Denn vorerst wird das Drehbuch zu Otto Premingers Film *Der Kardinal* noch von den Beauftragten des Kardinal König geprüft. Eine Entscheidung ist noch nicht gefallen. Mit großen Sorgen sehen jene Leute, die in Wien für Otto Preminger und seinen jüngsten Film Vorarbeiten leisten – wie gemeldet, sollen schon im März Teile der Außenaufnahmen gedreht werden – in die Zukunft; im Wiener Erzbischöflichen Palais scheint man gewisse Bedenken zu haben, und die könnten sich auf die geplanten Arbeiten katastrophal auswirken, fürchtet man. ›Wir werden keine Kirche zum Filmen bekommen‹, unken die Preminger-Leute. Und daß Curd Jürgens als Kardinal Innitzer auf den Widerstand der katholischen Kirche stoßen wird, stand schon in einem katholischen Blatt zu lesen. Dabei ist de facto noch gar nichts entschieden ...«

Nach Prüfung des Drehbuches durch die katholische Filmkommission gelangten die Einwände an die Öffentlichkeit. »Statt Curd Jürgens sähe man lieber Josef Meinrad in der Rolle des Kardinal Innitzer. Der viermal verheiratete Curd Jürgens habe schwerlich die entsprechende moralische Qualifikation für die Rolle. Aber man sei nicht kleinlich:

Wenn Jürgens wenigstens überzeugende schauspielerische Leistungen geboten hätte, die ihn als die ideale Besetzung auswiesen, würde man seinen Lebenswandel sicher tolerieren. Innitzer war zwar ein großgewachsener Mann, aber kein Kleiderschrank, wurde gestern gesprächsweise erwähnt. Hingegen sei zum Beispiel der Iffland-Ring-Träger Josef Meinrad nicht nur durch seine Klostererziehung und seinen tadellosen Lebenswandel, sondern vor allem durch seinen schauspielerischen Wert viel eher für die Rolle des Kirchenfürsten, dessen Bild uns noch so nahe ist, prädestiniert.«

Daraufhin »verzichtete« Curd Jürgens auf die Mitarbeit in diesem Film. Otto Preminger nahm nun mit Meinrad Kontakt auf. »Es ist für mich eine sehr dankbare Rolle«, erklärte Meinrad in einem Interview, »weil ich hier einen mutigen Priester spiele, den ich selbst kannte. Ob alles historisch stimmt, werden später berufene Stellen zu entscheiden haben. Nach dem mir vorliegenden Drehbuchtext erlebt Kardinal Innitzer eine große Wandlung. Für seine Kirche und für sein Volk wollte er nur das Beste. Für mich wäre es undenkbar, etwas spielen zu müssen, was nicht den Tatsachen entspricht oder was der katholischen Kirche schaden könnte.« Auf die Frage, was er von der schauspielerischen Leistung Romy Schneiders halte, die eine wesentliche Rolle spielte, erklärte Meinrad, der in früheren k. u. k.-Filmen mit Romy Schneider öfter gemeinsam vor der Kamera gestanden hatte, er habe Romy Schneider nach langen Jahren wieder auf einer Pariser Bühne wie auch in ihren beiden letzten Filmen *Boccaccio 70* und *Der Prozeß* gesehen, und er sei über ihre große schauspielerische Wandlung in den letzten Jahren sehr erstaunt gewesen.

Schon nach wenigen Filmaufnahmen stand fest, daß Meinrads feine Ausdeutung der diffizilen Rolle des Kardinal Innitzer einen besonders nachhaltigen Eindruck hinterlassen würde: »Der Iffland-Ring-Träger begeistert in *Der Kardinal* ganz Hollywood! Dieser Josef Meinrad ist einfach hinreißend. Ich glaube, daß ihm durch seine Verkörperung des Kardinal Innitzer eine internationale Filmkarriere sicher ist – falls er das will!« Dieses Lob spendete Henry Weinberg, Beauftragter der Preminger-Produktion. Selbst Preminger fand für Josef Meinrad nur Worte höchsten Lobes. Er war stolz auf »seine« Entdeckung. Der Film wurde tatsächlich ein Welterfolg.

Im März war im Akademietheater Premiere von Friedrich Dürrenmatts *Die Physiker,* in der Josef Meinrad die Rolle des Albert Einstein spielte. Ende Juni war der Künstler in den Hamburger Ateliers für die Aufnahmen zu *Harry Janos* unter der Regie von Imo Moszkowicz beschäftigt. Ende Juni und den Juli über begannen für Meinrad die Proben für das Stück von Max Zweig *Franziskus* im Kornmarkttheater in Bregenz. Die Premiere fand am 21. Juli statt. Die Inszenierung lag in den bewährten Händen von Josef Gielen. Es spielte ein Ensemble aus dem Wiener Burgtheater.

Max Zweig, 1892 in Proßnitz in Mähren geboren, war 1938 nach Israel emigriert. Sein Stück behandelt den Höhepunkt im Leben des Franziskus, nämlich jenes Konzil im Jahre 1229, in dem der Papst durch den Kardinal von Ostia den Orden der Minderbrüder (ursprünglich Selbstbezeichnung der Franziskaner) seiner Gewalt unterstellte und die Ordensregeln des Franz von Assisi im Sinne einer kirchlichen Zentralordnung änderte.

Während der Proben zu *Franziskus* wurden vom Regisseur zwei Franziskanerpatres hinzugebeten, um die Authentizität des Klosterlebens zu überwachen. Dr. Weikert, damals Leiter der Bundestheaterverwaltung, war ebenfalls anwesend. Die Patres waren tief beeindruckt, und einer meinte scherzhaft, der Orden müsse sehr achtgeben, daß Meinrad, der selbst einmal Priester werden wollte, nicht in den Franziskanerorden einträte: »Ich fürchte, Sie würden sich nicht über die Gage einigen können.«

Im September bereitete Meinrad seine erste Regiearbeit in Wien vor, für *Das Konzert* von Hermann Bahr. Als Darsteller verpflichtete er Trude Ackermann, Ulli Fessl, Loni Friedl, Johanna Matz, Susi Nicoletti, Gusti Wolf, Hugo Gottschlich, Robert Lindner, Johann Pata und Peter Weck. Der Regisseur Meinrad verstand es, an bewährte Traditionen anknüpfend, das Doppelbödige und Fragwürdige zwischenmenschlicher Beziehungen mit sanfter Ironie und subtilen Details geschickt deutlich zu machen.

Noch während der Vorbereitung zur Premiere im Akademietheater erhielt Josef Meinrad die Nachricht, daß ihm am 3. Oktober in einem Festakt im Wiener Rathaus die Kainz-Medaille der Stadt Wien überreicht werden sollte. Mit ihm würden Dorothea Neff und Heinrich Schnitzler diese Auszeichnung erhalten.

Eine Woche nach dieser Auszeichnung widerfuhr Josef Meinrad eine neuerliche Ehrung. Mit Entschließung vom 9. Oktober verlieh der Bundespräsident der Republik Österreich dem Kammerschauspieler das Österreichische Ehrenkreuz für Wissenschaft und Kunst I. Klasse.

Am 10. Oktober konnte *Das Konzert* über die Bühne des Akademietheaters gehen. »Josef Meinrads erste Regie am Burgtheater darf als geglückt bezeichnet werden. Er kannte das Stück besonders gut, weil er ja 1955 den Doktor Jura gespielt hat«, schrieb die »Österreichische Neue Tageszeitung«. Die »Arbeiter Zeitung« war voll und ganz mit dieser Meinradschen Regie einverstanden: »… Da inszeniert einer, der weiß, wie man das selber spielt, den selber auf der Zunge die Dialogpointe kitzelt, die er seine Darsteller servieren läßt, und der dabei subtilste schauspielerische Phantasie genug hat, um deren Persönlichstes zu erkennen und ihnen so-

**BÜRGERMEISTER
DER·STADT·WIEN**

Wien, am 19. September 1963

Sehr geehrter Herr Kammerschauspieler!

Anläßlich des 100. Geburtstages von Josef Kainz wurde
von der Stadt Wien eine Josef Kainz-Medaille gestiftet, die
alljährlich einem Schauspieler, einer Schauspielerin und
einem Regisseur für die beste schauspielerische Darstellung
bzw. die beste Regieleistung des Jahres an einer Wiener
Bühne verliehen wird.

Es freut mich besonders, Ihnen mitteilen zu können,
daß die von mir bestellte Jury Ihnen für Ihre Darstellung
des Liliom in "Liliom" von Franz Molnar und für Ihre Darstellung des Ernst Heinrich Ernesti, genannt Einstein, in
"Die Physiker" von Friedrich Dürrenmatt die Josef Kainz-
Medaille für das Jahr 1963 zugesprochen hat.

Gemäß Punkt 3 der Bestimmungen über die Verleihung der
Josef Kainz-Medaille der Stadt Wien erfolgt die Verlaut-
barung der Verleihung am 20. September 1963.

Es wird mir ein besonderes Vergnügen sein, Ihnen diese
Auszeichnung, zu der ich Sie herzlich beglückwünsche, zu
überreichen, und ich werde mir gestatten, Ihnen den genauen
Zeitpunkt der Feier noch gesondert bekanntzugeben.

Mit vorzüglicher Hochachtung

Jonas

Herrn
Kammerschauspieler
Josef MEINRAD
Mauer, Anton Krieger-Gasse 92
W i e n   XXIII

DIE STADT WIEN
VERLEIHT

HERRN

KAMMERSCHAUSPIELER

JOSEF MEINRAD

FÜR DIE BESTE
SCHAUSPIELERISCHE DARSTELLUNG
DES JAHRES 1963
AN EINER WIENER BÜHNE
DIE
JOSEF KAINZ-MEDAILLE
DER STADT WIEN

WIEN, AM 20. SEPTEMBER 1963

[Unterschrift]

BÜRGERMEISTER

[Unterschrift]

VIZEBÜRGERMEISTER,
AMTSFÜHRENDER STADTRAT FÜR KULTUR,
VOLKSBILDUNG UND SCHULVERWALTUNG

[Unterschrift]

VIZEBÜRGERMEISTER,
AMTSFÜHRENDER STADTRAT
FÜR FINANZWESEN

DER BUNDESPRÄSIDENT
DER REPUBLIK ÖSTERREICH

HAT AUF ANTRAG DES BUNDESMINISTERS FÜR UNTERRICHT
UND AUF VORSCHLAG DER BUNDESREGIERUNG
MIT ENTSCHLIESSUNG VOM

9. OKTOBER 1963

HERRN KAMMERSCHAUSPIELER

JOSEF MEINRAD

DAS ÖSTERREICHISCHE EHRENKREUZ
FÜR WISSENSCHAFT UND KUNST I. KLASSE
VERLIEHEN, WAS HIEMIT BEURKUNDET WIRD.

WIEN, AM 9. OKTOBER 1963

DER LEITER DER
ÖSTERREICHISCHEN EHRENZEICHENKANZLEI

KABINETTSDIREKTOR

Wien, den 15. Oktober 1963

Sehr geehrter Herr Kammerschauspieler!

Ich freue mich ganz besonders, Ihnen zu der Verleihung
des Österreichischen Ehrenkreuzes für Wissenschaft und
Kunst I. Kl. meine besten Glückwünsche zum Ausdruck zu
bringen.

Das Burgtheater kann besonders stolz sein, den Träger
des Iffland-Ringes in seinem Ensemble zu wissen. Durch
Ihre große, schlichte und menschliche Darstellungskunst
haben Sie, sehr geehrter Herr Kammerschauspieler, viel
zum Ruhme des österreichischen Theaters und Wiener
Burgtheaters beigetragen. Ich bin überzeugt davon, daß
Sie dem Burgtheater und damit auch unserem Vaterlande
noch recht lange Zeit zur Verfügung stehen und uns noch
viele vergnügte Stunden bereiten werden.

Mit vorzüglicher Hochachtung

Herrn
Kammerschauspieler
Josef MEINRAD

Hafnerstraße 7
W i e n   XXIII - M a u e r

zusagen bereits nachzuspielen, was er ihnen vorspielt; wobei man sich theoretisch vorstellen könnte, daß mitunter die Kopie mehr als das Original wert wäre ...«

Im Burgtheater wurde am 14. Oktober ein feierlicher Festakt abgehalten: »75 Jahre Burgtheater am Ring«. Das Neue Burgtheater war am 14. Oktober 1888 eröffnet worden. Der Kaiserhof hatte ein repräsentatives »Hoftheater« verlangt. Das neue Haus hatte allerdings nach der Fertigstellung eine so miserable Akustik, daß schon nach neun Jahren der Zuschauerraum völlig umgebaut werden mußte. Der Außenbau mit seiner dekorativen Gestaltung sowie der Innenbau mit den zahlreichen Statuen, Fresken und Bildern zeigen, wie das Haus ursprünglich konzipiert war: ein Welttheater als eine Harmonie, die von den Griechen über Shakespeare, die Spanier und Franzosen bis zur Gegenwart führt. Zu Beginn des 19. Jahrhunderts wurden auch Stücke des Wiener Volkstheaters in das Repertoire aufgenommen. In Wien hat sich mit ungebrochener Kontinuität, wie nirgends in Europa, vom Mittelalter bis zum 20. Jahrhundert ein Volkstheater erhalten. Theater als Spektakel des Volkes!

Wie bei der Eröffnung des Hauses vor fünfundsiebzig Jahren, wurden auch diesmal *Esther* von Franz Grillparzer und *Wallensteins Lager* von Friedrich Schiller zur Aufführung gebracht, *Esther* in der Regie von Josef Gielen, *Wallenstein* unter Leopold Lindtbergs Spielleitung. Josef Meinrad hielt seine »Kapuzinerpredigt«.

Im November probte Meinrad unter Kurt Meisels Regie die Neuinszenierung vom *Verschwender*. In seinem Jagdlied mußte er mit einem Gewehr die Bühne betreten. Am 23. November war Generalprobe. Tags zuvor war der amerikanische Präsident J. F. Kennedy erschossen worden, und Meinrad weigerte sich, das Gewehr in die Hand zu nehmen. Meisel mußte im letzten Moment umdisponieren.

Am 24. November folgte die Premiere im Theater an der

Wien. »Der stärkste Glanz dieser Aufführung«, lesen wir, »strahlt von einem Dienerpaar aus, das man sich nicht besser denken kann: Meinrad und Konradi. Dieser schlaksige, sprudelnde Valentin, der ›Heissa lustig ohne Sorgen‹ durch sämtliche Türen gleichzeitig auf die Bühne zu springen scheint, sich zwischendurch als Rauhbauz geriert und doch keinen Zweifel läßt, daß er im Grunde seines Herzens aus purem, hochkarätigem Gold besteht; das ist mehrere Iffland-Ringe und Kainz-Medaillen wert!«

Was spielte Meinrad nicht alles in diesen zwei Monaten bis zur Silvestervorstellung 1963! *Franziskus, Die Physiker, Liliom, Der Verschwender* und *Das Mädel aus der Vorstadt.* Fast täglich war Vorstellung für ihn; er pendelte ständig zwischen dem Akademie- und dem Burgtheater hin und her und dazwischen gab es Abstecher an das Theater an der Wien mit dem *Verschwender.* Damit nicht genug, probte er für die neue Gastspieltournee im Januar. Meinrad sollte mit seinem Ensemble in neunundvierzig Städten Westdeutschlands, der Schweiz und Luxemburgs spielen. Es waren achtundsechzig Aufführungen von Johann Nestroys *Einen Jux will er sich machen* vorgesehen. Meinrad führte Regie und spielte zugleich den Weinberl, die Hauptrolle. Mit ihm agierten Gertraud Jesserer, Friedl Jary, Martha Marbo, Auguste Pünkösdy, Rosa René Roth, Marianne Schönauer, Richard Eybner, Tonio Riedl und Hermann Thimig.

Das intensive Bühnenleben, wie es Josef Meinrad in diesen Monaten führte, war ein einziger Streß ohne die Möglichkeit einer Entspannung. Die innere Maschine des Schauspielers lief auf vollen Touren. Er spielte am 24., 26. und 28. November den Valentin, dann wirkte er eine Woche lang täglich in anderen Stücken mit und kehrte am 15. Dezember wieder als Valentin auf die Bühne zurück. »Heissa lustig ohne Sorgen« war sein Auftrittslied, er hatte es bereits in fünf-

undsechzig Aufführungen gesungen. In der sechsund-
sechzigsten geschah etwas Unerwartetes.

Meinrads Auftrittslied. Die Tür wird aufgerissen, die Musik
setzt ein, Meinrad hüpft auf die Bühne – o Schreck! Der Text
ist weg! Geistesgegenwärtig tänzelt er im Takt auf der anderen Seite der Bühne hinaus. Man soufliert ihm »Heissa
lustig ohne Sorgen«. Neuer Auftritt, jetzt mit dem Lied auf
den Lippen. Erst da erkannte das Publikum, daß ein Mißge-
schick passiert war und brach in begeisterten Beifall aus.

Am 5. Januar 1964 begann die neue Tournee am Salzburger
Landestheater. Täglich eine neue Bühne, täglich ein neues
Hotel. Und das bis zum 13. März. Die »Aalener Volkszeitung«: »Also, Josef Meinrad war einmal mehr der Komiker aus Wiener Theaterblut, von dem man stets glaubt, daß
er sich selbst spielt. Was freilich nicht stimmt. Josef Meinrad
ist immer Künstler genug, um in das Rollenfach schlüpfen
zu können und seine individuelle Persönlichkeit draußen zu
lassen. Was hat er nicht wieder alles an Gestik, Mimik und
sprachlichen Akzenten ins heitere Spiel gebracht. Wie hat er
im Schweigen doch wieder die schönste Rede gehalten. Wie
hat er den Schalk und wie hat er menschliche Schwächen
spüren lassen! Denn Meinrad ist nie bloß Effekthascher, er
gibt seinem Text die Grundlage des Menschlichen im besten
Sinn des Wortes – und hier gibt er mehr als Nestroy!« Noch
kurz vorher hatte ein bekannter Theaterkritiker über den
Mimen geschrieben: »Er ist ein liebenswürdiger Schauspieler, aber zur ersten Garnitur gehört er nicht. Er spielt in jeder Rolle nur sich selbst; die Magie der Verwandlung beherrscht er nicht.«

»Erst mit Josef Meinrad«, lesen wir in einer deutschen Zeitung, »verfügt auch das Burgtheater seit den Zeiten des unvergeßlichen Girardi erstmals wieder über einen Darsteller,
der die vom Schauspieldichter Nestroy für sich selbst geschriebenen Figuren zu neuem, keineswegs nur der Kulis-

senwelt angehörendem Leben zu erwecken vermag ... Die Regie hatte Josef Meinrad selbst inne. Ein so hervorragendes, an Hunderten von Theaterabenden zusammengeschweißtes und dem Genius Nestroy dermaßen verbundenes Ensemble macht, so möchte man meinen, jedem Regisseur die Aufgabe zum Vergnügen. Gleichwohl ist man immer wieder beeindruckt von dem Korpsgeist dieser exzellenten Truppe.«

Auch das nicht leicht zu erheiternde Schweizer Publikum war von der Wiener Posse einhellig begeistert. So schrieb die »Baseler National Zeitung«: »Wenn dann gar noch ein Josef Meinrad die Hauptrolle spielt, die Jux-Posse bearbeitet und in Szene setzt, dann kann man geradezu von einem seltenen Glücksfall sprechen. Er versteht sich auf die hohe Kunst des Possenreißens wie kein anderer ... Diese Aufführung sprüht von Witz und Phantasie, zeigt eine solche Komödianterie und strahlt soviel Spiellaune aus, daß das Theatererlebnis vollkommen ist, daß sich die Kritik erübrigt!«

Premierenabend am 21. Mai auf der Bühne des Burgtheaters mit *König Heinrich VI.* von William Shakespeare. Regie Leopold Lindtberg, in der Hauptrolle König Heinrichs – Josef Meinrad. Eine Mammutproduktion des Staatstheaters mit über sechzig Schauspielern.

Josef Meinrad war für die Rolle Heinrichs VI. prädestiniert wie kein anderer. Er sah Shakespeares Figur als einen milden, frommen Hirten, voller Demut, der in ein Rudel reißender Wölfe geraten war, realitätsfremd und verträumt, wenn er in seinem Monolog rezitiert:

> *O Gott, mich dünkt, es wär' ein glücklich Leben,*
> *Nichts Höheres als ein schlichter Hirt zu sein,*
> *Auf einem Hügel sitzend, wie ich jetzt,*
> *Mir Sonnenuhren zierlich auszuschnitzen,*
> *Daran zu sehen, wie die Minuten laufen,*

35 (links) Mit Inge Konradi in Franz Molnárs »Liliom«, Februar 1963
36 (rechts) ... in dem auch Hans Moser spielte

37 Josef Meinrad und Robert Graf im Fernsehfilm »Der Fall Klaus Fuchs«, November 1964

38 Ein Privatfoto aus dem Jahre 1964

39 (links) Josef Meinrad als Schnoferl in Nestroys »Das Mädel aus der Vorstadt«, Juli 1965
40 (rechts) Mit Helly Servi in Molières »Der eingebildete Kranke«, Deutschlandtournee Februar 1965

41 Als Don Quichotte in »Der Mann von La Mancha« von Dale Wasserman, Januar 1968

42 *Josef Meinrad als Pater Brown, August 1960*

43 Der Traumwagen: Rolls-Royce

44 Die Menagerie 1970

45 Beim Rollenstudium ...

46 ... und bei der Fütterung

47 *Im Garten des Hauses in Wien-Mauer*

48 (links) Josef Meinrad und Sabine Sinjen in Shakespeares »Was ihr wollt«, Salzburger Festspiele, August 1973 – 49 (rechts) Als Theodor in Hugo von Hofmannsthals »Der Unbestechliche«, Deutschlandtournee 1974

50 Josef Meinrad als Nebel und Hugo Gottschlich als Wirt zum »Silbernen Rappen« in Nestroys »Liebesgeschichten und Heiratssachen«, März 1976

Wie viele eine volle Stunde machen,
Wie viele Stunden einen Tag vollbringen,
Wie viele Tage endigen ein Jahr,
Wie viele Jahr' ein Mensch auf Erden lebt ...

»Josef Meinrad, den wir an erster Stelle nennen, nicht weil er die Titelrolle spielt, sondern weil von ihm die stärksten menschlichen und schauspielerischen Impulse des Abends ausgehen, erscheint uns ... nicht im eigentlichen Sinne königlich. Er gibt einen reinen Toren, aber diese Torheit hat franziskanischen Glanz«, rezensierte das »Neue Österreich«. In diesen Tagen flimmerte ein Film über die Mattscheiben deutscher und österreichischer Haushalte, eine Gemeinschaftsproduktion von WDR und ORF: die filmische Umsetzung der *Harry Janos Suite* von Zoltan Kodaly mit Christiane Hörbiger, Susi Nicoletti, Anna Tardi, Boy Gobert, Josef Meinrad (Janos) und Otto Schenk unter der Regie von Imo Moszkowicz. Der Film erzählt von den Abenteuern des alten ungarischen Wachtmeisters Janos (dem Lügenbaron Münchhausen ähnlich), der in seiner Jugend Kaiser Napoleon gefangengenommen, eine Kaiserin erobert hatte und vom Kaiser in Wien beinahe in den Herzogstand erhoben worden wäre. Das ganze mit einer gehörigen Portion Paprika angerührt, mit feurigen ungarischen Tänzen und Melodien gewürzt, schwungvoll inszeniert. Josef Meinrad spielte und sang die Titelpartie mitreißend und mit viel ungarischem Charme.
Aber nicht alle Kritiker waren zufrieden, es gab auch Verrisse: »Noch nie war Josef Meinrad so ratlos wie hier in der Titelrolle«, konnte man im »Münchner Merkur« lesen. Und die »Westfälische Zeitung«: »Wie konnte ein Künstler wie Josef Meinrad, Träger des Iffland-Ringes, derart enttäuschen? Und ein so namhafter Regisseur wie Imo Moszkowicz nicht minder!« In den österreichischen Zeitungen wur-

de dieser Fernsehfilm positiv aufgenommen. Vielleicht auch, weil die Österreicher mit den Ungarn großteils verwandt und mit der ungarischen Mentalität vertraut sind.

Am 3. Juli begannen für den Künstler die Dreharbeiten zu dem deutsch-französischen Film *Don Quichotte von La Mancha*. In Spanien wurden dreizehn Fernsehfolgen und zwei abendfüllende Filme gedreht. Meinrad wurde in den Zeitungen als der größte Schauspieler des deutschen Theaters vorgestellt. Die Dreharbeiten dauerten bis 30. September, die Außenaufnahmen wurden an bekannten historischen Orten und in der Mancha gedreht.

Nach der Rückkehr aus Spanien – die Meinrads brachten von dort ein Souvenir in Gestalt einer ausgesetzten Hündin mit, die »Rosinante«, kurz »Rosi«, genannt wurde – gab der Künstler einer Münchner Tageszeitung ein Interview: »Eine herrliche Aufgabe war das und ein richtiges Abenteuer. Für mich war Spanien etwas ganz Neues. Alles war voller Überraschungen, voller Aufregungen. Und dann die Sonne, die schöne spanische Sonne. Wenn man am Strand liegt, fühlt man sich wie ein Gott. Aber wenn man gleich darauf in eine schwere Blechrüstung steigen muß, glaubt man im Fegefeuer zu sein. Wir hatten fünfundvierzig Grad Celsius im Schatten! ... Die Rosinante, die Eselin, auf der ich als Don Quichotte zu reiten hatte, war eine eigene Geschichte. Die erste war ein Treibauf, nicht zu bändigen. Eine glatte Fehlbesetzung. Aber die zweite war klassisch. Lammfromm, ganz alt, ganz klapprig. Zum Derbarmen ...«

Ende November begannen für Meinrad in München Dreharbeiten für den zweiteiligen Fernsehfilm *Der Fall Klaus Fuchs* unter der Regie von Ludwig Cremer. Die Titelrolle verkörperte Robert Graf. Der Film behandelte das Leben des britischen Spions, der nach dem Zweiten Weltkrieg Atomgeheimnisse an die damalige Sowjetunion verraten hatte. Der Ermittlungsbeamte William Skardon vom briti-

schen Intelligence Service wurde von Josef Meinrad dargestellt. »Nun hätte dies alles nicht entfernt so eindrucksvoll
gelingen können«, schrieb die »Süddeutsche Zeitung« über
diesen Film, »wäre nicht auch die Gegenpartei ganz hervor-
ragend besetzt gewesen. Ja, eigentlich interessierte Josef
Meinrad als Sicherheitsoffizier beinahe noch mehr als die
Titelrolle; wie da neben dem beruflichen Jägerehrgeiz und
dem psychologischen Raffinement untergründiges Wohlwollen durchschien, wie dann doch allmählich sehr kritische
Härte und Empörung durchbrechen, das war schon ungemein fesselnd.«

Das Theaterjahr 1964 beschloß Josef Meinrad mit dem *Mädel aus der Vorstadt* in der Silvestervorstellung am Burgtheater.

11
Große Tournee-Erfolge mit Molière
und Nestroy

»In meine Jahr blamiert man sich
zu leicht und verschmerzt Blama-
gen zu schwer.«

Johann Nestroy *(Der Zerrissene)*

Im Herbst 1964 hatte sich Josef Meinrad bereits mit seiner bevorstehenden Theatertournee nach Westdeutschland – vom Bodensee bis nach Kiel –, Luxemburg, Schweiz und einigen Orten in Westösterreich intensiv beschäftigt. Als Stück hatte er Jean Baptiste Molières *Der eingebildete Kranke* ausgesucht. Nicht nur, daß er das Stück bearbeiten und für eine Tournee adaptieren mußte, er führte auch Regie und entwarf zusammen mit seinem Bruder Loisl die Bühnenbilder; man tischlerte, leimte, vergoldete und bemalte die Kulissen in der karg bemessenen Freizeit im professionell eingerichteten Werkstattkeller. Da flogen halbe Nächte lang die Späne!

Für den Januar 1965 waren intensive Proben mit Kollegen des Burgtheaters und der Josefstadt, die die Tournee bestreiten sollten, angesetzt. Meinrad entwickelte sich dabei zu einem strengen, ja »pizzeligen« Regisseur, der so lange proben ließ, bis auch die kleinste Geste seinen Wünschen entsprach. Das Ensemble spielte von Februar bis Anfang Mai in zweiundsechzig Städten in dreiundachtzig Aufführungen. Am 11. Februar fand eine »Probeaufführung« im Wiener Ronacher statt, zwei Tage später begann die Gastspielreise in Nürnberg: Nervös, sensibel, überschlank, verbissen in den Gedanken, schwer krank zu sein, saß Meinrad in seinem kissenbeladenen Krankenstuhl, pausenlos seine Tinkturen und Heilwässerchen schluckend, manchmal sich zittrig erhebend. Wenn sich dann die Hand um den Stockgriff krallte und spitze Knie aus der Krankenverpackung stachen, wurde es den Zuschauern unheimlich, wie echt dieser Hypochonder war. Und trotzdem hatte er so etwas unwiderstehlich Liebenswürdiges an sich, daß man in den Zwiespalt geriet, ihn eigentlich in seinem Krankheitswahn gräßlich zu finden und ihn doch von Herzen gern zu haben. Es gab Beifall auf offener Szene, Applaus zu den Aktschlüssen und fast fünfzehn Minuten andauernde Ovationen in den bis auf den letzten Platz besetzten Häusern. Niemand konnte sich diesem erzkomödiantischen Feuerwerk entziehen. Diesem hustenden, stöhnenden, in Krämpfen sich windenden Argan von Josef Meinrad, der seine Umgebung malträtiert, der flüstert und schreit, konnte man nicht böse sein. Natürlich standen alle anderen im Schatten dieses Vulkans schauspielerischer Kraft.

Wo immer das Ensemble hinkam, füllte es die Theater bis auf den letzten Platz, die Stimmung im Publikum war großartig, die Kritikerzunft begeistert. In manchen Kritiken wurde Josef Meinrad mit Max Pallenberg verglichen, der in dieser Rolle einst brilliert hatte, doch das Urteil fiel eindeutig zugunsten Meinrads aus.

Diese Theatertournee endete Anfang Mai mit der letzten Vorstellung in Wels. Ende Juni spielte Josef Meinrad *Das Mädel aus der Vorstadt* am Burgtheater, dann übersiedelte der Künstler für zwei Monate zu den Festspielen nach Bregenz.

Die erste Produktion der Festspiele war *Der Tag des Zorns* von dem zeitgenössischen polnischen Autor Roman Brandstätter. Das Stück spielte im Zweiten Weltkrieg in Polen, als ein verfolgter Jude in einem katholischen Männerkloster um Asyl bittet. Mit gemischten Gefühlen wird ihm dies vom Konvent gestattet, aber als die SS seine Spur aufnimmt und die Mönche unter Druck setzt, wird der Jude Blatt ausgeliefert und geopfert, um das eigene Leben zu retten. Regie führte Wolfgang Liebeneiner.

Josef Meinrad war groß und menschlich als leidgeprüfte Kreatur, die sich voll Haß aufbäumt gegen den Haß, und nahezu übermenschlich als der unfreiwillig zum Dulder Gestempelte.

Als zweite Premiere stand in Bregenz Nestroys *Das Mädel aus der Vorstadt* auf dem Programm unter der Regie von Leopold Lindtberg. In diesem Stück hatte sich Meinrad schon längst glänzend bewährt. »Das Besondere ist die Begegnung mit dem ›anderen Meinrad‹. Der gewaltige Sprung vom Juden Emanuel Blatt zum Winkeladvokaten Schnoferl offenbart die gewaltige Spannweite dieses Schauspielers aus dem Herzen«, lesen wir in einer Rezension. »Josef Meinrad verleiht dieser rührend hilfreichen und hilflosen Figur seine reiche Ausdruckspalette. Da überstürzen sich die Nestroyschen Wortkaskaden in emphatischer Persiflage, da klingt Rührung auf, die wirklich rührt, weil sie warm aus dem Innern kommt, selbst die Grobheit wird zum Genuß, kommt sie doch aus der Sorge. Und die endliche Belohnung seiner Troubadourdienste, als ihm die Verehrte die Hand zum Bunde reicht, ist voller erquickender Glückseligkeit.«

Noch während der Festspiele in Bregenz begann der Künstler in München mit den Dreharbeiten zu der Fernsehserie *Pater Brown* nach Erzählungen des Engländers Gilbert Keith Chesterton.

Diese Zeit war für Meinrad äußerst anstrengend, da er ständig zwischen München und Bregenz hin und her pendeln mußte, tagsüber in einem glühend heißen Atelier und abends mit voller Konzentration auf der Bühne. Ursprünglich waren nur einige Fortsetzungen für die Fernsehserie geplant gewesen, doch nach Ausstrahlung einer Pilotsendung, die in Deutschland – im Gegensatz zu Österreich – eine hervorragende Kritik erhielt, entschloß man sich, weitere Fortsetzungen zu drehen. Im Laufe der folgenden Jahre wurden es dreiunddreißig Filme. *Pater Brown* war schon 1965 mit Alec Guinness in England und 1960 mit Heinz Rühmann in Deutschland verfilmt worden. Mit Josef Meinrad spielten jetzt Guido Wieland, der den Inspektor Smith gab, und Dany Sigel. In dieser Rolle mußte Meinrad auch Pfeife rauchen. Er, der überzeugte Nichtraucher! Obwohl ihm regelmäßig nach dem Genuß übel wurde, paffte er mit größter Überwindung weiter. Was tut man nicht alles für eine gute Rolle!

Der Künstler hatte gerne zugegriffen, als ihm der Regisseur Imo Moszkowicz, mit dem er schon erfolgreich gearbeitet hatte, die Drehbücher zu *Pater Brown* vorlegte. »Erstens ist Chesterton als Autor ein Begriff«, sagte Meinrad, »und zweitens hatte ich bis dahin das Priestergewand auf der Bühne und vor der Kamera schon zu oft angehabt, so daß es in dieser Hinsicht auch keine Bedenken gab. Ich spielte Priester immer sehr gern. Die Soutane war für mich ein immer wiederkehrendes Requisit.«

Im Herbst wurde *Der Tag des Zorns* in das Repertoire des Burgtheaters übernommen. In diesem Stück und im *Verschwender* stand Josef Meinrad nun fast täglich wieder auf der Bühne. Im Oktober war Premiere von Friedrich Schillers *Kabale und Liebe;* unter der Regie von Leopold Lindtberg spielte Meinrad den Kammerdiener. Der November verging mit intensiven Proben für Henrik Ibsens *Peer Gynt,* in der deutschen Übersetzung von Christian Morgenstern. Fast alles, was am Burgtheater Rang und Namen hatte, stand in dieser Inszenierung von Adolf Rott auf der Bühne. Es waren über sechzig Chargen zu besetzen. Noch vor der Premiere telegrafierte Ernst Haeussermann an Josef Meinrad: »Freue mich unendlich auf und über Ihren Peer Gynt. In Verbundenheit und Freundschaft. Ernst Haeussermann.« Das tiefgründige Stück verlangt der zentralen Bühnengestalt des Peer Gynt enormes geistiges Einfühlungsvermögen und körperliche Leistung ab, die von Kritik und Publikum honoriert wurden. Die Dichtung beschreibt die abenteuerliche Weltfahrt eines auf der Suche nach sich selbst Befindlichen, der erst durch die geduldige Liebe einer Frau zur Ruhe kommt. »Unter spürbarer Anteilnahme des Publikums ging die Vorstellung dreieinhalb Stunden unter atemlosem Schweigen vor sich, was immer ein Zeichen für lebendiges Theater (nicht zu verwechseln mit dem ›Living Theatre‹!) ist. Und immer wieder gab's zwischendurch spontanen Beifall … Tatsächlich war hier eine Dichtung im Sinne des Dichters erfaßt und ohne wie immer geartete Verkürzung bühnengemäß dargestellt worden. Von den suggestiven Bildern Schneider-Siemmsens bis zur bestürzend elbischen ›Grünen‹ der Käthe Gold, von der unvergeßlichen Grabrede Albach-Rettys und dem mythischen Knopfgießer Paul Hörbiger bis zur himmlischen Mutter Alma Seidlers spannte sich stilistisch der Bogen der Regie (Adolf Rott) über Fjord und Meer bis zum zynischen Joseph (Meinrad) in Ägypten. Denn wahrlich: trotz Lindner, Moog, Gold und Seidler trug einzig Josef Meinrad die Vorstellung im Sinne der Dichtung!«

Bundespräsident Franz Jonas nach der Premiere an Josef Meinrad: »Sehr geehrter Herr Kammerschauspieler! Am vergangenen Samstag haben meine Frau und ich den ›Peer Gynt‹ im Burgtheater gehört und gesehen, wobei wir über das Spiel restlos begeistert waren. Sie haben dieser Aufführung ein echtes Burgtheaterformat gegeben. Nehmen Sie hierfür meinen und meiner Frau herzlichen Dank entgegen. Ihr Jonas.«

Im Dezember folgte die nächste Premiere mit Franz Grillparzers *König Ottokars Glück und Ende*. Unter tosendem Applaus sprach Meinrad als Rudolf von Horneck das Loblied auf Österreich.

Von Januar bis Mitte Februar 1966 stand Josef Meinrad täglich auf der Bühne des Burgtheaters und spielte abwechselnd *König Ottokars Glück und Ende, Peer Gynt* und den *Verschwender.* Daneben bereitete er seine neue Tournee vor, die ihn wieder nach Westdeutschland, Luxemburg und in die Schweiz führen sollte. In achtundsechzig Städten waren achtzig Vorstellungen vorgesehen. Unter der Regie von Josef Gielen war das Stück von M. Redgrave *Die fehlenden Blätter* ausgewählt worden. Außer Meinrad spielten Käthe Gold, Zdenka Procházková, Auguste Ripper, Helene Thimig, Günter Laas und andere.

Josef Meinrad verkörperte in der Hauptrolle einen zwielichtigen »Memoirenschreiber«, der sich als eine Art Literaturdetektiv an berühmte Frauen heranmacht. Henry Jasmin, so sein Name, war eine rechte Mischung aus liebenswert berechnendem Schmeichler und charmantem Herzensbrecher. Ein wenig unentschlossen, mitunter ratlos, dann wieder zielstrebiger Karrieremensch, der rücksichtslos vorging. Für Josef Meinrad war dies eine Rolle, in der er alle Register seiner schauspielerischen Möglichkeiten ziehen konnte, und die ihn umgebenden Damen standen ihm da kaum nach. Meinrad, die herrliche Käthe Gold und die nicht minder bestaunenswerte Helene Thimig führten endlich vor, wie das mühelos leichte und intelligent angerührte Unterhaltungstheater zu spielen war. Das war das Geheimnis der Schauspieler aus Wien und besonders Josef Meinrads, das sie unübertrefflich und so erfolgreich machte.

Die »Fränkische Landeszeitung« brachte anläßlich der Tournee ein Künstlerporträt des Schauspielers. Josef Meinrad über sich selbst: »Ich bin mir sehr bewußt, daß es eine Vergünstigung ist, Erfolg zu haben, sich mit schönen Dingen umgeben zu können, die dem Leben Glanz und Wärme verleihen, aber ich vergesse nie, daß alles, was man auf dieser Erde besitzt und erreicht, eben wirklich nur geliehen ist. So würde es nichts an meinem Lebensgefühl und an meiner inneren Einstellung ändern, wenn alles einmal anders käme. Ich würde nie aufhören, dankbar zu sein, daß ich alles einmal besaß. Und ich habe es von Anfang an als Glück empfunden, daß ich in diesem wunderbaren Beruf überhaupt dabeisein durfte.«

Wenn Josef Meinrad heute durch sein großes Haus geht und seine Bilder, Antiquitäten und alles, was er sich erworben hat, betrachtet, weiß er genau, woher diese Dinge stammen, von welcher Gage er dieses oder jenes Stück gekauft hat. Oft kamen sie in desolatem Zustand ins Haus und mußten mit viel Geduld restauriert werden. Einmal gab der Künstler in Meran ein Gastspiel mit dem *Unbestechlichen* von Hugo von Hofmannsthal. Statt mit einer Gage kehrte Meinrad mit einer stark beschädigten, wurmstichigen Christusfigur nach Hause zurück. Einen Teil des Kopfes unter der Dornenkrone mußte er aus Lindenholz nachschnitzen, weil der Holzwurm zu sehr gehaust hatte. Die Nachbildung gelang so akkurat, daß es einem Laien nie aufgefallen wäre. »Antiquitäten und Tiere – ihnen gehört seine ganze Liebe«, erzählt Frau Germaine. Auf einen fragenden Blick hin wehrt sie lachend ab: »Nein, nein, ich komme schon nicht zu kurz dabei, schließlich sind wir in diesen Dingen einer Meinung.«

Meinrads Kunstverständnis und die Liebe zu allem Schönen übertrug sich von Anfang an auf seine Frau und entwickelte sich bei beiden zu wahrer Sammelleidenschaft. Je nach dem Stand der Familienkasse wurden die Anschaffungen getätigt. Hier wuchs Frau Germaine in das Amt des Finanzministers hinein. Auf langen Autofahrten wurden gemeinsam Ideen und Pläne für Rollen und Aufgaben entwickelt, und sie war es, die die geschäftliche Seite wahrnahm. Wie in vielen anderen Künstlerehen, managte Frau Germaine die Verhandlungen mit Theatern und Agenturen über Termine und Gagen. Ihr »Pepi« hätte auch oft ohne Honorar gespielt, denn für ihn war immer nur die Rolle und nicht das Geld wichtig.

Vor jeder Premiere zog sich der Künstler mit dem Dreh- oder Rollenbuch in seine kleine Kammer zurück, um die Texte zu lernen. Meinrad benötigte, im Gegensatz zu anderen großen Schauspielern, nie die Hilfe der Souffleuse. Es gibt eine Reihe von Anekdoten über Künstler, die berühmte »Hänger« waren. Der wohl bekannteste unter ihnen war Raoul Aslan, der die Bühne betrat, sich sofort nach vorne zum Souffleurkasten begab und sich von dort kaum fortbewegte. Als ihn einmal ein Regisseur fragte, ob ihn nicht das ständige Geflüster der Souffleuse störe, gab er lakonisch zur Antwort: »Stört den Kapitän eines Schiffes das Geräusch der Schiffsschraube?«

Josef Meinrad legte immer größten Wert darauf, daß seine Frau bei der Generalprobe eines neuen Stückes anwesend war, doch wollte er weder Kritik noch Zustimmung hören. Die Anwesenheit bei den Aufführungen selbst lehnte sie hingegen ab. So hat Frau Germaine zwar alle Rollen gesehen, die ihr Mann auf der Bühne verkörperte, aber sich fast nie an dem rauschenden Applaus erfreuen können. Sie teilte mit vielen Schauspielerfrauen das Schicksal, fast jeden Abend alleine zu sein.

Im Juni und Juli 1966 drehte Meinrad in München mehrere Folgen zu *Pater Brown.* Ende Juli und August spielte er bei den Salzburger Festspielen den Zettel in William Shakespeares *Sommernachtstraum,* in der Inszenierung von Leopold Lindtberg in der Felsenreitschule. »Auch die Handwerker-Rüpel-Szenen erreichten hohen Rang«, schrieb Oskar Maurus Fontana in den »Salzburger Nachrichten«. Besonders hob er die »Spielwut« Meinrads in der Rolle des Zettel–Triamus hervor.

Im September begann die Saison am Burgtheater mit *Der Tag des Zorns,* abwechselnd mit dem *Verschwender,* dem

Mädel aus der Vorstadt und dem Theodor-Czokor-Stück *3. November 1918,* in dem Meinrad unter der Regie von Eduard Volters den Dr. Grün verkörperte. Anfang Oktober gastierte der Künstler mit dem *Mädel aus der Vorstadt* in Hamburg, dann hatte er wieder täglich Vorstellungen im Akademie- und Burgtheater, wobei ab November noch *Wir sind noch einmal davongekommen* von Thornton Wilder dazukam. Bemerkenswert, daß er endlich einmal, nach vielen Jahren, am Silvesterabend dieses Jahres spielfrei hatte und das Jahr mit einigen Freunden der Familie ausklingen lassen konnte. Aber dennoch – um zweiundzwanzig Uhr war für Josef Meinrad »Zapfenstreich«.

Nach mehreren Vorstellungen im Januar 1967 im Burg- und Akademietheater gastierte Meinrad im Februar mit dem *Mädel aus der Vorstadt* in Warschau. Die Aufführung im Theater Narodowy fand die ungeteilte Zustimmung des Publikums.

Am 21. Februar begann für Meinrad eine Tournee, die bis Mitte Mai dauern sollte. Mit dem *Zerrissenen* von Johann Nestroy gastierte der Künstler in dreiundsechzig Städten Westdeutschlands, Hollands, Luxemburgs und der Schweiz. Meinrad, der selbst die Bearbeitung des Stücks übernommen hatte und zugleich Regie führte, spielte den Herrn von Lips. Mit ihm agierten Martha Marbo, Elfriede Ramhapp, Eduard Fuchs, Franz Muxeneder, Johannes Neuhauser und Tonio Riedl.

Die angesehenen Frankfurter Zeitungen, eher kühl und distanziert in ihren Kommentaren, schrieben über dieses Gastspiel der Wiener: »Verdient war dieser ungewöhnliche Applaus wie nur je. Denn kein anderer unseres Wissens ist wie Meinrad in der Typenwelt und dem Welttypus des Wiener Satirikers, Possenreißers und abgründigen Menschenkenners zu Hause, als wär's die eigene. Nur er vermag dem österreichischen Idiom, das uns fremd und doch vertraut ist durch die Operettenwelt eines Strauß und Lehár, jene harten und bitteren Töne der satirischen Enthüllung zu entlocken ... Ein Theaternachmittag des Spaßes und Witzes, der so manchen Premierenabend, den wir zuletzt gesehen haben, in den Schatten stellte.«

Die erfolgreiche Tournee, die Meinrad Tausende von neuen Freunden seiner Darstellungskunst brachte, wurde am 15. Mai im Salzburger Landestheater beendet. Ende gut, alles gut? Nein, denn gerade hier gab es einen ordentlichen Dämpfer der Euphorie, der schmerzte, und zwar in den renommierten »Salzburger Nachrichten«. Nach anfänglich großem Lob für den Schauspieler Meinrad, der die Nestroy-Figur ideal und lebensecht auf die Bühne brachte, kam herbe Kritik für den Regisseur Meinrad. Meinrad dürfe seinen Namen nicht »für diese Fülle von Klamauk und oberflächlicher Blödelei hergeben, die da mit Nestroy getrieben werden und die das geniale Stück allzu oft auf die Ebene platten Volkstheaters herabziehen ...«

Auch solch eine Kritik mußte Meinrad einstecken. Es war nur schade, daß nach einer gelungenen Tournee gerade die letzte Vorstellung so ausklang. Doch wie sagte Nestroy schon vor hundertfünfzig Jahren? »Bis zum Lorbeerbaum versteig' ich mich nicht. G'fallen sollen meine Sachen, unterhalten, lach'n sollen d'Leut, und mir soll die G'schicht a Geld tragen, daß ich auch lach', das ist der ganze Zweck!«

Die Wochen und Monate dauernden Theatertourneen und die daraus resultierende Abwesenheit war nur dadurch möglich, daß man die zurückgelassene Menagerie in guten und verläßlichen Händen wußte. Frau Meinrads Mutter versorgte mit Hilfe von Frau Maria Reinold den Haushalt und die Tiere. Selbst der Affe »Tschibi«, der nur auf seine Herrin Germaine fixiert war, ließ sich in ihrer Abwesenheit friedlich betreuen. Doch wehe, Frau Germaine betrat das Haus, dann wurde aus dem freundlichen Familienmitglied ein aggressives Tier. Die Mutter von Georges Creux hatte einst ein übles Erlebnis. Von Frau Germaine aus dem Käfig genommen, stürzte sich »Tschibi« ohne ersichtlichen Grund auf Frau Creux, die im Pool schwamm. Erschrocken wehrte sie den Affen mit der Hand ab, der ihr dabei die Sehnen des Handgelenks zerbiß. Meine zufällige Anwesenheit reichte nur zur Ersten Hilfe, eine chirurgische Versorgung erwies sich als notwendig. In späteren Jahren, nachdem Frau Germaines Mutter 1970 verstorben war, zog Bruder Loisl mit seiner Frau Mizi nach Mauer. Nach dessen Tod, drei Jahre später, übernahm Mizi den Meinradschen Haushalt.

Während Meinrad noch mit seinem Ensemble in Westdeutschland unterwegs war, tat sich daheim am Burgtheater einiges, das auch für ihn große Bedeutung haben sollte. Am 5. Mai 1967 wurde, nach jahrelangen Verhandlungen, mit dem amerikanischen Theateragenten Dr. Gert von Gontard ein Vertrag über eine »Welttournee« abgeschlossen. Gontard, 1906 in Berlin geboren, hatte 1929 die literarische und politische Zeitung »Neue Revue« gegründet, mußte 1933 nach der Machtübernahme der Nazis nach Amerika emigrieren und wurde dort Assistent von Max Reinhardt. Nach dem Zweiten Weltkrieg leitete Gontard bis 1954 das Deutsche Theater in New York, in dem ein Bassermann, die Bergner, die Mosheim, ein Hans Moser, Paul Hörbiger, Theo Lingen, Reinhold Schünzel, Dolly Haas und viele andere auftraten. Nach dem Krieg organisierte er Gastspiele deutscher Bühnen in den Vereinigten Staaten, 1967 plante er eine Gastspielreise des Wiener Burgtheaters um die ganze Welt. Der Auftakt zur Welttournee sollte ein Austausch des Burgtheaters mit der Pariser Comédie Française im Oktober sein. Für Josef Meinrad, der bei dieser Welttournee intensiv beschäftigt sein würde, begannen bald nach seiner Heimkehr nach Wien entsprechende Planungen und Vorbereitungen.

Zunächst hatte er allerdings noch vertragliche Verpflichtungen bei den Salzburger Festspielen im *Sommernachtstraum* zu erfüllen, die ihn bis Ende August an die Stadt an der Salzach banden. Tagsüber drehte er in den Filmateliers von München-Geiselgasteig den Fernsehfilm *Deckname Gilbert*. Im September begann die Saison am Burgtheater mit *Wallensteins Lager,* abwechselnd mit *Professor Bernhardi* und *Einen Jux will er sich machen.* Am 12. Oktober erfolgte der Abflug nach Paris.

Eine angesehene französische Zeitung schrieb: »Für das Haus Molières ist es eine große Freude, das Burgtheater zu empfangen, während gleichzeitig die ›Comédie Française‹ in Wien auftreten wird. Dieser einmalige Austausch zwischen den beiden ältesten Theatern der Welt kann nur dazu beitragen, die kulturellen Beziehungen zwischen unseren Ländern noch enger zu gestalten.«

Die Franzosen spielten im Haus am Ring den *Cid* und die Komödie *Le Dindon,* die Wiener dagegen in den Räumen der Comédie *Ein Bruderzwist in Habsburg, Professor Bernhardi* und *Einen Jux will er sich machen.*

Auf der Rückreise nach Wien wurde in Straßburg einmal *Professor Bernhardi* gespielt, im Residenztheater in München ebenfalls *Professor Bernhardi* und *Einen Jux will er sich machen.* »... Der Jux wird zur Soiree, zum feudalen Volksfest. Eine solche Sternstunde schien gegeben: Josef Meinrad, Inge Konradi, Adrienne Gessner, Jane Tilden, Fred Liewehr – gibt es hellere Sterne am Nestroy-Himmel?« (Münchner Abendzeitung)

Für Josef Meinrad ging der »Jux« nach der Heimkehr nach Wien sofort weiter. Dieses Stück stand fast in Permanenz bis 16. Dezember auf dem Spielplan des Burgtheaters. Statt endlich auszuspannen und einen wohlverdienten Weihnachtsurlaub anzutreten, stand der Künstler von morgens bis abends in Probenarbeit auf der Bühne des Theaters an der Wien für ein Musical, das die Krönung seines Lebens werden sollte.

12
Die Traumrolle

»Ich bin ich, Don Quichotte,
der Mann von La Mancha ...
Ruhm heißt der Weg, den ich geh ...«

Dale Wasserman
(Der Mann von La Mancha)

Nach all den großartigen Erfolgen schien eine Steigerung der künstlerischen Potenz Meinrads nicht mehr möglich. Und doch war er imstande, seine künstlerische Kraft auf ein neues Gebiet zu richten: das Musical. Vom 4. Januar bis 3. März 1968 spielte er täglich den *Mann von La Mancha*. Es war faszinierend, wie sich Josef Meinrad in seinen Don Quichotte hineinlebte. Dagmar Koller, die in der zweiten Aufführungsserie die Rolle der Dulcinea übernommen hatte und Jahre später wieder in diesem Musical auftrat, wurde gefragt, welcher Unterschied zwischen der damaligen Aufführung mit Meinrad und jetzt bestünde: »Josef Meinrad *war* Don Quichotte, die anderen *spielen* ihn nur sehr gut.«

Der *Mann von La Mancha* entstand durch reinen Zufall. Dale Wasserman, amerikanischer Autor und erfolgreicher Drehbuchschreiber, hielt sich 1959 in Madrid auf. Eines Tages las er in der Zeitung, daß er zwecks Studien über Miguel Cervantes und seinen Roman *Don Quichotte* nach Spanien gekommen sei. Das war eine glatte Falschmeldung. Dale Wasserman hatte bis dahin noch keine Zeile von Cervantes gelesen, aber diese Meldung brachte ihn auf die Idee, sich mit dem Stoff näher zu beschäftigen. Nachdem er auch den zweiten Teil des Romans *Don Quichotte* gelesen hatte, war er überzeugt, daß sich das Thema nie verarbeiten ließe. Doch hatte der *Autor* Miguel Cervantes Wassermans Interesse geweckt, denn das Leben des Spaniers war eine einzige Aneinanderreihung menschlicher Katastrophen. Vielleicht ließe sich das *Leben* Cervantes', auf dessen Höhepunkt er den *Don Quichotte* geschrieben hatte – so die Idee Wassermans – dramatisieren.

Die Biographie des Miguel de Cervantes y Saarvreda ist kaum dokumentiert. Er wurde 1547 als Sohn einer verarmten Familie geboren. Als Soldat in der Schlacht von Lepanto schwer verwundet und in Gefangenschaft geraten, verbrachte er fünf Jahre als Sklave in Afrika. Er liebte das Theater über alles und schrieb im Laufe der Jahre vierzig Stücke, doch war keines davon ein Erfolg. Im Jahre 1597 wurde er wegen »Angriffe gegen Seine Majestät Allerheiligste Katholische Kirche« exkommuniziert und entging nur mit Mühe einer härteren Bestrafung. Mindestens dreimal, wenn nicht fünfmal, machte er wegen verschiedener Anschuldigungen mit spanischen Gefängnissen Bekanntschaft. Alt und krank, von Enttäuschungen gezeichnet, begann er den *Don Quichotte* zu schreiben, um Geld zu verdienen. Der erste Band, 1605 veröffentlicht – Cervantes war jetzt achtundfünfzig Jahre alt –, trug ihm zwar Ruhm, aber nur wenig Geld ein. Der zweite Band, der zehn Jahre später erschien, sicherte ihm endlich Anerkennung und Unsterblichkeit. Doch war er körperlich und geistig bereits ein gebrochener Mann. Er starb 1616, sein Grab ist unbekannt.

Dale Wasserman schrieb nun über Cervantes eine neunzigminütige TV-Version, die ein Erfolg wurde und ihm verschiedene Preise einbrachte. Trotzdem war Wasserman damit noch nicht zufrieden; er schrieb eine Theaterfassung für den Broadway. Doch auch das war noch nicht das Richtige, es fehlte der »Höhenflug«, den man »totales Theater« nannte. Albert Marre gab Dale Wasserman den Rat, aus dem Theaterstück ein Musical zu machen. Alle, die nun mit Wasserman zusammenarbeiteten, hatten nur ein Ziel vor Augen: etwas zu schaffen, das noch keinen Vorgänger hatte, also etwas ganz Neues auf die Bühne zu stellen. Doch wo immer Wasserman vorsprach, keiner der Theatergewaltigen wollte sein neues Stück haben oder gar sein Geld dafür riskieren. Allen war das Stück zu »intellektuell«.

Doch dann kam die Nacht, in der auf Howard Bay's Insel-Bühne das Stück erstmals aufgeführt wurde und das Publikum vor Begeisterung raste. Das Textbuch des Musicals *Der Mann von La Mancha* ging auf Cervantes' *Don Quichotte* zurück und war mit Episoden aus dem Leben des Dichters verquickt. Die Titelfigur hatte zwei Charaktere zu verkörpern – Cervantes und Don Quichotte.

Joe Darion, der Librettist des Musicals, sagte später über seine Arbeit: »Als ich zum erstenmal hörte, daß *Don Quichotte* ein Musical werden sollte, fragte ich, welches Kapitel man zu dramatisieren gedachte. Die Antwort lautete: ›Kein Kapitel. Das ganze Werk!‹ Ich wurde blaß. Ein derart monumentales Werk zu einem Zwei-Stunden-Musical zusammenzufassen, schien mir tapfer, aber auch gewagt zu sein und ließ keineswegs den Wunsch an Mitarbeit wach werden ... Später erfuhr ich, daß das Musical gar nicht auf *Don Quichotte* basieren sollte. Es sollte von Cervantes und seiner Arbeit an *Don Quichotte* handeln, von der Wirkung des Werkes auf seinen Schöpfer. Ich las das Manuskript von Dale Wasserman – und war gefesselt!«

In der Person des Komponisten Mitch Leigh hatte Wasserman einen kongenialen Partner gefunden: »Die Partitur von *Mann von La Mancha* war das gewagteste Projekt, das ich jemals in Angriff genommen habe. Nicht nur, daß ich mit einer klassischen Welt fertig werden mußte, es war auch eine mühevolle Aufgabe, einen früheren historischen Zeitabschnitt zu einem zeitgenössischen Musical zu formen. Ich studierte die Ära, in der Cervantes sein Meisterwerk schrieb; sie war musikalisch unergiebig. Die Hofmusik des frühen 17. Jahrhunderts war, stilistisch gesehen, langweilig und unlebendig. Im Grunde genommen war sie eine armselige Nachbildung dessen, was im übrigen Europa komponiert wurde. Ich vertiefte mich sodann in die Ursprünge der Flamenco-Musik der spanischen Zigeuner. Obwohl diese Musik älter anmutet, stammt sie doch erst aus einer Zeit, die nur hundertfünfzig Jahre vor der unseren liegt. Ihre Lebendigkeit und Sinnlichkeit bewegten mich allerdings so, schienen mir wie geschaffen für das Buch und die Gesangstexte, daß ich den Anachronismus riskierte und mich entschloß, sie als Grundlage zu verwenden.«

Der Wiener »Express« berichtete am 23. November 1968: »Josef Meinrad als Musicalheld! Don Quichotte am Theater an der Wien! Wie ›Express‹ erfährt, laufen zwischen der Direktion des Theaters an der Wien und den Rechtsträgern für Europa aussichtsreiche Verhandlungen, die darauf abzielen, die europäische Erstaufführung des Musicals *Man of La Mancha* von Dale Wasserman und Mitch Leigh für Wien zu sichern. Die Verhandlungen sind schon sehr weit gediehen, mit ihrem positiven Abschluß ist zu rechnen ...«

Direktor Rolf Kutschera war es nach langen Verhandlungen gelungen, die Rechte zu erwerben und Josef Meinrad zu verpflichten. Der Künstler ließ sich vom Burgtheater beurlauben und stand ihm 1968 nur für Auslandsgastspiele zur Verfügung.

Josef Meinrad begann sofort mit intensivem Gesangsunterricht, den er nie vernachlässigt hatte und, wenn er in Wien war, regelmäßig besuchte. Früher unterrichtete ihn Frau Bösch, dann war er fleißiger und gelehriger Schüler von Frau Ludwig, der Mutter der Kammersängerin Christa Ludwig. Er war so gewissenhaft, daß er vor jeder Vorstellung, in der er singen mußte, noch schnell bei der norwegischen Gesangspädagogin Eglisdottir zum Einsingen vorbeikam.

Als der ebenfalls verpflichtete Fritz Muliar – er sollte den Sancho Pansa spielen – hörte, Pepi Meinrad würde den *Don Quichotte* geben, wunderte er sich Direktor Kutschera gegenüber:»Aber der Meinrad hat doch ka Stimm', und heiser ist er auch immer!« Aber bereits bei der ersten Probe mußte sich Muliar eines Besseren belehren lassen. »Wenn der Meinrad angefangen hat zu singen«, so Muliar, »dann ist es einem kalt über den Rücken gelaufen.«

Am 4. Januar 1968 fand im Theater an der Wien die Premiere statt. Meinrad spielte unter der Regie von Dietrich Haugk. Aldonza–Dulcinea verkörperte Blanche Aubry, Fritz Muliar war Sancho Pansa. Noch selten hat ein Musical so »eingeschlagen« wie dieses. Das Publikum war begeistert, wahre Ovationsstürme brausten durch das Haus, als der Vorhang fiel.

»Vor Versäumnis wird gewarnt!« schrieb der »Kurier«: »Neugierige an die Kassen! Meinrad-Freunde Achtung! An der Wien ist was los! Und allen anderen, denen es nichts ausmacht, wenn ihnen an einem Theaterabend nicht bloß einmal die Luft wegbleibt, darf die Begegnung mit dem *Mann von La Mancha* gleichfalls dringend empfohlen werden. Es bietet, ist man einmal zu Atem gekommen, mehr Gesprächsstoff als alle Wiener Premieren dieser Saison zusammengenommen. Das Publikum, vom pausenlos durchgespielten Stück immer stärker okkupiert, immer heftiger zu Szenenapplaus herausgefordert, ließ seine Hochspannung in befreienden Schlußapplaus einmünden, wie er auch erfolgreichen Premieren in solcher Vehemenz und Dauer ganz selten beschieden ist. Was wird denn nun gespielt? Ein neues Stück und ein sehr gutes sogar, aber auch ein ganz unalltägliches Theater, wie es ein so außergewöhnliches

Werk seinem Geist, seiner Form entsprechend provozieren muß … Und was für Schauspieler da mittun! Josef Meinrad als Cervantes, der den Don Quichotte gibt, wird als solcher gewiß nur von Josef Meinrad übertroffen. Eine ideal rollendeckende Besetzung der Erscheinung, dem sensiblen Temperament und der künstlerischen und menschlichen Mentalität nach, ein ›Ritter von der traurigen Gestalt‹, der Lachen und Weinen in einem macht und mit großem physischem Einsatz ebenso wenig spart wie mit dem Brustton der Überzeugung, wenn es um's Singen geht. Wehe dem Don Quichotte, der sein Lied an Dulcinea, seinen Vers vom untragbaren Kummer mit öligem Bariton ins Publikum träufelt. Aus – der Traum. Finis. Ritter Meinrad war der rechte Mann. Oder, die Blanche Aubry mit ihrer berührenden Wandlung von der ordinären Aldonza zur geläuterten Dulcinea: Daß der Glaube Berge versetzt, wird selten so schlicht belegt … Als Dritter im Bunde empfiehlt sich mit Fritz Muliar ein Sancho Pansa ohne allen Kabarettspaß, mit behäbiger Schläue, lustigen Augen und hochmusikalisch pointiertem und zugleich lässigem Songvortrag … Ende. Mit, wie erwähnt, Kilometerapplaus. Also: Hingehen, anschauen! Vor Versäumnis wird ausdrücklich gewarnt!«

»Das Wunder der Illusion«, schrieb eine andere Zeitung. »Die Aufführung wurde teils von Akklamationen, teils von atemloser, aus Gepacktsein des Publikums hindeutender Stille begleitet, und zum Schluß gab es prasselnden Beifall für alle, die an dieser ›Neugeburt‹ mitgewirkt hatten, und Hoch- und Bravorufe für Blanche Aubry und Josef Meinrad!«

Kritiker und Publikum waren sich einig, daß dieses Musical, mit unglaublicher Rasanz und Präzision vorgeführt, »Broadway-Format« erreicht und sich das Theater an der Wien mit dieser Produktion in der Wiener Theaterszene einen Spitzenplatz erobert hatte. Wie der »New York Times« zu entnehmen war, übertraf die Wiener Aufführung jene von New York an Qualität. In einem Interview mit »Harpers Bazar« sagte Meinrad, er wäre anfangs im Zweifel gewesen, ob er diese Rolle wirklich spielen kann: »Von wegen meiner ›Länge‹ und dem ›Ausgeschau‹.« Trotz der Bedeutung des Gesangs stünde schließlich das Schauspielerische im Vordergrund. Tatsächlich kam es dann zu einer Sensation auf der Bühne – und an den Kassen.

Josef Meinrad war schon von seiner Gestalt her wie für den Don Quichotte geschaffen, und er »träumte den unmöglichen Traum« von der Verbesserung der Welt durch Güte und mit einer Intensität, die mitriß und sich mitteilte. »Was er an Stimme hatte, gab er her, setzte es intelligent ein und erzeugte zwar keinen Klangrausch, aber eine musikalische Interpretation der Worte.«

Nach der Premiere wurde Josef Meinrad über seinen Erfolg und seine weiteren Pläne befragt: »Der Autor von *Mann von La Mancha,* Dale Wasserman, war von Ihnen ungeheuer begeistert. Er meinte, Sie hätten diese Rolle vor allem so überzeugend gespielt, weil Sie selbst ein Stück von Don Quichotte in sich tragen. Stimmt das?« – »Ich glaube, die Sehnsucht des Don Quichotte steckt in jedem Menschen. Vielleicht liegt es an meiner Erziehung, daß ich mich mit dieser Figur so identifizieren konnte.« – »Als dann die großartigen Kritiken kamen und eine unerwartet rege Publikumsresonanz einsetzte, hat Sie das sehr verwundert?« – »Gewundert hat mich vor allem, daß die Leute erstaunlicherweise mehr von den Tiefen sprachen als von gewissen ›reißerischen‹ Punkten oder Härten – wie etwa die Vergewaltigungsszene. Das spricht im Grunde am meisten für das Werk.« – »Wie empfanden Sie die guten Kritiken für sich selbst?« – »Wissen Sie, es regt mich nicht auf, wenn ich zum Beispiel als Valentin im *Verschwender* Erfolg habe. Erstens ist das eine so schöne sympathische Rolle, zweitens bin ich gebürtiger Wiener und so weiter. Aber in diesem Rahmen mit *der* Rolle Erfolg zu haben, das ist für mich wirklich eine schöne Bestätigung.« – »War die Rolle physisch sehr schwierig?« – »Ich habe bis zur letzten Vorstellung vierundzwanzig Pfund verloren. Inzwischen habe ich fürs Fernsehen in München weitere *Pater Brown*-Folgen gedreht, das war weniger anstrengend, ich habe wieder zwölf Pfund zugenommen. Das werde ich bis zum Probenbeginn in Berlin dringend brauchen. Ich bin überzeugt, daß ich dann wieder mit letzter Ohnmacht aus dem Theater wanke – wie es mir in Wien passiert ist. Denn: wenn man den Don Quichotte nicht mit vollstem Einsatz aller körperlichen Kräfte spielt, dann ist dieser Mann nur eine lächerliche Figur.« – »1972 wird die amerikanische United Artists *Der Mann von La Mancha* verfilmen. Es wäre ja möglich, daß *Sie* …« – »Es wär' schön. Ich weiß sogar sicher, daß ich einer der Kandidaten bin. Diese paar Prozent Chancen allein bedeuten eine große Freude für mich.« – »Um noch einmal auf den Film zurückzukommen. Mußten Sie in letzter Zeit viel absagen?« – »Einiges. Hitchcock bot mir eine Rolle im *Zerrissenen Vorhang* an, und er konnte es nicht fassen, daß ich absagte. Auch in *Morituri* sollte ich unter Bernhard Wicki neben Marlon Brando spielen – und ich konnte nicht. Der Hemmschuh war dabei das Burgtheater. Aber ich habe keine Absage bereut. Für mich ist es wirklich so eine große Ehre und Auszeichnung, Burgtheater-Mitglied zu sein, daß mir das das Allerwichtigste ist.« – »Haben Sie am Theater noch einen Wunschtraum?« – »Ich glaube, es kann einem nichts Schöneres mehr passieren als *Der Mann von La Mancha*. Ich möchte sagen: Eigentlich könnte man damit aufhören …«

Es konnte nicht ausbleiben, daß sich die Schallplattenindustrie der Melodien des Musicals annahm und die »Ohrwürmer« daraus auf Zelluloid preßte. In Wien war es die Firma Polydor, die einen Querschnitt aus der Musik produzierte. Zur selben Zeit spielte der belgische Chansonsänger Jacques

Brel in Paris den Don Quichotte, und auch dort wurden Plattenaufnahmen gemacht. Nach übereinstimmenden Aussagen der Fachleute soll die Wiener Version wesentlich besser und eindringlicher ausgefallen sein.

Dale Wasserman war bei der Wiener Erstaufführung selbstverständlich anwesend. Nach Schluß der Vorstellung wurde er um seinen Eindruck gefragt: »Sie haben nun die Wiener Aufführung, die im September nach Berlin geht, gesehen. Was können Sie uns – ganz ehrlich – darüber sagen?« – »Josef Meinrad ist der größte Schauspieler, der die Rolle des Cervantes–Don Quichotte je gespielt hat. Genauso verhält es sich mit dem Darsteller des Sancho Pansa, Fritz Muliar. Blanche Aubry spielt die Rolle nicht so, wie sie konzipiert war, aber sie fand für die Aldonza eine eigenwillige persönliche Interpretation. Sie hat mich zuerst verblüfft und dann begeistert.« – »Das alles klingt aber ungeheuer nach Komplimenten.« – »Was soll's. Ich kenne die Herrschaften persönlich überhaupt nicht. Lassen Sie uns noch einmal auf Josef Meinrad zurückkommen. Natürlich kenne ich in dieser Rolle technisch perfekte Schauspieler. Aber: Mit technischer Perfektion allein ist es gerade hier nicht getan. Meinrad hat eine Botschaft zu verkünden, die man ihm bedingungslos abkauft. Ich möchte behaupten: Er ist hinreißend, weil die Figur des Cervantes ein Stück seiner selbst ist. Sonst – das sage ich Ihnen mit allem Nachdruck – könnte er unmöglich so erschütternd sein.«

Die Wiener Aufführungsserie des *Mannes von La Mancha* wurde Anfang März unterbrochen und erst wieder am 11. September in Berlin fortgesetzt. In den Sommermonaten ging das Burgtheater auf Welttournee. Direktor Ernst Haeussermann machte vor dem Abflug nach Israel und USA den Mitwirkenden klar, welch große kulturpolitische Mission die Mitglieder des Ensembles zu erfüllen hätten: »Ganz allgemein sei nochmals wiederholt, daß die bevorstehende Tournee nicht nur das größte Gastspielunternehmen in der Geschichte des Burgtheaters darstellt, sondern daß dieser Tournee auch eine für Österreich bedeutungsvolle kulturpolitische Aufgabe zukommt ...«

Die erste Station der Tournee war Israel, wo zwei Stücke zur Aufführung kamen, *Nathan der Weise* von Gotthold Ephraim Lessing unter der Regie von Leopold Lindtberg und *Das Konzert* von Hermann Bahr unter der Regie von Josef Meinrad.

Das Publikum bestand zum größeren Teil aus Menschen, die vor dem Zweiten Weltkrieg nach Israel emigriert waren und ihre ersten Theatereindrücke durch deutschsprachige Bühnen erfahren hatten; nicht wenige kannten aus besseren Zeiten Bühnenpersönlichkeiten wie Ernst Deutsch, Paul Hörbiger oder Helene Thimig. Die Erschütterung des Wiedersehens nach so vielen Jahren war auf beiden Seiten groß.

Am 16. März flog das Ensemble nach Amerika, eine logistische Meisterleistung. Es war vorgesehen, folgende Stücke in verschiedenen Städten der USA und später in Japan und Ostasien aufzuführen: *Kabale und Liebe* von Friedrich Schiller unter Leopold Lindtberg, *Maria Stuart* von Friedrich Schiller unter Rudolf Steinboeck, *Nathan der Weise* von Gotthold Ephraim Lessing mit Leopold Lindtberg als Regisseur, *Das Konzert* von Hermann Bahr unter der Regie von Josef Meinrad, *Professor Bernhardi* von Arthur Schnitzler unter Kurt Meisel und schließlich *Einen Jux will er sich machen* von Johann Nestroy unter Axel von Ambesser. In Amerika spielte Adrienne Gessner das *Fräulein Blumenblatt,* in Japan und Ostasien trat an ihre Stelle Gusti Wolf. Einen Leseabend *Der junge Goethe,* Briefe und Schriften, bestritten Johanna Matz, Helene Thimig und Michael Heltau. Auch Josef Meinrad wirkte bei verschiedenen Lesungen in Ottawa und an einigen Universitäten mit. Die größte Kartennachfrage verzeichnete New York für den *Jux,* gefolgt vom *Konzert,* dann *Professor Bernhardi* und *Maria Stuart.*

Die New Yorker Presse beurteilte das Gastspiel der Burg durchwegs positiv. Die »New York Times« über *Professor Bernhardi:* »Ein triumphaler Erfolg! Das Burgtheater zeigte mit einer Brillanz, daß es zu den größten Repertoire-Ensembles der Welt gehört ... Das Ensemble ist der eigentliche Star!« Und dieselbe Zeitung über *Das Konzert:* »Schlagobers mit Sahne für die ›auslanders‹. Das gesamte Ensemble verdient nichts anderes als reinste Bewunderung!« Die deutschsprachige Ausgabe des »Nordwesten« berichtete über den *Jux:* »... ›N‹ wie Nestroy und ›M‹ wie Meinrad könnte man in einem Atemzug buchstabieren, denn Josef Meinrad ist der vollendetste Nestroy-Komödiant, den es je auf der Bühne gab. Sein Weinberl ist der Motor des Spiels. Ein Naturell von seiner Art gibt es nur ganz selten. Meinrad überspielte die muffige Komik temperamentvoll und tempoverstärkt mit einer Hingabe, die geradezu nach Szenenapplaus schrie!«

Josef Meinrad spielte im *Professor Bernhardi* den Professor Winkler und sechsmal den Weinberl im *Jux* in New York. Dieses Stück kam, trotz einiger Sprachschwierigkeiten, beim New Yorker Publikum sehr gut an. Die letzte Vorstellung des Burgtheaters auf amerikanischem Boden fand im Ahmanson Theatre in Los Angeles statt. Von dort ging die Reise über den Pazifik nach Japan, wo in Osaka und Tokio gespielt wurde; in der Festival Hall Osaka *Kabale und Liebe* und *Jux,* im Nissi Theater in Tokio ebenfalls diese beiden Stücke. Das japanische Publikum zeigte sich nicht weniger begeistert als das amerikanische.

Am 2. Mai reiste das Ensemble weiter nach Hongkong, zwei Tage später nach Bangkok. Von dort kehrte es über Kairo nach Wien zurück. Nur jene Mitglieder, die den *Jux* spielten, flogen von Kairo weiter nach Luxemburg und Belgien, wo noch einige Vorstellungen auf dem Programm standen. So im Stadttheater Luxemburg, im Königlich Flämischen Schauspielhaus in Brüssel und im Flämischen Opernhaus in Antwerpen: »Im ausverkauften Haus – unter Beisein des Großherzogs und der Großherzogin – waren die Komödiendichter Nestroy und sein hervorragender Interpret Meinrad die großen Helden des Abends.«

Am 14. Mai stand Josef Meinrad das letzte Mal als Weinberl auf der Bühne von Antwerpen, am nächsten Tag wurden die Koffer zum Heimflug nach Wien gepackt. Seit den ersten Märztagen hatte er seine Villa in Mauer und seine kleine Menagerie nicht mehr gesehen. Im Juni stand er wieder als Weinberl auf der Bühne des Burgtheaters, einige Tage später in den Münchner Ateliers, um sechs Folgen für *Pater Brown* zu drehen. Am 24. Juli fiel die letzte Klappe. Da der Künstler in diesem Jahr bei den Salzburger Festspielen nicht engagiert war, hätte er mit seiner Frau den August über einen geruhsamen und erholsamen Urlaub verbringen können, denn die Proben für den *Mann von La Mancha* sollten erst im September in Berlin im Theater am Kurfürstendamm beginnen. Aber aus dem Urlaub wurde, wie immer, nichts.

Das hatte eine kleine Vorgeschichte. Der Künstler, fix an das Burgtheater gebunden, spielte dort fast in Permanenz, darüber hinaus hatte er die Verträge in den Münchner Ateliers zu erfüllen; das ständige Pendeln zwischen Wien und München wurde, obzwar die Meinrads begeisterte Autofahrer waren, mit der Zeit allzu belastend. Es lag daher nahe, sich zwischen Wien und München einen zweiten Stützpunkt zu schaffen. Dazu kam, daß der Künstler am Mozarteum Salzburg einen Lehrauftrag erhalten hatte. Also wurde beschlossen, in der Nähe eine Bleibe zu suchen. Frau Germaine sondierte, besichtigte, während ihr Mann drehte, unterrichtete und mit Arbeit eingedeckt war.

Zufällig besuchten die Meinrads den Antiquitätenhändler Georg Schmidthammer in Großgmain bei Salzburg, und dabei kam die Sprache auf das Haus, das sie suchten. Und, welch Zufall, neben Herrn Schmidthammers Haus stand eine riesige Scheune zum Verkauf, siebenundzwanzig mal siebzehn Meter im Grundriß. Es handelte sich um eine zwei Stock hohe Scheune, vollgepackt mit duftendem Heu, vorne und hinten ein riesiges Tor, durch das man mit einem hochaufgepackten Heuwagen ein- und ausfahren konnte. Neben dem Tor befand sich ein Schweinestall mit einem riesigen steinernen Sautrog. Frau Germaine verliebte sich in dieses Objekt und sah vor ihren Augen bereits ein stattliches Haus im ländlichen Stil entstehen. Allerdings war ihr klar, daß dessen Realisierung eine Lebensaufgabe sein würde.

Dieses Jahr 1968 war also ein Jahr der Überraschungen und der Veränderungen. Neben den Erfolgen auf der Bühne des Theaters an der Wien mit dem *Mann von La Mancha* und der Welttournee mit dem Burgtheater wurde die »Scheune« in Großgmain entdeckt, die der Alterssitz der Meinrads werden sollte. 1970 war der Kauf perfekt. Hinzu kam noch eine einmalige Anschaffung für den »Fuhrpark«: Meinrads kauften einen Rolls Royce Silver Shadow. Das war in Wien Tagesgespräch, und die Fotografen fuhren Meinrad überallhin nach, um ihn am Steuer dieses vornehmen Gefährts zu fotografieren.

Die große alte Dame der »Burg«, Adrienne Gessner, konnte sich einen bissigen Kommentar nicht verkneifen: »Seit der Pepi Meinrad einen Rolls Royce fährt, ist er noch bescheidener geworden.« Doch der Künstler konterte mit logischen Argumenten: »Ich wechsle nicht, wie andere, alle zwei Jahre das Auto, sondern fahre es mehr als ein Jahrzehnt. Außerdem fühle ich mich darin wie in einer Festung. Wenn man nun ein bißchen mehr Geld als üblich auslegt – wie soll man's denn besser anlegen als in die eigene Sicherheit?« Diese Argumentation leuchtet ein. Der Rolls, nun siebenundzwanzig Jahre alt, steht immer noch in Meinrads Garage. Eines stört den Künstler allerdings: Seine Treue zu diesem Wagen wurde vom Staat bestraft, denn in der Zwischenzeit ist der Wagen zum »Oldtimer« avanciert – und dafür mußte bis vor kurzem Vermögensteuer gezahlt werden!

Am 11. September ging in Berlin im Theater am Kurfürstendamm der Vorhang zur Premiere vom *Mann von La Mancha* hoch, ein frustrierendes Erlebnis, doch die Schuld lag nicht bei den Schauspielern. Das Ensemble spielte wie immer mit letztem Einsatz. Was war geschehen? Das Theater am Kurfürstendamm ist an sich kein großes Haus, noch dazu sperrte der Direktor die Theaterabonnenten aus, und so waren die Vorstellungen halbleer. Ferner verlangte er, daß nach dem Lied »Der Goldhelm des Mambrino« eine Pause gemacht werden mußte. Die Pause unterbrach natürlich die ganze Spannung und Dramatik. Erst später stellte sich heraus, daß der Direktor mit dem Buffetier ein Abkommen hatte!

Die Berliner Presse war in ihrer Kritik durchaus wohlwollend, bis auf zwei, allerdings sehr wichtige Zeitungen. »Der Tagesspiegel« und »Die Welt« zerrissen die Darbietung der Wiener Schauspieler förmlich. Friedrich Luft, der Kritiker der »Welt«, war noch dazu im RIAS-Berlin Sonntagskommentator des Berliner Bühnengeschehens. Aufgrund seines negativen Kommentars ließen sich viele Menschen vom Besuch der Vorstellung abhalten. Nach diesem Mißerfolg wurden die Abonnenten wieder zugelassen, damit füllte sich das Haus, und die Stimmung stieg. Auch die notwendige Mundpropaganda setzte ein.

Die »Bild« am 12. September: »Bravo-Rufe, langer Beifall und viel Szenenapplaus gestern abend im Theater am Kurfürstendamm für das Wiener Musical-Gastspiel *Der Mann von La Mancha*. Die Aufführung war wie das Publikum: mit einem Wort gesagt – glänzend! Vor Prominenten wie Heidi Brühl, Victor de Kowa, Hubert von Meyerinck, Heinz Drache, Johanna von Koczian und vielen anderen siegte Josef Meinrad als ›Don Quichotte – Ritter von der traurigen Gestalt‹!«

Am 29. Oktober wurde das Wiener Ensemble zu den »Berliner Theater-Wochen« nach Bonn eingeladen und gastierte mit dem *Mann von La Mancha* in Bad Godesberg. »Nach der Aufführung ... nahm das Staatsoberhaupt und seine Gattin Wilhelmine ... die Gelegenheit wahr, sich die Schauspieler vorstellen zu lassen ... Lübke wollte von dem Österreicher wissen, wie oft er das Sterben geübt habe, um es auf der Bühne so perfekt darzustellen ...«

Nach Berlin zurückgekehrt, wurde das Stück täglich bis zum 9. Dezember durchgespielt. Die anfängliche Reserviertheit des Berliner Publikums hatte sich völlig gegeben, und die Wiener wurden heftig akklamiert. »Da blitzen die Dialoge«, schrieb die »TZ-Berlin«, »da knistert Atmosphäre, und da hörten wir endlich einmal Musik, die den Begebenheiten emotional und vollendet entsprach und deshalb geradezu unwahrscheinlich bezauberte. Josef Meinrads atemberaubende Mischung aus Skurrilität und weltweisem Edelmut feierte mit Blanche Aubry Triumphe ... Das Publikum, zuerst von der bestürzend eindringlichen Verlebendigung des Cervantes in Bann geschlagen, bedankte sich stürmisch.«

Ab 20. Dezember spielte Josef Meinrad den *Mann von La Mancha* täglich wieder im Theater an der Wien bis zum 9. Februar, dann übersiedelte das Ensemble nach München. Ab 28. Februar bis 13. April wurde im Deutschen Theater in München der *Mann von La Mancha* gespielt. Auch hier stellte sich der Erfolg erst allmählich ein.

Der Kritiker des »Münchner Merkur« bereitete den Wienern gleich den richtigen Empfang: »Ein Abend zwischen Kurzweil und solider Langeweile, unentschieden angesiedelt mit ein paar glänzenden Theatermomenten, viel Leerlauf, mit harten Szenen, brutal ausgespielter Vergewaltigung und süßlicher Larmoyance. Josef Meinrad ist ein eindringlicher Don Quichotte, die Musik von Mitch Leigh, von kaum überbietbarer Billigkeit ... Hätte man ein gutes Stück gehabt, mit diesem Ensemble und diesem Regisseur hätte man Wunder wirken können. So aber können auch die besten Darsteller nicht verhindern, daß sie im Laufe des Abends auf der Stelle treten. Dem sollen Szenen mit einem ungezügelten Hang zum Reißerischen abhelfen; und der Sexus darf sich mit einer vor nichts mehr zurückschreckenden Brutalität austoben ... ›Hager an Leib, dürr im Gesicht, ein eifriger Frühaufsteher‹ – genau dieser Schilderung des Cervantes entspricht Josef Meinrad; und steuert noch klapprigen Gang, schüttere Stimme, verzückt ins Weite gerichteten Blick, dazu ein rührig beseelendes Lächeln bei. Von der Optik her ist das glaubhaft der Cervantesche weltfremde Idealist, der weise redet und lächerlich handelt. Es dreht einem beinahe den Magen um, wie gut und echt Meinrad als Figur wirkt, praktisch doch ohne Text, ohne Stück, nur aus dem menschlichen Umriß der Figur und der Kraft seiner Persönlichkeit. Einbrüche erlebt Meinrad natürlich bei den hoffnungslosen Songs. Daß er kein Sänger ist, ist Nebensache ... Blanche Aubry stürzt sich mit einem wahren Niedrigkeitsfanatismus in die Rolle der Dirne Aldonza, grölt mit verrosteter Quetschstimme ihre Songs. Aber ihre Eingleisigkeit wird trotz ihrer Vehemenz auch zur darstellerischen Eintönigkeit ...«

Aber wie hatte doch vor Jahren ein Wiener Theaterkritiker geschrieben: »Es kann doch nicht sein, daß bei einer Aufführung tausend Trottel und nur ein Gescheiter – der Kritiker – im Parkett sitzen!« Und Josef Meinrad sagte einmal, daß es keinen Schauspieler gebe, den eine gute oder gar schlechte Kritik seiner Leistung kalt lasse. Wer das behaupte, der lüge. Vor allem eine negative Kritik nehme er sich zu

Herzen, aber »ein Schauspieler, der nicht zwei Stunden Schimpf und Schande aushält, ist ein schlechter Schauspieler«.

Gottlob gab es aber nach der Münchner Premiere auch andere Kritiken zu lesen, denn die Wiener zweifelten bereits an ihrem Können, als ob sie über Nacht das Schauspielen verlernt hätten. »Wenn Sie einen todsicheren Tip für Ihren nächsten Besuch in München brauchen, gehen Sie in das Residenztheater und ins Deutsche Theater, zu Münchens wienerischstem Nestroy, den es je gab *(Der Talisman),* und in das Erfolgsmusical *Der Mann von La Mancha,* besser gesagt zu Nikolaus Paryla und Josef Meinrad. Sie werden Vollbluttheater erleben, einen Triumph des Komödiantischen schlechthin. Die beiden Abende werden Sie mit vielem versöhnen, was Sie in den letzten Jahren an ›Publikumsbeschimpfungen‹ an westdeutschen Bühnen erdulden mußten ...«, schrieb eine Zeitung.

Josef Meinrad war mit der Welt und besonders mit München wieder versöhnt und freute sich über die viele Verehrerpost, die er aus Deutschland erhielt. Hier sei nur auszugsweise ein Brief aus Siegen angeführt: »... Nach meiner Auffassung haben Sie mit Ihrer Darstellung des Don Quichotte eine Leistung geboten, die einfach nicht zu überbieten ist. Ich weiß, daß Sie als Burgschauspieler und Träger des Iffland-Ringes auch gerade in Deutschland in hohem Ansehen stehen. Könnte ich eine Beurteilung abgeben, so würde ich Ihre Rolle im *Mann von La Mancha* als die beste schauspielerische Leistung bezeichnen, die ich seit vielen Jahren in Theateraufführungen, Filmen und Fernsehstücken sah ...«

»Für mich ist der *Mann von La Mancha* wie der *Faust*«, sagte damals der Künstler in einem Interview. »Eine richtige große und tragikomische Rolle.« – »Und wie ist das mit dem Singen in einem Musical?« – »Zuerst war ich ein bißchen gehemmt, aber dann – immerhin habe ich im literarischen Kabarett angefangen, da sind immer ein paar Chansons drin. Und in Metz habe ich während des Krieges unter Felsenstein den *Axel an der Himmelstür* gesungen.« – »Herr Meinrad, muß ein solcher Schauspieler, wie Sie einer sind, in Filmen wie *Sissi* und ähnlichem mitspielen?« – »Sehen Sie, nur so habe ich es mir leisten können, ein Haus zu bauen, ein Auto zu kaufen. Manches habe ich aber auch ganz gern gespielt, so den *Pater Brown* fürs Fernsehen.« – »Und Ihre Traumrolle, Herr Meinrad?« – »Meine liebste Rolle war die des Valentin in Raimunds *Verschwender*. Für jeden Österreicher *die* Traumrolle!« – »Und sonst?« – »Der *Mann von La Mancha*.« Viele Jahre später wurde Michael Heltau in einem Interview gefragt, warum er nie den *Mann von La Mancha* gespielt habe. Heltau gab darauf eine sehr plausible Antwort: »Ich glaube, ich habe ein ganz gut entwickeltes Gefühl, was geht und was nicht geht und was man darf und was man nicht darf. Und ich glaube, solange es einen Menschen gibt, der Josef Meinrad in dieser Rolle gesehen hat und der sich an ihn erinnert, darf man diese Rolle nicht spielen! Also nie!«

Der bekannte deutsche Schauspieler und Fernsehstar Horst Tappert hat zu diesem Thema ebenfalls der »Kronen Zeitung« ein Interview gegeben, das eher peinlich wirkte. Auf die Frage nach seiner Traumrolle erklärte Tappert: »Don Quichotte! Den hätte ich gern gespielt. Aber es hat sich nie ergeben. Als mir – noch vor Meinrad – *Der Mann von La Mancha* im Theater an der Wien angeboten wurde, habe ich abgelehnt. Ich habe mir den Sänger in der amerikanischen Originalversion des Musicals angehört und gewußt: Das schaffe ich nie. Sicher, so gut wie der Meinrad hätte ich auch gesungen – aber ich bin Perfektionist. Und deshalb lehnte ich ab! Es hat mir nicht leid getan.«

Wenige Tage später erschien in derselben Zeitung eine Replik: »... Ganz so war's wohl nicht! Denn Professor Rolf Kutschera, Doyen des Wiener Musicals, der Burgschauspieler Josef ›Pepi‹ Meinrad als ›Don Quichotte‹ als Traum- und Idealbesetzung erfand, versicherte jetzt: ›Herr Tappert hat von mir nie das Angebot bekommen, den Don Quichotte zu spielen. Ergo kann er die Rolle des Don Quichotte auch gar nicht abgelehnt haben. Als ich in New York das Musical sah, wußte ich, daß es für Wien eine Idealbesetzung für die Rolle gab: Josef Meinrad! Ich kenne die Gesangsstimme von Horst Tappert nicht, weiß aber, daß die brüchige Stimme Josef Meinrads und seine grandiose Gestaltung ihn zur Inkarnation des ›Ritters von der traurigen Gestalt‹ gemacht haben. Im übrigen kann ich nicht nur Herrn Tappert versichern: Sowohl Josef Meinrad als auch ich sind Perfektionisten.«

Im März 1969 wurde in München täglich vor ausverkauftem Haus gespielt. Anfang April gab es noch drei Vorstellungen, dann mußte der Künstler nach Wien zurück, da bereits intensive Proben im Akademietheater begannen.

13
Schauspieleralltag:
Clown, Professor und Papst

*»Bin ein äußerst sanfter Mann, der
aus Güte keine Klagen über seine
Lippen bringt ...«*

R. Gilbert *(My Fair Lady)*

Für April 1969 war die Premiere im Akademietheater
von Pavel Kohuts Stück *August, August, August* vorgesehen. Regie führte Jaroslav Dudek. Es handelt sich um ein
Zirkusstück, ein Stück zum Lachen und zum Weinen. Ein
Mensch, ein Narr, ein dummer August, einer, der ständig
Hiebe bekommt, gegängelt wird, greift einmal nach den
Sternen. Er glaubt unerschütterlich an seinen Traum, unbe-
lehrbar an sein kleines Glück. Man lacht über seine Späße,
seine Komik, seine Tricks – und hat dabei ein Würgen im
Hals. In einer ärmlichen Arena agiert ein Possenreißer, er-
füllt von einem unheilbar fanatischen, närrischen Wunsch:
Einmal in seinem Leben möchte er die sechs Lipizzaner des
Unternehmens vorführen dürfen. »Melancholie und
Schwermut wohnen diesem Stück aus Prag, der Gaukelei,
die sich so munter gibt, dem Balanceakt, dem Seiltanz ohne
Sprungnetz, inne. *August, August, August* ist die wichtigste
Aufführung dieser an Bedeutungsvollem nicht sehr reichen
Spielzeit. Sie wurde denn auch mit starkem Applaus aufge-
nommen. Das Kleeblatt Meinrad, Konradi, Anders bekam
den Löwenanteil des Beifalls ab: Meinrad vor allem. Er war
schon lange nicht mehr so gut, so einfach, so ergreifend.«
»Eine echte Galavorstellung wird es durch die Mitwirkung
von Josef Meinrad und Inge Konradi«, schrieb der »Ex-

press«. »Die beiden, durch Hunderte Nestroy-Abende exzellent aufeinander eingespielt, sind hier gleichsam das ideale Stegreif-Paar. Er träumt den unmöglichen Traum des *Mannes von La Mancha* nun in Clowngestalt auf einer anderen Ebene weiter, mit der gottbegnadeten Naivität eines Geschöpfes, das man lieben muß, und sie ist drollig, wenn es um Spaß, und unendlich berührend, wenn es ums Leben geht ... Der lange Schlußapplaus galt vor allem der Konradi und Meinrad.«

In den Rosenhügel-Ateliers begannen die Dreharbeiten zu dem TV-Film *Der Bürger als Edelmann* von Jean Baptiste Molière in der Regie von Hellmuth Matiasek. Die Mitwirkenden: Cornelia Froboess, Erni Mangold, Alfred Böhm, Kurt Heintel, Josef Meinrad, Kurt Sowinetz und Klaus Wildbolz.

Im August war Meinrad bei den Salzburger Festspielen in Ferdinand Raimunds *Der Alpenkönig und der Menschenfeind* engagiert und spielte in fünf Vorstellungen unter der Regie von Kurt Meisel. Die Rezensionen und Meinungen über diese Aufführung waren sich einig, daß dieser Theaterabend nicht erstklassig war, jedoch eine Schauspielerrevue ersten Ranges. Josef Meinrad wurde mit den bisher bekanntesten Rappelkopf-Typen Hermann Thimig und Attila Hörbiger verglichen. Während Thimig der temperamentvollste Rappelkopf war, spielte Hörbiger diese Rolle eine Spur gedämpfter. Bei Josef Meinrad hingegen glaubte man von Anfang an, daß er von seiner Besessenheit gerettet wird. Er war gallig, voller Witz, wutentbrannt, heiser und nahe der Selbstironie, kurz »ein umwerfender Rappelkopf«. »Wenn Meinrad auf der Bühne steht, geht am Theaterhimmel die Sonne auf!«

Noch im selben Monat drehte Meinrad in München acht weitere Folgen von *Pater Brown*. Im Oktober fiel die letzte Klappe.

Im November 1969 wurde gemeldet, daß im selben Monat die Premiere des Musicals *My Fair Lady* von Lerner-Loewe in der Regie von Rolf Kutschera im Theater an der Wien stattfinden würde. In den Hauptrollen Josef Meinrad, Fritz Muliar (der ursprünglich vorgesehen war) und die Marika-Rökk-Tochter Gaby Jacoby. Man war der Meinung, daß sich das Theater an der Wien keine leichte Aufgabe gestellt hätte, denn schließlich war dieses Musical in der Berliner Produktion mit Karin Hübner und Paul Hubschmid in Wien mit »Bomben und Granaten« durchgefallen. Und nun sollte dieses Stück, in einer Wiener Fassung von Gerhard Bronner, täglich bis März 1970 durchgespielt werden.

Ursprünglich hatte Rolf Kutschera beabsichtigt, die *Lady* im Herbst 1970 aufzuführen, zwischen dem *Mann von La Mancha* und der *Fair Lady* sollte das neue Musical Dale Wassermans *Montparnasse* gespielt werden; doch dieses Stück wurde nicht rechtzeitig fertig, und darum mußte Kutschera die *Lady* um ein ganzes Jahr vorverlegen. Die Lücke sollte *Hallo Dolly* füllen, damals ein großer »Renner«. Aus diesem Grund fuhr Kutschera nach Berlin, um Josef Meinrad über die Änderung zu informieren, der ja die neue Situation mit dem Burgtheater abstimmen mußte. Meinrad war mit der Vorverlegung einverstanden, dann gab es noch längere Verhandlungen mit Direktor Stoß, der Fritz Muliar von der Josefstadt beurlauben sollte, ihn aber nicht freigab. Und außerdem hatte Direktor Kutschera noch lange keine »Eliza«.

Für diese wichtige Rolle schwebten Kutschera, der zugleich als Regisseur tätig sein sollte, einige Damen vor: Johanna von Koczian (die den Wiener Dialekt nicht beherrschte), Johanna Matz (deren Stimme aber zu »klein« war), Gertraud Jesserer (die einen zu »süßen« Sopran hatte) und Helga Papouschek von der Wiener Volksoper (die natürlich singen konnte). Es waren wichtige Entscheidungen, die noch dazu rasch gefällt werden mußten. Für die Rolle der »Mama« dachte Kutschera an die Damen Helene Thimig, Alma Seidler und Adrienne Gessner.

Die Zeit drängte. Jedenfalls mußte bereits im September 1969 mit den Ballett- und Chorproben begonnen werden. Meinrad sollte am 1. Oktober mit den Proben anfangen. Insgesamt sechs Wochen mußte das Ensemble hart arbeiten, denn die Premiere der *Lady* war für Mitte November vorgesehen, und Kutschera hatte noch immer keine Eliza. So beauftragte er Künstleragenturen, die sich für ihn umsehen sollten. Nach langem Suchen offerierten sie Frau Berzsenyi aus Dortmund und Dagmar Koller aus Wien. Da rief – fast in letzter Minute – die Frau Gerhard Bronners an: »Die Rökk-Tochter Gaby ist eure Eliza und keine andere!« Sie hatte Mutter und Tochter im deutschen Fernsehen in einer Peter-Alexander-Show gesehen und war von dem Talent Gaby Jacobys überzeugt. Kutschera ließ Gaby Jacoby nach Wien kommen und gab ihr die Rolle. Kurt Hummer, Ehemann der Jacoby, erzählte: »Plötzlich war Gaby ganz wie ihre Mutter. Sie hetzte von der Turnstunde zum Tanztraining, vom Textlernen zur Gesangsprofessorin, und ihre Sonntage verbrachte sie auf Wiener Fußballplätzen, um den urwienerischen Tonfall für den ersten Akt richtig ins Ohr zu kriegen.«

Daß Josef Meinrad den Professor Higgins in der wienerischen Fassung spielen sollte, sprach sich sofort herum. Er hatte zwar sein erstes Musical mit Bravour bestanden, doch manche zweifelten, ob er die Rolle des Higgins ebenso ausfüllen würde, war doch das Publikum durch verschiedene Aufführungen der *Lady* und vor allem durch den grandiosen Film verwöhnt. Dazu diese bekannten Lieder, die in der Zwischenzeit schon fast »Gassenhauer« geworden waren.

Der Künstler selbst war von der neuen Aufgabe fasziniert und stellte sich mit Freude der Herausforderung. Zehn Wochen lang studierte und probte er den Higgins. Nach zweihundert *La Mancha*-Aufführungen konnte er es kaum erwarten, als Professor Higgins auf der Bühne zu stehen. »Als *Mann von La Mancha*«, schrieb der »Kurier« in einem Interview mit Meinrad, »feierte er wahre Triumphe und wurde der Musicalstar des deutschsprachigen Raums. Nun versucht er, diesen Ruf zu festigen. Daß die Berliner hier Schiffbruch erlitten hatten, kann sich Meinrad nicht erklären, meint aber nachdenklich, daß jede Aufführung ein Risiko bedeute … Im Frühjahr 1970 soll er am Burgtheater in *Hadrian VII.* von Rolfe die Hauptrolle spielen. Dem Haus am Ring hält er immer noch die Treue, obwohl er am Theater an der Wien eine zweite Heimat gefunden hat. ›Hier fand ich Möglichkeiten‹, sagt der Künstler, ›die ich am Ring nie gehabt hätte. Mich reizt es eben, immer vor neue Aufgaben gestellt zu werden.‹ Keine Angst hat Meinrad vor dem Singen. ›Der Higgins ist keine ausgesprochene Singrolle. Mit Sprechgesang und richtigem Interpretieren kommt man ganz gut durch. Das hat sich schon bei den Proben gezeigt.‹«

In der Villa in Wien-Mauer waren in diesem Jahr die beiden Affen an Altersschwäche eingegangen. Ebenso der Kater Jaromir. Zum Trost hatten die Meinrads von einem Kollegen einen Hasen erhalten, den dieser bei einer Tombola gewonnen hatte und mit dem er nichts anzufangen wußte. Der Hase erhielt den Namen »Axel«. »Gucki« und »Boß« hatten ebenfalls schon das Zeitliche gesegnet, dafür belebten andere Hunde den Meinradschen Haushalt. »Rosi«, die eigentlich Rosinante hieß, weil sie aus Spanien mitgebracht worden war, und der schwarze Labrador »Mohrli«, der sich eines Tages einfach in das Meinradsche Auto gesetzt hatte und nicht mehr herauszubringen war. Nachfragen nach seiner Herkunft und seinem Besitzer verliefen ergebnislos; so blieb er einfach bei den Meinrads. Dazu kam noch »Janka«, der Hund des verstorbenen Freundes Alfred Stöger, den die Meinrads ebenfalls übernommen hatten.

Am 11. November 1969 fand die Premiere von *My Fair Lady* in der Regie von Rolf Kutschera im Theater an der Wien statt. Den Pickering spielte Egon Jordan, den Doolittle nicht Fritz Muliar, sondern Hugo Gottschlich, von dem Hans Weigel sagte: »Wo der mit seinen sublim verhatschten zwei linken Füßen … hintritt, wächst Nestroy.« Doch diesmal wuchs nicht Nestroy, sondern ein Kraftlackel aus den »entern Gründ«, eine Vorstadttype, wie sie nur wenige auf die Bühne bringen konnten.

Die Rezensionen waren zwar positiv, aber nicht überschwenglich. Meinrads Pointierungskunst wurde gelobt, auch sein Sprechgesang positiv bewertet. Die übrigen Mitwirkenden, vor allem Gaby Jacoby, »ein neuer Stern am Himmel des Showgeschäfts«, waren angenehm aufgefallen; Hugo Gottschlich als Vater Doolittle »elementar«, Egon Jordan als Oberst Pickering »verströmt reifsten englischen Charme altösterreichischer Provenienz«.

Am 28. Januar 1970 erschienen die Wiener Tageszeitungen mit dem Aufmacher: »Josef Meinrad sollte auf der Bühne ermordet werden! Fieberhafte Jagd nach der Bombenattentäterin!« Schon seit längerer Zeit hatte der Künstler Briefe von einer Verehrerin aus Hamburg erhalten. Anfangs hielt er sie für die übliche Verehrerpost, sandte eine Künstlerpostkarte mit Autogramm zurück und meinte, damit sei die Angelegenheit erledigt. War sie aber nicht, denn es trafen immer mehr Briefe mit den unmöglichsten Angeboten ein. Anfangs las er sie noch, dann sandte er sie ungeöffnet zurück. Als er nun die *Lady* an der Wienzeile spielte, überreichte in den ersten Januartagen eine Dame dem Ahnungslosen nach der Vorstellung ein Blumensträußchen. Das kam öfter vor. Nach einigen Tagen erhielt er einen Rosenstrauß. Höflich, wie Meinrad ist, bedankte er sich artig, küßte die Hand der Verehrerin und fuhr mit den Blumen nach Hause. Ende Januar bekam er in der ihm schon bekannten Handschrift einen Brief, in dem ihm die Verehrerin androhte, sie würde ihn im Theater mit einer Bombe in die Luft sprengen und anschließend Selbstmord begehen, wenn er sie nicht erhöre.

Josef Meinrad machte Direktor Kutschera von dem Brief Mitteilung, und der verständigte die Polizei. Es wäre in Wien nicht das erstemal gewesen, daß ein bekannter Schauspieler bedroht worden wäre. So schoß im August 1921 ein eifersüchtiger Liebhaber zweimal mit einer Pistole auf Paul Hörbiger. Am 8. Mai 1925 verlief ein Attentat auf einen Schauspieler sogar tödlich. An diesem Abend stand *Peer Gynt* auf dem Spielplan des Burgtheaters. Während des Schiffsunterganges fielen zwei Schüsse, das Publikum hielt dies für einen besonderen Regieeinfall. In Wahrheit aber hatte die Mazedonierin Nincia Carniciu von ihrer Loge aus den Schauspieler Fodor Panizza aus Eifersucht erschossen.

Josef Meinrad wurde sofort von der Polizei überwacht. Die Vorstellungen in diesen Tagen waren eine besondere Nervenanspannung für ihn, denn das Publikum durfte nichts merken.

Zum Eklat kam es an einem Sonntag zur Mittagsstunde. Es klingelte am Gartentor in Mauer, Meinrad betätigte den elektrischen Türöffner und trat in den Garten, um den vermeintlichen Besucher zu empfangen. Fast traf ihn der Schlag, denn vor ihm stand die Attentäterin mit ihrem Gepäck. Das Taxi, das sie hergebracht hatte, hatte sie bereits fortgeschickt. Resolut erklärte sie, sie sei gekommen, um bei ihrem Idol zu bleiben, die Hausfrau möge sofort das Haus verlassen. Mit großer Ungeduld erwarteten die Meinrads die alarmierte Polizei, die den ungebetenen Gast mitnahm. Die achtundvierzigjährige Hamburgerin L. R. landete in der psychiatrischen Abteilung eines Wiener Krankenhauses. Dort gab sie an, Josef Meinrad von einem gemeinsamen Skiurlaub zu kennen – den dieser noch nie unternommen hatte –, daß sie ihn liebe, sich seinetwegen hätte scheiden lassen und daß sie nun nach Wien gekommen sei, um ihr Idol zu heiraten. Seit vier Wochen wohne sie im Hotel »Erzherzog Rainer«, habe für die gesamte Serie der Aufführungen im Theater an der Wien eine Loge für sich allein gemietet, und da ihre Bemühungen bis jetzt ohne Erfolg geblieben seien, wolle sie Meinrad ermorden und dann selbst aus unglücklicher Liebe aus dem Leben scheiden.

Die Frau eines prominenten Künstlers macht in ihrem Leben einiges mit. Nicht nur, daß sie fast jeden Abend allein zu Hause sitzt und tagsüber ihren Mann wenig zu Gesicht bekommt. Sie muß ihn managen und ihm die Steinchen aus dem Weg räumen, weil er sein Leben der Kunst geweiht hat. Sie muß für ihn die Verehrerpost sortieren, ein Auge auf zudringliche Verehrerinnen werfen, damit ihm keine zu nahe kommt, denn er ist ja so arglos und würde in jede Falle tappen. Und es kann auch zu gravierenden Vorkommnissen wie den oben erwähnten kommen, die schließlich keine Kleinigkeit sind. Es ist daher nicht zu verwundern, daß Künstlerehen in vielen Fällen nur eine begrenzte Dauer aufweisen. Gott sei Dank, der Fall des Ehepaares Meinrad straft alle Vorurteile Lügen, die Meinrads gehen heute in Harmonie und beschaulicher Zweisamkeit ihrer goldenen Hochzeit entgegen. Natürlich gab es auch bei Meinrads, wie in jeder Ehe, nicht nur eitel Sonnenschein, doch mit dem Künstler konnte nie gestritten oder eine größere Auseinandersetzung geführt werden. Getreu dem Hobellied, das er so oft gesungen hatte, »Oft zankt mein Weib mit mir, o Graus! Das bringt mich nicht in Wut, da klopf ich meinen Hobel aus, und denk, du brummst mir gut«, verschwand er in seiner Werkstatt. Dort setzte er die Kreissäge und die Hobelbank in Gang, und bei diesem Lärm war jede weitere Diskussion unmöglich. Im Februar 1970 gastierte Meinrad im Rahmen eines österreichisch-jugoslawischen Kulturaustausches mit Johann Nestroys *Jux* in Belgrad und zwei Tage später in Zagreb. Dann ging es in Wien mit *August, August, August* weiter.

Im März folgte die Premiere von *Hadrian VII.* von F. W. Rolfe in der Regie von Dieter Haugk am Burgtheater.

Ein Außenseiter der Gesellschaft, ein armer Teufel – Fotograf, Journalist, Maler, verschuldeter Schriftsteller –, träumt sich in den Vatikan hinein. Weil ihm die Priesterweihe verweigert wird, schreibt er einen Roman und greift darin nach dem Höchsten, nach der Tiara, und nimmt den Namen »Hadrian VII.« an. Dieser Pseudopapst mit abstrusen Reformideen, ein rebellischer und fanatischer Glaubenseiferer auf dem Stuhle Petri, tut schreckliche Dinge: Er liquidiert den Kirchenstaat, veräußert den Reichtum und die Schätze der Kirche, verbietet den Priestern ihre profanen Pfründe und steuert das Schiff Petri auf den Kurs der Demut und Armut. »Nun, Josef Meinrad ist von anderem Wesen, als F. Rolfe seinen Hadrian gesehen haben mag. Diamantenhart sei er, heißt es von ihm, von furchtbarer, jäher Heftigkeit. Doch das ist nur des Krebses Schale. Dahinter verbergen sich Einsamkeit, Verlassenheit und Jammer. Davon hat Meinrad freilich jede Menge. Meinrad ist von Leid, Verzweiflung, Zerrissenheit gezeichnet … Sein Glaube ist ganz naiv und deshalb so felsenfest. Sein Pontifikat: Abgeklärtheit, der Tatendrang in die Quere kommt, List, Humor und menschliche Schwächen. Habemus Pepim! Josef Meinrads Hadrian ist kostbar, wirklich kostbar, steht als Mittelpunkt in einer klaren, ordentlichen Inszenierung … Alles in allem war's ein guter Abend. Ein interessantes Stück und Josef Meinrad! Starker Beifall!« (Kurier)

»Das ist nun wirklich gutes Theater!« hatte György Sebestyén zu dieser Aufführung geschrieben. »Den puritanischen Spinner und menschenmäßigen Papst spielte der großartige Meinrad. Welch eine Güte in der Überspanntheit!«

Bis Ende Juni 1970 war Josef Meinrad abwechselnd in den

drei Stücken *Hadrian, August* und *Jux* fast täglich beschäftigt. Am 15. September begann im Theater an der Wien die zweite Serie von *Der Mann von La Mancha*. Kurze Gastspiele an der Grazer Oper und im Großen Festspielhaus in Salzburg unterbrachen die Aufführungen in Wien. Am 8. November, nachdem täglich gespielt wurde, fiel zum letztenmal der Vorhang.

Die erste Klappe zu dem *Kardinal Innitzer*-Film in der Produktion der »Neuen Thalia-Film« fiel im Dezember in Wien. Josef Meinrad übernahm, wie damals im Otto-Preminger-Film *Der Kardinal,* die Rolle des umstrittenen Wiener Kirchenfürsten. Der Film spielte in den kritischen März- und Oktobertagen des Jahres 1938 und beleuchtete die damalige Lage der Kirche und seines Oberhauptes in Österreich gegenüber den neuen Machthabern. Bei der späteren Ausstrahlung fand der Film mäßige Aufnahme. »Für ein Dokumentarspiel ungewöhnlich gut den Zeitgeist treffende Dialoge, in Marginalien eingefangene Blitzlichtaufnahmen eines Geisteszustandes (etwa der frenetische Jubel beim Einmarsch der deutschen Truppen und bei NS-Kundgebungen), vor allem aber die hervorragende darstellerische Leistung von Josef Meinrad in der Titelrolle – das alles macht es wert, das Stück zu sehen. Die eigentliche Frage aber konnte es nicht beantworten: Was bewog, allen warnenden Beispielen zum Trotz, den Priester Theodor Kardinal Innitzer dazu, den Feinden der Kirche und des Glaubens Schrittmacherdienste zu leisten?« (Die Welt)

Das Jahr 1971 begann mit *August,* daran anschließend *Hadrian* und dazwischen ein kurzer Abstecher zum deutschen Fernsehen, zu einer *Kommissar*-Folge. Anschließend drehte Meinrad unter Axel von Ambesser die Filmfassung der Leo Fall-Operette *Der fidele Bauer,* mit vielen Außenaufnahmen im Salzburgischen. Kaum damit fertig, eilte er nach München, um zwölf Folgen für *Pater Brown* zu drehen. Die Herbstsaison im Akademietheater begann im September mit der Premiere von Lotte Ingrischs *Damenbekanntschaften,* vier Einakter unter der Regie von Wolfgang Liebeneiner. Meinrads Partnerin war Hilde Krahl.

Von Anfang November 1971 bis Ende Januar 1972 stand für Meinrad täglich *My Fair Lady* auf dem Terminkalender. In der ersten Aufführungsserie hatte die *Lady* am Theater an der Wien zwar gute, aber keine überwältigenden Kritiken erhalten. In der jetzt anlaufenden zweiten Staffel waren die Zeitungsrezensionen wesentlich wohlwollender. So schrieb die »Presse«: »Mit manchen Aufführungen scheint's ähnlich zu gehen wie mit einem guten Tropfen. Man lagert sie einige Zeit, und sie werden runder, spritziger, gehaltvoller. Dieses Kompliment, das beim Theater eher Seltenheitswert hat, kann man der Wiederaufnahme von Lerner-Loewes *My Fair Lady* im Theater an der Wien machen. Nun kennt man dieses Musical sozusagen schon in- und auswendig, aber mit dem Meinrad, dem Gottschlich, der Gaby Jacoby bereitet es immer noch ungetrübtes Vergnügen. Josef Meinrad steigert sich mit seinem Professor Higgins zu einer echten Glanzleistung. Er ist locker, spielerisch, tanzt und singt mit Verve und gibt ein so liebenswertes Ungeheuer von einem Egoisten, daß das Publikum mit Recht schon über jede seiner Gesten jauchzt. Wenn Gabriele Jacoby daneben nicht verblaßt, sondern aus der Eliza besonders in den Dialektszenen eine persönliche, abgerundete Gestalt zu machen versteht, die noch natürlicher und farbiger als früher wirkt, so spricht das für ihre Leistung. Direkt von Nestroy ins Musical gesprungen ist Hugo Gottschlich. Sein Doolittle ist eine Prachtfigur aus einem Guß, die bis in kleinste Nuancen des stummen Spiels stimmt ...«

Das Frühjahr brachte weitere Vorstellungen von *August* und *Hadrian,* bis Ende April die Premiere von Anton Tschechows *Onkel Wanja* in der Regie von Leopold Lindtberg über die Bühne ging.

Am 1. Juli absolvierte das Burgtheaterensemble mit Lotte Ingrischs *Damenbekanntschaften* einen Gastspielabend in Passau. Meinrad fuhr von dort nach Bregenz weiter, da drei Vorstellungen von *Hadrian VII.* im Bregenzer Kornmarkt-Theater angesetzt waren. Bereits am 10. August hatte der Künstler Premiere in *Was ihr wollt* von Shakespeare bei den Salzburger Festspielen. Regie führte Otto Schenk. Gespielt wurde die Übersetzung von August Wilhelm Schlegel. Dazu Oskar Maurus Fontana in den »Salzburger Nachrichten«: »... Die großen Virtuosen dieses Abends machen jedoch viele Schwächen vergessen. Josef Meinrad als Malvolio befreit diese so oft als Zerrbild dargestellte Figur von allen überzeichneten Zügen. Hier sehnt sich ein Mensch nach der großen Karriere, ein eitler Dummkopf, aber doch ein Mensch. Er weckt Mitleid. Seine große Szene (die Auffindung des Briefes) ist einer der Höhepunkte des Spiels ...«

Am siebten Abend nach der Premiere geschah etwas Furchtbares; der Alptraum jedes Schauspielers wurde bittere Wirklichkeit. Und das mußte ausgerechnet Meinrad, der Pünktlichkeit, Disziplin und Verantwortungsbewußtsein in einer Person vereinte, zustoßen. Der Künstler vergaß eine Vorstellung! Sechstausendeinhundertachtundvierzig Vorstellungen hatte er ohne den geringsten Anstand bis jetzt hinter sich gebracht, die sechstausendeinhundertneunundvierzigste Vorstellung hatte er glatt vergessen! Er war der fälschlichen Auffassung, daß er am 17. August abends spielfrei hätte und fuhr daher nach Wien. Direktion, Regie und Ensemble rauften sich die Haare: Kurz vor Beginn der Vorstellung – das Haus war bis auf den letzten Platz gefüllt – war Pepi nicht in seiner Garderobe, was in all den Jahren noch nie vorgekommen war. Es mußte ein Unglück geschehen sein! Von sämtlichen Telefonapparaten des Festspielhauses aus wurde in alle Windrichtungen telefoniert, mit negativem Erfolg, bis jemand die Idee hatte, in Wien-Mauer anzurufen. Dort hob ein völlig ahnungsloser Josef Meinrad ab und erfuhr, daß er in dieser Minute eigentlich in Salzburg auf der Bühne stehen sollte. Ihn traf fast der Schlag vor Schreck! Die Vorstellung mußte abgesagt werden, das Publikum konnte gegen Erhalt des Eintrittsgeldes die Karten zurückgeben. Zweiundachtzig Personen haben davon Gebrauch gemacht, siebenhundert haben die Karten behalten und wollten am folgenden Tag zu einer eingeschobenen Vorstellung wiederkommen. Die Konventionalstrafe – bei einem derartigen Vergehen üblich – wurde Meinrad großzügig erlassen. Am nächsten Abend trat der Künstler vor der Vorstellung vor den Vorhang und entschuldigte sich. »Ich bin mir völlig klar, daß es für mich keine Entschuldigung geben kann, daß ich die gestrige Vorstellung versäumt habe.« Er bedankte sich bei seinen Kollegen, daß sie sich sofort bereit erklärt hatten, einen Tag nach der geplatzten Vorstellung nochmals aufzutreten, und sagte abschließend: »Ich bitte alle um Vergebung, denen ich den Abend verdorben, Spesen verursacht, die ich gekränkt oder verärgert habe. Am meisten aber danke ich jenen, die gesagt haben, ›hoffentlich ist‹ ihm nichts passiert‹.« Und alle jubelten ihm gerührt zu.

Neben den Aufführungen in Salzburg gastierte Josef Meinrad, nachdem er ab nun mindestens dreimal täglich seinen Terminkalender kontrollierte, zweimal mit dem *Mann von La Mancha* im Theater am Gärtnerplatz in München.

Bereits eine Woche später startete Meinrad mit Mitgliedern des Burgtheaters zu einer ausgedehnten Theatertournee mit *Hadrian VII.* in die Schweiz und nach Westdeutschland. Diesmal wurden auch einige Orte in Westösterreich bespielt. In sechsundsiebzig Städten fanden siebenundachtzig Vorstellungen – von Locarno bis Hamburg – statt. Frau Germaine begleitete Pepi fast bei jeder Tournee, nur diesmal nicht, weil sie mit dem Umbau ihres Anwesens in Großgmain vollauf beschäftigt war. »Eigentlich«, so sagte sie einmal in einem Interview, »haben wir unser Salzburger Haus auch für meine Mutter gekauft, damit sie nicht mehr allein in Wien bleiben mußte, wenn ich meinen Mann auf seinen Reisen begleitete.« Und leise fügte sie hinzu: »Leider hat sie es nicht ein einziges Mal betreten können.« Germaines Mutter war die letzten Jahre ihres Lebens schwerkrank und starb noch vor der Fertigstellung des Hauses.

So war Frau Germaine am 14. Oktober wieder mit ihrem kleinen Sportflitzer von Salzburg nach Großgmain zur »Großbaustelle« unterwegs. Mit ihr drei Hunde. Kurz vor Großgmain, in einer völlig übersichtlichen Kurve, kam ihr ein junger Mann mit seinem Auto wie ein Geschoß entgegen und krachte frontal in sie hinein. Germaines Auto hatte einen Heckmotor, doch Gott sei Dank hatte sie vorne ihren Kofferraum mit Architekturbüchern sowie Tapeten- und Bodenbelagskollektionen vollgeladen, so daß dadurch der Anprall gemildert wurde. Trotzdem erlitt Frau Meinrad eine schwere Gehirnerschütterung und wurde in das Krankenhaus in Salzburg eingeliefert. »Mohrli«, der Labrador, war durch den Unfall derart geschockt, daß er davongelaufen war. Nach drei Tagen quälender Sorge konnte er in Schwarzbach/Bayern gefunden und in das Tierschutzhaus Bad Reichenhall überstellt werden. Von dort wurde er wohlbehalten wieder in Empfang genommen.

Die Gastspielreise endete am 21. Dezember in Remscheid. Diese anstrengende Tournee brachte Meinrad wieder große Erfolge und einige Pfunde Gewichtsverlust. Das Weihnachtsfest konnte die Familie bereits in der langsam Gestalt annehmenden »Scheune« in Großgmain feiern.

Ab Januar 1973 waren fast täglich die *Damenbekanntschaften* im Akademietheater angesetzt, ab Februar im Burgtheater Jean Baptiste Molières *Der Bürger als Edelmann,* in der deutschen Bearbeitung von Hans Weigel und unter der Regie von Jean Louis Barrault. Dies ging in ununterbrochener Folge so bis August dahin.

Am 21. April hatte Josef Meinrad seinen sechzigsten Geburtstag erlebt, doch intensive Arbeiten und die vielen Termine ließen eine besondere Feier nicht zu. Es muß wohl nicht betont werden, daß er an seinem Festtag selbstverständlich abends auf der Bühne des Burgtheaters stand. So wurde nur in kleinstem Freundeskreis am nächsten Sonntag beim Meinradschen Jour in Wien-Mauer gefeiert. Die Sektkorken knallten zwar, doch der Künstler hatte nur ein Glas Orangensaft in der Hand und mußte sich bald verabschieden.

Eine große Anzahl von Glückwunschbriefen und -telegrammen haben ihn zum Geburtstag erreicht. Am meisten freute er sich über das Telegramm des Bundesministers für Unterricht und Kunst, Dr. Fred Sinowatz: »Ich habe diesen Tag zum Anlaß genommen, Sie in Würdigung Ihrer Verdienste um das Burgtheater zum Ehrenmitglied dieses Hauses zu ernennen.«

»Herzlichen Glückwunsch bei der Überwindung des Unvermeidlichen. Ihr aufrichtiger Dr. Bruno Kreisky.«

»Wir Wiener wissen Ihre großen Verdienste um das Theaterleben unserer Stadt wohl zu schätzen«, lautete ein Brief des Vizebürgermeisters der Stadt Wien, Gertrude Fröhlich-Sandner. »Wer je Zeuge Ihrer eindrucksvollen Charakterdarstellungen war, wer je einen der von Ihnen gestalteten Wiener Typen sah, ist um ein unvergeßliches künstlerisches Erlebnis reicher geworden.«

»Darf ich mich der sicher unzähligen Zahl der Gratulanten anschließen«, hieß es in einem Telegramm, »und Ihnen als

In Würdigung Ihres hervorragenden künstlerischen
Wirkens am Burgtheater und Ihrer besonderen Verdienste um das Institut ernenne ich Sie zum

E h r e n m i t g l i e d
des Burgtheaters.

Empfangen Sie hiezu meine besten Glückwünsche sowie
meine aufrichtigen Wünsche für Ihre weitere Tätigkeit.

Wien, am 17. April 1973

Herrn Kammerschauspieler
JOSEF MEINRAD

einer Ihrer glühendsten Verehrer und Bewunderer viele gute Wünsche für weitere Erfolge, vor allem aber Gesundheit, sagen ... Ihr Karl Dönch.«

»happy birthday affectueusement. Jean Louis Barrault. Paris.«

»Wir alle gedenken Ihrer voller Herzlichkeit. Boy Gobert und das Hamburger Thalia-Theater.«

Ein Brief freute Meinrad ganz besonders und straft vielleicht die vielen Gerüchte Lügen, die seit der Verleihung des Iffland-Ringes von einer gewissen Animosität zwischen Meinrad und dem Briefschreiber wissen wollen: »Mein lieber Pepi – Die Zeitung berichtet das Unglaubliche, Du seist 60 geworden. Dabei erscheint es mir, als hätten sich Deine prächtigen Leistungen in der Insel erst gestern ereignet. Die Zeit stürzt wie eine Lawine. Unlängst habe ich Deinen ›Fidelen Bauer‹ im Schweizer TV gesehen. Das war herzerwärmend. Ich wünsche Dir Gutes, Erfreuliches, Freudiges, Erhebendes. Sei umarmt von Deinem alten Oskar Werner.«
Im August war in Salzburg Premiere von *Was ihr wollt* in derselben Besetzung wie im Vorjahr. Am 21. August wurde diese erfolgreiche Produktion für das österreichische Fernsehen aufgezeichnet. Auf der Bühne in Salzburg erlebte Josef Meinrad eine besondere Ehrung. Burgtheaterdirektor Gerhard Klingenberg, für Meinrad bereits der sechste Direktor seit seiner Zugehörigkeit zu diesem Theater, überreichte ihm in einem Festakt das Dekret der Ehrenmitgliedschaft des Burgtheaters. Die Ernennung war schon anläßlich seines sechzigsten Geburtstages im April erfolgt.
Seit dem Jahre 1922 wird der Titel eines »Ehrenmitglieds des Burgtheaters«, in Anlehnung an die Ehrenmitgliedschaft der Staatsoper, an besonders verdiente Angehörige des Ensembles verliehen. Anlaß zur ersten Verleihung des Titels war das vierzigjährige Bühnenjubiläum Max

Devrients. Mit ihm erhielten damals Hugo Thimig, Georg Reimers und Auguste Wilbrandt-Baudius diesen Ehrentitel.

Die Richtlinien für die Auszeichnung besagen, daß die Zahl der lebenden Ehrenmitglieder ein Zehntel des gesamten Mitgliederstandes des Ensembles nicht übersteigen soll. Der Ehrentitel darf weder in Wort noch Schrift verwendet werden, wenn Ehrenmitglieder bei Veranstaltungen mitwirken, die »mit der Würde des Titels unvereinbar wären« – zum Beispiel in Operetten, Varietés oder Kabaretts. Eine letzte Ehrung steht den Ehrenmitgliedern des Burgtheaters zu, auf die sie jedoch solange wie möglich verzichten: Nach ihrem Tod werden sie im Foyer des Burgtheaters aufgebahrt und nach einem Festakt im Sarg um das Haus getragen. Und auf dem Wiener Zentralfriedhof steht ihnen ein Ehrengrab zu.

14
Tourneen und Premieren

> »Wir spielen immer. Wer es weiß,
> ist klug.«
>
> Arthur Schnitzler *(Paracelsus)*

Das Ende des Jahres 1973 verging mit den Dreharbeiten zu dem Film *Räuber Hotzenplotz* in der Regie von Gustav Ehmck. Mit Meinrad spielten Gert Fröbe und Lina Carsten. Meinrad gab den Zauberer Perosinius Zwackelmann. Die folgenden zehn Jahre brachten für Josef Meinrad eine solche Fülle von verschiedensten Aufgaben, daß eine lückenlose Aufzählung nicht möglich ist. Vor allem die vielen einzelnen Auftritte bei Festveranstaltungen, die Gastspiele und kleineren Fernsehverpflichtungen sowie Synchronisationsarbeiten können nicht einzeln aufgeführt werden. Wir beschränken uns auf die laufenden Inszenierungen des Burgtheaters, und wie es noch zu zwei neuen großen Nestroy-Rollen kam, auf die drei großen Tourneen, die Fernsehserien und die mehrmaligen *Fledermaus*-Auftritte in London.
Im Februar 1974 flog Meinrad nach Berlin, um unter der Regie Axel von Ambessers den Menelaos in Jacques Offenbachs *Die schöne Helena* in einer Fernsehverfilmung zu spielen. Seine Partner waren die italienische Sängerin Anna Moffo und Iwan Rebroff. Mit der rassigen Italienerin hatte der schüchterne Pepi sogar eine beneidenswerte Bettszene.
Nach Wien zurückgekehrt, spielte Meinrad im *Bürger als Edelmann,* in *Onkel Wanja,* im *Unbestechlichen* (Bregenzer Festspiele) und in *Was ihr wollt* (Salzburger Festspiele) mit der Besetzung von 1972 und 1973 – ausnahmslos auf der Bühne.

»Liegt es daran, daß Sie die Bühne lieben und bevorzugen?«
wurde der Künstler einmal gefragt. – »Es liegt eindeutig an
den Angeboten. Ich würde schon gerne Filmrollen akzeptieren, aber um den deutschen Film ist es ja jetzt sehr ruhig geworden.« – »Nach welchen Gesichtspunkten entscheiden
Sie sich für eine Rolle?« – »Es gibt«, bekannte Meinrad,
»nur sehr wenige Rollen, die ich abgelehnt habe. Vielleicht
wurden immer Sachen an mich herangetragen, die mir auch
zugesagt haben und die ich gerne spielen wollte.« – »Und so
hat man Sie schon als Volksschauspieler festgelegt.« – »Im
Volk ein Volksschauspieler zu sein, ist eine Gnade – eine
Ehre. Aber im Munde der Kritiker klingt das abwertend.
Ich empfinde es eher als eine Auszeichnung … Meine Kritiker assoziieren mich zu sehr mit Raimund und Nestroy –
dem typisch Wienerischen. Ich strebe hingegen die Vielsei-
tigkeit an, sie ist das Beglückendste am Beruf des Schauspielers. Zu meinen Lieblingsrollen zählen der *Mann von
La Mancha,* der *Peer Gynt,* der *Liliom,* der Bluntschli in
Helden, der Zettel im *Sommernachtstraum* – also ich lege
mich keineswegs auf das Österreichische fest. Im großen
und ganzen bin ich sehr zufrieden. Mir ist eigentlich alles
begegnet, was ich mir gewünscht habe – die ernsten und die
heiteren Rollen.« – »Und zu den heiteren zählen wohl die
Sissi-Filme, für die Sie von Kritikern gelegentlich Vorwürfe
erhielten?« – »Mein Gott, was soll's? Diese Filme waren weder für mich noch für die anderen ein Unglück, denn sie lie-
fen so oft im Ausland, daß man sich dort mein Gesicht ein-
geprägt hat.« – »Ein Journalist bezeichnete Sie einmal als
die ›Personifikation des Liebenswerten‹.« – »Ach, wissen S',
daß ich freundlich bin, weich und entgegenkommend,
stimmt schon – auch im Privatleben. Ich äußere meine Meinung nicht, wenn ich nicht gefragt werde, damit ecke ich weniger an als andere. Es kostet ja nichts, freundlich zu sein.
Allerdings, wenn ich von etwas überzeugt bin, dann kann ich

meinen Willen durchsetzen – das sagt meine Frau auch …
Lautstarkes Debattieren liegt mir ohnehin nicht. Ich habe
hohe Achtung vor der Meinung eines anderen und starke
Hemmungen, jemandem eine Überzeugung aufzudrängen
… Ich kann keinen Menschen einer Theorie wegen angreifen oder gar bekämpfen … Ich versuche nur manchmal selber so zu leben, wie ich es mir von den anderen wünsche.« –
»Also rundherum friedlich und glücklich?« – »Ja. Ich habe
ein gutes Zuhause. Es sind nicht viele Bekannte um uns
herum, aber die wenigen sind aufrichtige Freunde.«

Am 6. September startete Josef Meinrad zu seiner bisher
längsten Theatertournee mit dem *Unbestechlichen,* die, bis
auf die Weihnachtsfeiertage, die er in Salzburg verbrachte,
bis Ende Februar 1975 dauerte. Meinrad spielte mit seinem
Ensemble, er führte selbst Regie, in einhundertdreiund-
dreißig Städten in der Schweiz, in Holland und Westdeutschland. Insgesamt absolvierte er in diesen Wochen ein-
hundertzweiundfünfzig Aufführungen, die ebenso erfolgreich waren wie jene vor fünfzehn Jahren mit demselben
Stück. Nach einer Unterbrechung, die Meinrad nach München für eine *Kommissar*-Folge und *Färber*-Vorstellungen
am Deutschen Theater führte, begann Ende September der
zweite Teil der Tournee. Wieder ging es in die Schweiz, nach
Südtirol, Westösterreich und Westdeutschland und endete
zu Weihnachten. Es wurden diesmal achtundsiebzig Orte
bespielt.

Die für die Tourneen notwendigen Urlaube vom Burgtheater waren vertraglich festgelegt, für diese Zeit ruhten selbstverständlich die Gagen. Es begann ein Leben aus dem Koffer, mit dem Autobus täglich von einer Stadt in die nächste.
Doch dank der hervorragenden Organisation durch Erwin
Godard gab es für alle Beteiligten genügend Zeit zur Entspannung. Frau Edith Böheim, die viermal solche Tourneen
als Souffleuse begleitete, erzählt noch heute, daß Josef

Meinrad stets zu seiner gewohnten Mittagsruhe kam, während sie mit Frau Germaine in jeder neuen Stadt die Geschäfte erkundete.

Im Jahre 1976 lief der Vertrag des Burgtheaterdirektors Gerhard Klingenberg aus. Nach alter Tradition begann bereits ein Jahr vorher die Suche nach einem geeigneten neuen Mann, die Gerüchteküche brodelte. Namen schwirrten durch die Gazetten und Salons der Wiener Theaterbegeisterten. Politiker intervenierten. Das alte Spiel also. Der zuständige Minister war damals Dr. Fred Sinowatz. Der Favorit des Bundeskanzlers Dr. Kreisky war Giorgio Strehler aus Mailand, der aber Wien einen Korb gab; ebenso Kurt Meisel in München, Otto Preminger in Hollywood und Thomas Bernhard. Angefragt wurde noch bei Peter Zadek in Bochum, Helmut Wochinz in Klagenfurt, bei Lietzau in Berlin und bei Josef Meinrad in Wien. Meinrad dachte an die Worte Carl Zuckmayers, als man ihm nach Adolf Rott den Posten eines Direktors des Burgtheaters anbot: »Da setz' ich mich lieber mit meinem nackten Hintern in einen Ameisenhaufen!« Meinrad lehnte ab und erhielt einen freundlichen Brief des zuständigen Ressortministers:

»Lieber, sehr verehrter Herr Kammerschauspieler!

Es hat mich mit großer und ehrlicher Genugtuung erfüllt, daß Sie sich für grundsätzliche Vorgespräche in bezug auf die Übernahme der Direktion des Burgtheaters bereit erklärt haben. Sie, der Sie diesem Haus in besonderer Weise verbunden sind, wären die ideale Direktionslösung für das Burgtheater gewesen.

Das deutsche Theater in unserer Zeit braucht mehr denn je den faszinierenden und bescheidenen Theatermann Josef Meinrad.

Kaum eine österreichische, künstlerische Persönlichkeit darf einen solchen Ruf in Anspruch nehmen. Um so mehr verstehe ich Ihr Zögern und Ihre Bedenken, dieser Berufung, die mit einer schwierigen, organisatorischen, kommerziellen und gesundheitlichen Belastung verbunden ist, nicht Folge zu leisten. Mag Ihnen der Antrag, daß Sie Direktor des Burgtheaters hätten sein können, mehr geben als die Tatsache, es wirklich zu sein. So sehr ich Ihre Haltung verstehe, so sehr bedauere ich sie auch.

Lassen Sie mich als zuständigen Ressortminister die Versicherung abgeben, daß, soweit es in meinem Bereich liegt, alles getan wird, um Sie dem Burgtheater zu erhalten, denn Ihr künstlerischer Idealismus und Ihre menschliche Einstellung zum Burgtheater muß dem Haus und uns allen erhalten bleiben. Ein Burgtheater ohne den Schauspieler Meinrad ist für mich undenkbar.

Ich danke Ihnen für die Gespräche, die Sie mit mir und meinen Mitarbeitern geführt haben und hoffe, daß Sie mir als zuständigem Ressortminister auch weiterhin für Beratungen und Gespräche verbunden bleiben.

Mit den besten Wünschen bin ich Ihr
Fred Sinowatz.«

Robert Jungbluth, der im Auftrag des Ressortministers mit den Kandidaten für den Direktionssessel des Burgtheaters verhandelt hatte, war Josef Meinrad nach Deutschland nachgereist. Erst Jahre später (am 21. April 1983) wird er in einem Brief an Meinrad diese Tage schildern: »Du hast nach kurzer Zeit des Überdenkens abgelehnt in Demut und Respekt vor der Größe der Aufgabe. Wäre ich damals nicht schon längst Dein Verehrer und Freund gewesen, allein diese Tage mit den Gesprächen über Deine Theateransichten hätten mich fest an Dich gebunden. Die Lauterkeit, Klarheit und Anständigkeit Deiner Gedanken über die Menschen, das Leben und das Theater und Dein spürbarer Respekt dazu haben mich tief beeindruckt.«

Minister Sinowatz erteilte nun den Auftrag, mit vier Kandidaten, die nach den Absagen noch übriggeblieben waren, zu verhandeln: Boy Gobert, Dietrich Haugk, Michael Kehlmann und Achim Benning. Gobert war der Favorit. Er stand schon 1971 nach Paul Hoffmanns Direktion mit Gerhard Klingenberg in engster Wahl, mußte aber damals Klingenberg den Vortritt lassen. Gobert verhandelte in diesen Tagen bereits mit dem Hamburger Thalia-Theater, mit dem er auch einig wurde. So wurde Achim Benning erster Kandidat und schließlich zum Direktor ernannt. Für Meinrad war es der siebte Direktor während seiner »Dienstzeit« an der Burg.

Ab 1. Februar 1976 drehte Josef Meinrad im ORF-Theater am Küniglberg den TV-Film *Abschied Ronacher* nach einem Drehbuch von Hans Weigel. Fast gleichzeitig begann die Aufführungsserie im Akademietheater mit Nestroys *Liebesgeschichten und Heiratssachen* unter der Regie von Leopold Lindtberg. Der Emporkömmling Nebel wurde eine neue Paraderolle Meinrads, die er jahrelang im Burg- und Akademietheater verkörperte. Trotz seiner Schlauheit bleibt er zuletzt, was sein persönliches Glück betrifft, erfolglos; er vereint, nach seinen eigenen Worten, einen »passablen Kopf mit einem schlechten Herzen«. Es gestalten sich von den drei Liebesgeschichten nur zwei zu Heiratssachen. Dazu Paul Blaha im »Wiener Kurier«: »Ein ziemlich greller, doch durchwegs erfolgreicher Theaterabend. Einen, den die Leute mögen … Die Aufführung ist beschwingt, hat Tempo, Munterkeit, ist lustig … Das Stück entstand 1843 und ist Nestroys 48. Stück und spielt wieder einmal in der Welt der Neureichen, von Hochstaplern und Konkursen … Wie meistens leben die Emporkömmlinge in Saus und Braus und schmücken sich mit fremden Federn, während andere über Nacht ihr Hab und Gut verloren haben. Zu ersteren gehört der Ex-Lakai Nebel (Josef Meinrad), der Gauner, Heiratsschwindler, Defraudant … Fast alle Darsteller, ob Jane Tilden, ob Hugo Gottschlich, von Rudolf Melichar bis Sylvia Lukan, sind vergnüglich. Josef Meinrad, Staatsmeister in Lindtberg–Nestroy, Nationalschauspieler und exquisites Instrument für Luxus–Nestroy. Fritz Muliar als Herr von Fett, als eine Art lustiger Szupan eine große Wonne, Johannes Schauer umwerfend komisch als Marchese Vincelli.«

Im März begannen beim deutschen Fernsehen in Stuttgart die Dreharbeiten zu *Gaslicht* von Patrick Hamilton unter der Regie von Cremer. »Was haben wir doch für herrliche Schauspieler!« schwärmte der Wiener »Kurier« nach der Ausstrahlung im Jahre 1978. »*Gaslicht,* eine deutsche Produktion, hat das wieder einmal ganz deutlich gezeigt. Erika Pluhar: Wie sie nur mit Augen und Mund eine ganze Kollektion widersprüchlicher Empfindungen auszudrücken vermochte ... Und Josef Meinrad als Scheusal: Wie seine Hände mit ganz sparsamen Bewegungen das Böse geradezu zu beschwören schienen, wie sich seine Züge zu einem teuflischen Lächeln verzogen, seine Blicke zu scharfen Dolchen wurden, bis er dann, überführt und gebrochen, einen tödlichen Irrtum erkennen mußte und zur steinernen Maske erstarrte. Diese beiden, und dazu der fabelhafte Gustav Knuth ..., machten die Neuverfilmung der klassischen Mordgeschichte Patrick Hamiltons zu einem packenden, aufwühlenden Bildschirmerlebnis, auch wenn man dieses Stück Kriminalliteratur bereits längst kannte.«

Selbstverständlich reizt es einen Schauspieler, auch einmal in die Rolle des Bösewichts oder Intriganten zu schlüpfen. Doch im Falle Meinrad war dies eine große Seltenheit, wenn man von den galligen, aber doch auch stets pfiffigen Nestroy-Typen absieht. Für das Publikum jedenfalls, das seinen »Pepi« stets mit der Welt des Guten assoziierte, wirkten solche Ausflüge zum Krimi befremdend. Als einmal eine dreiteilige Krimiserie mit Meinrad über den Bildschirm flimmerte, trug sich in Wien-Mauer folgendes zu: Der Par-

tieführer der Städtischen Mistabfuhr klingelte nach der ersten Folge den Mimen heraus und erklärte ihm ganz entrüstet: »Sollten Sie der Mörder sein, Herr Meinrad, dann leere ich nicht mehr ihre Mistkübel aus! Die laß' ich stehen!«
Ab 20. März ging es mit den *Liebesgeschichten* im Akademietheater weiter. Im April stand Josef Meinrad vor der Kamera, gedreht wurde ein TV-Film über *Musicals im Theater an der Wien.* Diese »90-Minuten-Sendung führt durch die bewegte Geschichte des traditionsreichen Hauses, Anlaß war eine Aufführung im Vorjahr bei der Berliner Funkausstellung, man wollte so etwas nun auch für das Fernsehen adaptieren. Prominent ist die Besetzungsliste: Violetta Ferrari singt aus *Cabaret,* Gaby Jacoby *My Fair Lady,* Yossi Yadin *Anatevka,* Dagmar Koller *Cancan,* Iwan Rebroff *Das Glas Wasser,* Marianne Mendt *Das Appartement,* Olivia Molina *Sorbas,* Josef Meinrad *Mann von La Mancha,* Michael Heltau *Helden,* Johannes Heesters *Die lustige Witwe …«*
Im August wurde bei den Bregenzer Festspielen eine Neuinszenierung von Raimunds *Verschwender* aufgeführt. Meinrad spielte selbstverständlich den Valentin – seine Glanzrolle – und Inge Konradi die Rosl. Weiters wirkten noch mit: Alma Seidler, Sonja Sutter, Hugo Gottschlich, Attila Hörbiger, Fred Liewehr, Fritz Muliar, Walther Reyer und Alexander Trojan. »Josef Meinrad entfaltet in seiner Paraderolle des Valentin alle Register volkstümlicher Komik und warmherziger Menschlichkeit«, schrieben die »Salzburger Nachrichten« nach der Premiere im Kornmarkttheater. »Wenn Meinrad das Hobellied singt, dann spürt man den Hauch von drüben, das tapfere Sichfügen in den Entschluß des ebenso Unbegreiflichen wie Unvermeidlichen.«
1977 war Meinrad mit dem Stück *Der Färber und sein Zwillingsbruder* auf einer ausgedehnten Gastspieltournee in Westdeutschland und in der Schweiz unterwegs. Es war seine letzte und bisher längste Tournee, mit einer Rolle, in der

er schon seit seinen Anfängen brilliert hatte. Zu Silvester 1977 und in den folgenden Januartagen erfolgte ein sensationeller Auftritt: Meinrad gastierte als Frosch in London! Jeder Akteur in diesen Vorstellungen spielte in seiner Muttersprache – englisch, französisch und deutsch. »Ich löste das sprachliche Problem«, so Meinrad, »vor allem pantomimisch, aber ein Extempore hatte ich auch. Die Damen Olga und Ida rief ich nach der Melodie ›Holde Aida‹ herbei und erklärte, ›einmal hab' ich in Covent Garden singen dürfen!‹ Das war natürlich ein sicherer Lacher.« Vor ausverkauftem Haus ein großartiger Erfolg.

Am 16. Januar 1980 weilte die englische Königin-Mutter in der Vorstellung der *Fledermaus* und bat im Anschluß zu einem Empfang in die »Crush-Bar«, das repräsentative Foyer des Opernhauses.

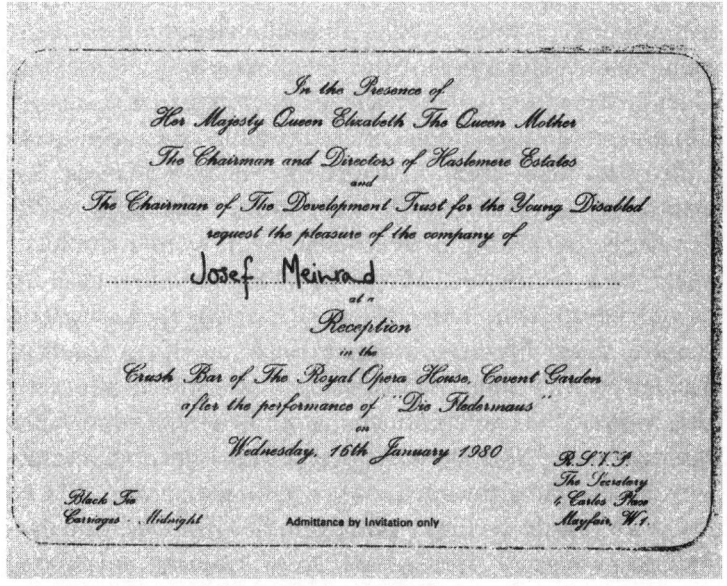

In Covent Garden spielte Meinrad den »Frosch«, und Queen Mother bat zum Empfang

»Sofort nach der Vorstellung wurde ich zum Empfang der Königin-Mutter gebeten«, erzählt der Künstler, »die mich persönlich kennenlernen wollte. Ich hatte gar keine Zeit, mich umzuziehen. Die Damen waren alle im Abendkleid und die Herren im Smoking, nur ich in der ausgewaschenen Uniform eines österreichischen Gefängniswärters, mit viel zu kurzen Ärmeln und Hosenröhrln. Auch den struppigen Schnurrbart trug ich noch unter der Nase. Die Königin-Mutter sah großartig aus. Ein langes weißes Seidenkleid und herrlicher Schmuck. Auf ihren weißen Haaren ein glitzerndes Brillantdiadem. Für mich war die Begegnung sehr aufregend. Mehr als die Vorstellung vorher. ›Sie sind ein Juwel, Josef Meinrad‹, sagte sie zu mir. Ich spreche ja schlecht Englisch, aber dieses Kompliment habe ich doch verstanden. Ich wollte bescheiden abwehren, aber mir fielen die richtigen Vokabeln nicht ein. So konnte ich nur mühsam sagen, daß die Rolle nur sehr klein wäre. ›Aber ein Juwel!‹ wiederholte sie charmant. Dieses Kompliment war für mich wie die Verleihung eines Ordens. Mich wundert's heute noch, daß man mich nach London zur *Fledermaus* geholt hat. Für mich war's eine große Ehre, dazu noch, wenn man bedenkt, daß – weil's die Gewerkschaft so verlangt hatte – ein zweiter Darsteller, natürlich ein Engländer, dafür ebenso engagiert werden mußte.«

Wir kehren in das Jahr 1978 zurück. Den Juni über gastierte der berühmte Burgmime, Iffland-Ring-Träger, der hochdekorierte Josef Meinrad in der Provinz: im Karmeliterhof-Theater in St. Pölten. Wie kam es zu diesem sensationellen Engagement? »Ganz einfach«, sagt Josef Meinrad. »Der Intendant von St. Pölten, Herwig Lenau, hat mich einfach gefragt, ob ich nicht auch einmal bei ihm spielen könnte. Das war gerade zu einer günstigen Zeit, und ich habe mit Freude ja gesagt.« Und so gab Josef Meinrad mit Johann Nestroys *Liebesgeschichten und Heiratssachen* ein sensationelles Gastspiel (sieben Vorstellungen) in St. Pölten; der

Künstler hatte dabei einen »Mordsspaß«, der Intendant ein volles Haus und das Publikum vergnügte Abende. Alle waren glücklich.

Der gefeierte und berühmte Star war schon einmal dahin »hinabgestiegen«, wo er einst begonnen hatte: in ein Kellertheater! Hans Weigel zollte ihm damals höchste Anerkennung: »Ich will diesen Versuch, das Phänomen Josef Meinrad zu beschreiben, nicht mit einem Ausblick, sondern mit einer Erinnerung abschließen, die zu meinen schönsten Erlebnissen zählt. Das Bronner-Merz-Qualtinger-Ensemble in Wien hatte die Gewohnheit, hundertste Vorstellungen eines Kabarett-Programms auf besondere Weise zu begehen; man bat Schauspieler und Sänger und andere Größen in das Haus und ließ sie unangesagt und improvisiert in irgendeiner Nummer mitwirken. Opernsänger, Schauspieler und andere Notabilitäten werden derart dem nichtsahnenden Publikum präsentiert, das, unvorbereitet auf die außertourlichen Bereicherungen des Programms, mit fassungsloser Überwältigung reagiert. In einer *Jedermann*-Parodie saß einmal der große Fritz Imhoff, der kurz vorher im Salzburger Original-*Jedermann* den Dicken Vetter gespielt hatte, auf der Kabarettbühne an Jedermanns Tisch und sprach seinen Originaltext. In einer Nachtlokalszene saß Inge Konradi mit auf der Bühne. Einmal wirkte sogar ein echter Minister in einer Persiflage der Eröffnungszeremonie mit. Einmal wurde auch Meinrad zu einer ›Hundertsten‹ in das ›Neue Theater am Kärntnertor‹ gebeten, er war an diesem Abend spielfrei und kam. Helmut Qualtinger und Hans Sklenka spielten Helmut Qualtingers herrliche Szene der zwei alten Provinzmimen am Schminktisch *Der Menschheit Würde ist in eure Hand gegeben.* Sie kamen zu der Stelle: ›Wer hat eigentlich den Iffland-Ring bekommen?‹ – ›Irgendein Burgschauspieler …‹ – Da ging hinter ihnen Josef Meinrad langsam über die Bühne und verschwand wieder. Sein Auftritt, einer Vision sehr ähnlich, dauerte nur wenige Sekunden. Dann brach in dem Theater eine Ovation los, wie ich sie in ähnlicher Spontaneität und Intensität nie erlebt habe.

Es war ein Scherz beabsichtigt gewesen. Aber es wurde viel mehr daraus. Aus dem Olymp des großen Theaters war einer hinabgestiegen zu den Kollegen der Kleinkunst, bei denen er angefangen hatte, und symbolisch zu den armen, kleinen, kläglichen Parias seines Berufs. Alles was Theater ist, vereinigt sich, in wienerischer Tönung, einige Sekunden lang, aus dem Zufall geboren, vor einem zufälligen Publikum, das durch seine jubelnde Zustimmung den Zauber vollendete. Ob Iffland den Iffland-Ring gestiftet hat, ist umstritten. Daß aber Josef Meinrad diesen Ring zu Recht trägt, wurde spätestens an jenem Abend durch ein unwidersprechbares Plebiszit bestätigt!«

Im Sommer 1978 war der Künstler mit einem neuen Stück beschäftigt und studierte das Rollenbuch der Nestroyschen Posse *Kampl*. Kurz vorher hatte Meinrad in einem Interview auf die Frage, ob er im Laufe seiner Karriere ein besonderes Verhältnis zu Nestroy entwickelt habe, geantwortet: »Dazu muß ich sagen, daß ich mich auch erst durchringen mußte, denn der erste Schritt zu Nestroy war mir gar nicht selbstverständlich. Gerade das Wortspiel war mir anfangs bis in die letzten Tiefen hinein nicht so geläufig, und mit der Zeit habe ich gemerkt, wie hintergründig und wie tief diese Nestroyschen Bemerkungen sind. Es ist so, daß man bei der Wiederholung eines Stückes nach Jahren noch immer wieder auf neue Hintergründe kommt.« Zu seinem letzten Nestroy-Stück *Liebesgeschichten und Heiratssachen* meinte Josef Meinrad: »Es ist eines von jenen Stücken, die seltener gespielt werden. Man hat es wieder ›ausgegraben‹ und sich gesagt: Wer weiß, ob das ein Erfolg wird. Nach fünfzig Aufführungen am Burgtheater kann man sagen, daß das Interesse beim Publikum sehr stark – und ich glaube auch – der Erfolg sehr groß ist.«

51 (links) Josef Meinrad als Kampl und Attila Hörbiger als Kanzleidiener Gabriel in Nestroys »Kampl«, Oktober 1978 – 52 (rechts) Mit Inge Konradi, der langjährigen Partnerin Josef Meinrads

53 Königin-Mutter Elisabeth empfing am 16. Januar 1980 Josef Meinrad (als »Frosch«) in Covent Garden

54 Josef Meinrad, Dagmar Koller und Heinz Peters in »Der Mann von La Mancha« von Dale Wasserman, September 1981

55 Anläßlich seines 70. Geburtstages am 21. April 1983 wird Meinrad nach der Vorstellung »Der Unbestechliche« mit einer Enthüllung eines Porträts von Boleslaw Jan
Czedekowski geehrt. Im Hintergrund links Burgtheaterdirektor Achim Benning

56 *Kardinal Franz König und Achim Benning gratulieren ebenso ...*

57 *... wie Bürgermeister Dr. Helmut Zilk*

58 Katholikentag Wien 1983. Papst Johannes Paul II. reicht Elisabeth Orth und Josef Meinrad die Hand

59 Josef Meinrad und Paula Wessely in der Abschiedsvorstellung am 27. November 1983 mit Hofmannsthals »Der Unbestechliche«

»Zum ersten, zum zweiten, zum dritten …« Josef Meinrad versteigert für »Licht ins Dunkel«, 20. Februar 1986

61 Als Pater Rupert Mayer in »Ich schweige nicht«, Bürgersaalkirche München, April 1987

62 Germaine und Josef Meinrad bei der Eröffnung des »Josef Meinrad-Parks« in Großgmain am 21. April 1993 anläßlich des 80. Geburtstags des Künstlers

63 Meinrads »Scheune« in Großgmain

64 Vor dem Kamin in der Halle

Nun hatte die Direktion des Burgtheaters auch den *Kampl oder das Mädchen mit Millionen und der Näherin* wieder »ausgegraben« und auf den Spielplan für Oktober gesetzt. Franz Mautner sagte darüber:»Nestroy hat kein Stück mehr geschrieben, in dem Gemüt, Witz, stille Weisheit und Kampflust in gleichem Maße vereint sind wie im *Kampl.*«

Wie schwer es damals ein Schriftsteller und gerade Johann Nepomuk Nestroy hatte, Stücke zu schreiben, ohne in Gefahr zu geraten, ins Gefängnis zu wandern – Nestroy hatte ja, wie berichtet, bereits damit Bekanntschaft gemacht –, darüber schreibt Charles Sealsfield in »Austria as it is« im Jahre 1828: »Ein österreichischer Schriftsteller ist wohl das meistgequälte Geschöpf auf Erden. Er darf keine wie immer benannte Regierung angreifen, auch keine Minister, keine Behörde, nicht die Geistlichkeit oder den Adel, er darf nicht feinsinnig ... kurz er darf gar nichts sein ...«

Meinrad war es stets leicht gefallen, Nestroy-Texte verhältnismäßig rasch und sicher zu erlernen. Doch das Rollenbuch zu *Kampl* belehrte ihn eines Besseren. Er gab zu, daß ihm das Erlernen dieses Nestroy-Textes zum erstenmal schwergefallen sei.

»Trotz der Baroninnen und der Barone ist es ein Volksstück«, schrieb der »Kurier«. »Die Inszenierung lebt von Nestroys Wortwitz ... Trotzdem ist vieles langweilig und schwerfällig ... Der Witz, der lebt, gedeiht und überlebt vor allem durch Attila Hörbiger. Und auch Josef Meinrad. Solange Attila Hörbiger als Ex-Kanzleidiener Gabriel auf der Bühne steht, ist man beglückt, beseligt. Und wann immer Josef Meinrad als Kampl den verworrenen Familienverhältnissen nachspürt, vergißt man Ermüdung, Schlaffheit des Hergangs ... Meinrad trägt den Abend, Hörbiger macht ihn tragbar.«

»Wie Josef Meinrad diese Nestroy-Rolle nachzeichnete, das war halt das, was man eine Theatersternstunde nennt. Und eine zweite passierte gleich daneben, wenn Attila Hörbiger

in der Wenzel-Scholz-Rolle des versoffenen Amtsdieners
Gabriel Brunner die Bühne betrat … Meinrad und Hörbiger waren die Schauspielersäulen, auf denen dieser Nestroy-
Kampl triumphierend wiedererstand …«
In einer Rezension wurde Meinrad als »Meister der Suada«
bezeichnet. Er war ein »Meister der Suada«, aber der Rezensent ahnte nicht, wie schwer dieser Nestroy-Text war und
welch große Mühe es den Schauspieler Meinrad kostete, mit
den Wortkaskaden wie ein Jongleur mit seinen Bällen zu
spielen. Alles mußte so einfach und selbstverständlich klingen, und dazu mußten dem zungenbrechenden Text auch
noch die entsprechenden Pointen und Glanzlichter aufgesetzt
werden, um Lachstürme des Publikums zu provozieren. Ein
Glück, daß Meinrad in der Gestalt Attila Hörbigers einen
kongenialen Partner hatte, der ihm in keiner Weise nach-
stand. Es war ein seltenes Vergnügen, diese beiden Haudegen
der »Wiener Nestroy-Schule« gemeinsam agieren zu sehen.

Meinrad als »Kampl«, eine Karikatur seines alten Freundes Hugo Gott-
schlich

Eines Abends wußte der Künstler, daß der Autor dieser Zeilen die Vorstellung besuchte. Als in einer Szene die Sprache auf die Ärzte und den Tod kam, ergänzte Meinrad den Originaltext »Die Fakultät kennt keinen Tod« mit »oder wie mei' Arzt, der Doktor Holler, immer sagt«, wörtlich weiter: »Und wenn er eintritt, ist das ein Zeichen, daß eh nix z'machen war.« Solche kleinen Variationen waren den Künstlern gestattet. Das Extemporieren hingegen war seit 1752 durch kaiserliches Handschreiben auf Wiener Bühnen strengstens verboten. Offensichtlich waren die Behörden der »frechen« Schauspieler überdrüssig, die ihre Texte schriftlich niederlegen und der Zensurbehörde vorlegen mußten. Wurde ein Text sanktioniert, durfte kein Jota mehr verändert werden. In diesem Jahr war Josef Meinrad fünfundsechzig Jahre alt geworden, er schied aus dem aktiven Stand des Burgtheaters aus, verpflichtete sich aber, einmal im Jahr als Gast eine Hauptrolle in einem Stück seiner Wahl zu spielen. »Vor drei Jahren habe ich mich entschlossen, mit fünfundsechzig Jahren in Pension zu gehen«, erklärte Meinrad. »Es hat Monate gegeben, da habe ich siebenunddreißigmal gespielt. Das ist natürlich Wahnsinn. Und das wollte ich im Alter nicht mehr machen.« – »Es heißt, daß man im Alter ruhiger wird?« – »Ich hab' mich nie aufgeregt. Das ist ja widerlich. Ich war schon als Junger abgeklärt. Andererseits hat mir das viel geholfen, daß ich mich nie auf etwas verkrampft habe.« – »Älter werden ist also kein Problem?« – »Für mich nicht. Ich habe nicht eine Sekunde das Gefühl, daß ich früher wichtiger gewesen wäre als jetzt. Aber das ist auch ein Privileg eines künstlerischen Berufes. Übrigens, Gesundheit empfinde ich als ein viel größeres Geschenk als Jugend.« – »Hat man mit fünfundsechzig noch Träume?« – »Träume verbinden sich für mich immer mit etwas, was man erreicht hat. Ich habe keine Sehnsüchte. Ich habe alle Rollen gespielt. Es ist eigentlich kein Wunsch offen. Eine glücklichere Entschei-

dung, als diesen Beruf zu ergreifen, hätte ich gar nicht treffen können. Man bekommt rundherum Anerkennung und verdient auch noch Geld damit. Es gibt keinen schöneren Beruf als den des Schauspielers – wenn man Erfolg hat!«
Zehn Tage nach der letzten *Fledermaus*-Vorstellung im Januar 1979 in London stand Meinrad wieder als »Kampl« in Wien auf der Bühne und wechselte ständig mit der Rolle des »Nebel« in den *Liebesgeschichten.* Im März drehte er mit der Wiener Schönbrunn-Film den Streifen *Wunder einer Nacht.* Im August synchronisierte Josef Meinrad in Berlin die TV-Serie *Es war einmal … der Mensch.* »Warum muß man in der Schule Dinge lernen, die zwar an sich interessant sind, aber als ›Gegenstand‹ sofort Anlaß zu Prüfungen oder höchster Langeweile werden? Die Sendung *Es war einmal … der Mensch,* das ist Lernen mit Lachen«, sagte dazu Meinrad, der als Erzähler durch die Jahrtausende führte.
Im Oktober wurden wieder die Koffer gepackt. Das Burgtheater gab in Ost-Berlin ein Gastspiel. Zuerst bestritt Meinrad allein eine Lesung mit Franz Grillparzer, Ferdinand Raimund und Auszügen aus Johann Nestroys *Färber,* dann absolvierte er einige Vorstellungen mit *Liebesgeschichten und Heiratssachen.* Da wurde den spröden Ost-Berlinern einmal gezeigt, was Wiener Witz und Wiener Charme sind. Leider kamen die Aufführungen nicht so an, wie sie die Wiener präsentiert wissen wollten: eine gute, unbeschwerte Unterhaltung. Die parteistrammen Kritiker der gleichgeschalteten ostdeutschen Presse wollten in jedem Gag eine tiefgründige Aussage hören und in jedem Halbsatz klassenkämpferische Parolen: »Nestroys Posse mit Gesang *Liebesgeschichten und Heiratssachen* ist bei uns kaum bekannt … Attackiert werden feudale Standesdünkel und bourgeoise Doppelmoral … Dazwischen fungiert Meister Nebel … Er hat Witz und Vitalität, die größere Unternehmen wert wären …«
Im November drehte Meinrad für das österreichische Fern-

sehen *Froschperspektiven.* Um die alten Operettenfilme, die in den ORF-Archiven lagerten, nicht verstauben zu lassen, wurde eine TV-Serie gedreht, in deren Mittelpunkt der Frosch aus der *Fledermaus* stand. Josef Meinrad spielte ihn, das Drehbuch stammte aus der Feder von Wolfgang Boesch. Jede Folge hatte eine pseudoreale Handlung, die an das Happy-End der jeweiligen Operette anschloß und beim Heurigen in Grinzing spielte, denn dort arbeitete der inzwischen pensionierte Gefängniswärter Frosch als Heurigenkellner. Es entstanden sechs Folgen.

Kaum hatte Josef Meinrad im Februar 1980 zwei Folgen der *Froschperspektiven* in Wien abgedreht, eilte er nach München, um dort zehn Folgen der TV-Serie *Und der Huber bläst die Tuba* unter der Regie von Georg Lohmeier in den Kasten zu bekommen. Dies war eine humorvoll-harmlose Unterhaltungsserie aus dem Bayernland, die für das Vorabendprogramm vorgesehen war. Meinrad spielte einen ehemaligen Dirigenten des Mozarteums in Salzburg. Dieser war schon in Pension und hatte viel Zeit, seinem Freund Dr. Zwazl zu helfen, in einem bayerischen Ort eine Musikkapelle auf die Beine zu stellen. Das führte zu allerlei Verwicklungen mit typisch bayerischer Komik. Die Aufnahmen zogen sich mit Unterbrechungen bis in den Juli hin und mußten mit den übrigen Verpflichtungen des Künstlers abgestimmt werden. Im Mai begannen in Wien die Proben zu Pedro Calderons *Das große Welttheater* unter der Regie von Wolfgang Glück, das in der Karlskirche aufgeführt werden sollte. Josef Meinrad verkörperte den Bettler. Dieses Stück sollte außerdem bei den Salzburger Festspielen in der Kollegienkirche gezeigt werden. Sowohl *Das große Welttheater* als auch der später aufgeführte *Büßer Boleslaw* gingen auf eine Initiative von Angelika Hauff zurück, die diese Produktion leitete. In Salzburg fanden im August drei Aufführungen vom *Welttheater* statt, daneben drehte Meinrad

noch einen Film über *Sechzig Jahre Festspiele in Salzburg*.
Im August wurde der Künstler mit dem Ehrenring der Stadt
Bregenz ausgezeichnet.

Den September hatte Meinrad endlich spielfrei und genoß
diese vier Wochen in seiner »Scheune« in Großgmain, die in
der Zwischenzeit zu einem stattlichen Wohnhaus herange-
reift war.

Die »Scheune« ist ein repräsentatives, großzügig angelegtes
und doch gemütliches Haus geworden, das von einer auffal-
lenden Begabung der Hausfrau für Innenarchitektur und
dem erlesenen Kunstgeschmack des Hausherrn zeugt. Die
ehemalige Ein- und Ausfahrt der Scheune wurde zu einer
großen Diele umgebaut, gepflastert mit roten Untersberger
Marmorplatten, die einst den Fußboden eines gotischen
Hauses zierten. Die Ausfahrt mündet nun auf eine kleine
Terrasse mit anschließendem Garten. Das Herzstück des
Hauses ist eine sich über ein Stockwerk erstreckende große
Halle mit Freitreppe und Galerie. Zentrum der Halle ist ein
offener Kamin, um den sich die Sitzmöbel gruppieren. Im
zweiten Stock befinden sich die liebevoll gestalteten Gäste-
zimmer. Die Meinrads pflegten immer ein offenes und sehr
gastfreundliches Haus, hier sollten die Freunde wohnen,
wenn sie nach Salzburg kamen oder auf der Durchreise waren. Wie im Haus in Mauer schaltete und waltete auch hier
Frau Mizi und sorgte sich um das leibliche Wohl der Gäste.
Ihre Kuchen sind noch heute legendär.

In Großgmain hielt die Katze »Minouche«, das Erbstück
einer Tante Germaines aus Paris, Einzug. Zu ihr gesellten
sich drei Hunde, die auf Umwegen in das Haus Meinrad
kamen: der kleine Mischling »Eugenio«, der halbverhungert
in einem Weinberg aufgelesen worden war, dann »Baby«,
die eigentlich »Lassie« hieß und noch aus der Gumpendorferstraße stammte, und der schwarze Labrador »Mohrli«.

Da seit langem Reisen und Ausspannen auf der Wunschliste

der Meinrads standen, ergriff der Künstler die Gelegenheit, ein Angebot der Polyphon anzunehmen. Die TV-Serie von Wolfgang Rademanns *Traumschiff* war gerade das Richtige, um dem kalten Winter zu entfliehen. Man würde in die Karibik reisen, auf dem Schiff einige Drehtage absolvieren und ansonsten nur faulenzen. So verbrachten die Meinrads den Dezember 1980 unter Palmen.

Im Februar 1981 synchronisierte der Künstler das *Traumschiff* in Hamburg, dann ging es nach Wien zurück, denn es begannen bereits die Aufnahmen zum TV-Film *Ringstraßenpalais,* dessen Drehbuch Helmut Andics verfaßt hatte. Anschließend folgten die Proben zu Brandstätters *Büßer Boleslaw* in der Wiener Minoritenkirche. Regie führte Adolf Rott. Es gab in Wien zehn Vorstellungen, für sechs weitere übersiedelte das Ensemble nach Salzburg in die Kollegienkirche anläßlich der Salzburger Festspiele. Einige Tage nach der letzten Vorstellung stand Josef Meinrad schon wieder in Berlin vor der Kamera und drehte den TV-Film *Liebe hat ihre Zeit.*

Im September lief für Josef Meinrad eine neuerliche Aufführungsserie von *Der Mann von La Mancha* im Theater an der Wien an. Seine Partner waren jetzt Dagmar Koller und Heinz Petters. Vor ausverkauftem Haus und unter tosendem Beifall des Publikums wurde fast täglich bis Ende November gespielt. Am 30. November sang Meinrad mit brüchiger Stimme zum letztenmal »Er träumt den unmöglichen Traum«, zum letztenmal starb er in den Armen seiner angebeteten Dulcinea. Zum letztenmal spielte und erlebte er seine Lieblingsrolle, die zugleich seine Traumrolle war. »Nach ihr sollte man eigentlich aufhören«, hatte er gesagt. »Nach ihr gibt es für mich keine Steigerung.«

Bereits am nächsten Tag stand er im Atelier und drehte den sechsten Teil der *Froschperspektiven.* Mitte März 1982 drehte Meinrad in Hamburg und Toronto für das ZDF unter der

Regie von Trevor Evans den Film *Spuk im Spielzeugladen.* Anfang April begannen in München unter Georg Lohmeier die Aufzeichnungen für weitere Folgen vom *Huber, der die Tuba bläst,* die sich mit Unterbrechungen bis Ende Juni hinzogen, und stand in Roseggers *Waldheimat,* in der er einen Pfarrer spielte, wieder vor der Kamera. Regie führte Hermann Leitner. Ende August drehte Meinrad unter der Regie von Imo Moszkowicz den Adalbert-Stifter-Film *Kalksteine* in Eisenkappel, und wie könnte es anders sein, er spielte den Pfarrer.

Kaum war diese Arbeit beendet, packte Familie Meinrad die Koffer und begab sich mit dem Burgtheaterensemble zu einer Gastspielreise nach Moskau. Die öffentliche Generalprobe für *Liebesgeschichten und Heiratssachen* fand in Moskau statt, es folgten zwei Aufführungen und weitere zwei in St. Petersburg, dem damaligen Leningrad. Am 8. Oktober war der Künstler zur Wiedereröffnung des Deutschen Theaters in München engagiert, und am 20. Oktober kehrte er dorthin zurück, wo seine Liebe zum Theater ihren Ausgang genommen hatte: nach Katzelsdorf.

Der ORF-Journalist Willi Kralik machte mit Josef Meinrad im Gymnasium in Katzelsdorf eine Sendung. Pater Josef Weiharter, der Kunsterzieher des Redemptoristengymnasiums, erzählte, daß er sich noch sehr gut an den kleinen Pepi erinnere: »Ich weiß noch genau, wie er mit elf in einem Weihnachtsmärchen die Maria spielte und mit fünfzehn den Marc Anton in *Julius Cäsar.*« Die Redemptoristen schätzten sich glücklich, daß sich Josef Meinrad immer wieder zu Katzelsdorf bekannt hat, dessen Schule und Juvenat für ihn nicht nur Herberge, sondern auch Vorbereitung für die »härtere Schule des Lebens« war.

Ende Januar 1983 waren für Josef Meinrad Außenaufnahmen in Peter Roseggers *Waldheimat* angesetzt, dann konnte es der Künstler kaum erwarten, dem kalten Winter zu entfliehen. Daher hatte er nochmals auf dem *Traumschiff* angeheuert, das ihn nach Südamerika bis Manaus am Amazonas und bis Montevideo entführte. Einen schöneren Urlaub konnten sich die Meinrads nicht wünschen. Nach Hamburg heimgekehrt, verbrachte Meinrad noch mehrere Tage in der Hansestadt zu Synchronisierungsarbeiten.

Wie bereits erwähnt, war Josef Meinrad aus dem aktiven Stand des Burgtheaters ausgeschieden und in Pension gegangen. Er hatte sich aber verpflichtet, einmal im Jahr auf die Bühne zurückzukehren und eine Rolle seiner Wahl zu übernehmen. 1983 entschied er sich für den *Unbestechlichen* von Hugo von Hofmannsthal. In der Regie von Rudolf Steinboeck agierten Paula Wessely, Sylvia Lukan, Lotte Ledl, Hella Ferstl, Helma Gautier, Verena Wengler, Gertrud Helmer, Eva Fichte, Karlheinz Hackl und Fred Liewehr.

Am 20. April erhielt der Künstler aus der Hand des Vizekanzlers Dr. Fred Sinowatz den Raimund-Ring. Die Laudatio hielt Franz Stoß.

BUNDESMINISTERIUM FÜR UNTERRICHT UND KUNST

DAS BUNDESMINISTERIUM FÜR UNTERRICHT UND KUNST HAT FÜR BESONDERE VERDIENSTE UM DIE PROPAGIERUNG UND ERSCHLIESSUNG DES WERKES VON FERDINAND RAIMUND DEN RAIMUNDRING GESTIFTET·AUF EINHELLIGEN ANTRAG DER JURY VERLEIHE ICH DEN RAIMUNDRING 1983 AN HERRN KAMMERSCHAUSPIELER JOSEF MEINRAD IN WÜRDIGUNG UND ANERKENNUNG DER DARSTELLUNG VON GESTALTEN IN DRAMEN FERDINAND RAIMUNDS·WIEN·AM 20·APRIL 1983

VIZEKANZLER DR·FRED SINOWATZ·BUNDESMINISTER FÜR UNTERRICHT UND KUNST:

1983 erhält Josef Meinrad den Raimund-Ring

Der folgende Tag sah fast alle Freunde des Hauses in Wien-Mauer vereint, denn »Pepi« feierte seinen siebzigsten Geburtstag. Zahlreiche Briefe und Telegramme flatterten ins Haus.

Bundespräsident Dr. Rudolf Kirchschläger: »... Durch Ihre große und noble Kunst der Menschendarstellung konnten Sie sich nicht nur ein dankbares Publikum erobern. Sie geben auch jüngeren Kollegen ein nachahmenswertes Beispiel.«

»Es ist mir eine große Freude«, hieß es in einem Telegramm der Bundesregierung, »Sie im eigenen Namen wie auch namens der Bundesregierung zur Vollendung des 70. Lebensjahres auf das herzlichste zu beglückwünschen. Diese Gratulation möchte ich mit dem Dank verbinden für Ihre hervorragenden künstlerischen Leistungen sowie für die zahllosen unvergeßlichen Stunden, die Sie so vielen Menschen bereitet haben, denn die Züge der Menschlichkeit, die Sie dem dargestellten Leben verliehen haben, sind beispielhaft geworden für fast alles, was ›auf den Brettern, die die Welt bedeuten‹, geschieht ... Sie haben mit Ihrem seit früher Jugend entfalteten schauspielerischen Wirken einen bedeutenden Beitrag zum kulturpolitischen Ansehen Österreichs geleistet. Dr. Bruno Kreisky.«

Auch der deutsche Bundeskanzler Dr. Helmut Kohl reihte sich in die Schar der Gratulanten ein: »Der gesamte deutsche Sprachraum kennt Sie als besonders vielseitigen und ausdrucksvollen Schauspieler. In den Augen Ihres Publikums sind Sie der Inbegriff des liebenswerten Vollblutdarstellers, die breite Palette Ihrer Rollen haben Sie immer im umfassenden Sinn des Wortes voll auszuspielen vermocht ...«

Die Direktion des Burgtheaters stellte sich mit einem besonderen Geschenk ein: einem Theatersessel aus den alten Beständen des Parketts.

Am 9. September wurde Josef Meinrad neuerlich eine große

Auszeichnung zuteil. Anläßlich des Besuches Johannes Paul II. las der Künstler gemeinsam mit Kollegen zur Eröffnung des Katholikentages auf dem Wiener Heldenplatz. Sechs Tage später überreichte ihm der Wiener Bürgermeister den »Ehrenring der Stadt Wien«.

Zum hundertfünfzigsten Jubiläum der Erstaufführung von Ferdinand Raimunds *Verschwender* fand am 19. Februar im Theater in der Josefstadt ein Festakt statt. Josef Meinrad und Inge Konradi spielten daraus eine Szene und Meinrad sang das »Hobellied«. Eine Zeitung schrieb: »Nicht ohne Wehmut konnte man der Matinee beiwohnen, mit der in der Josefstadt der Uraufführung von Raimunds *Verschwender* vor 150 Jahren gedacht wurde ... So raimundisch wie Josef Meinrad als Valentin und Inge Konradi als Rosa rührt heute niemand ans Gemüt. Für eine Vormittagsstunde durfte man sich wie bei der Burgtheatereröffnung 1955 fühlen. Es macht bedenklich, daß die beiden bis heute keine Nachfolger gefunden haben.«

Am 6. Mai fand die Trauerfeier für den kurz vorher verstorbenen Regisseur Leopold Lindtberg statt. Mit ihm verlor nicht nur die österreichische Theaterwelt, sondern gerade das Burgtheater einen seiner größten Spielleiter. Josef Meinrad verdankte ihm sehr viel. Lindtberg hatte in genialer Weise Nestroy für die größte Bühne des Landes »salonfähig« gemacht, das Nestroysche Traumpaar Meinrad–Konradi entdeckt und zusammengeschweißt. Es gab vorher und nachher – das darf ohne Übertreibung behauptet werden – kein besseres, und das war Lindtbergs Verdienst. Meinrad war es seinem Regisseur schuldig, eine ergreifende Trauerrede zu halten.

Ende Mai lief *Der Unbestechliche* am Burgtheater aus, am 30. Mai begannen auf der kroatischen Insel Cres unter Hermann Leitners Regie die Dreharbeiten zu der sechsteiligen TV-Serie *Der Sonne entgegen*. Als im Frühjahr Hermann Leitner den Meinrads in Großgmain einen Besuch abstattete, erzählte er von diesem Filmprojekt, einer heiteren, unbe-

schwerten Aussteigerstory. Vier junge Männer beschließen,
der Zivilisation Ade zu sagen, sich einen alten Fischkutter,
die »Tohuwabohu«, zu kaufen, durch die Adria zu schippern
und auf alles zu »pfeifen«, um nur in den Tag hineinleben zu
können. Ein alter Einheimischer, Lucca, der als Clown mit
seinem Hund Susa und seiner Geige von Dorf zu Dorf zieht,
um die Leute zu unterhalten, lernt die vier kennen. »Und
wer spielt den Lucca?« wollte Meinrad wissen. »Den würde
ich gerne spielen.«
So wurde Ende Mai das Meinradsche Auto vollgepackt, die
Aufnahmen sollten bis Mitte Juli dauern; auch der letzte
»Überlebende« der »Arche Noah«, der kleine Genio, kam
mit, und ab ging es nach Valun, einem winzigen Nest auf der
Insel Cres. Gerade einundsechzig Einwohner hatte der Ort,
zwei Wirtshäuser und eine kleine Kirche, und das alles umgeben von einem tiefblauen Meer. Natürlich war in dieser Story
auch eine Liebesgeschichte verpackt. Den weiblichen Part
spielte die hier unbekannte Lidia Jenko. Für Josef Meinrad
waren die Filmarbeiten in dieser wunderschönen Landschaft
zugleich ein herrlicher Urlaub, den er in vollen Zügen genoß.
Am 14. November begannen wieder die Aufführungen des
Unbestechlichen im Burgtheater. Fünf im November, fünf im
Dezember. Am 12. Dezember, es war zugleich Meinrads sie-
bentausendeinhundertachtundvierzigste Vorstellung, stand
er zum letztenmal auf der Bühne seines heißgeliebten Burgtheaters, auf der er so große Triumphe feiern durfte. Siebenunddreißig Jahre lang hatte er dieser Institution in ununterbrochener Folge die Treue gehalten. Nach der letzten Vorstellung wurde der Künstler mit minutenlangen »standing
ovations« geehrt. Die Direktion unter Achim Benning ließ
ein Porträt des Künstlers enthüllen, das das Foyer des Burgtheaters in Zukunft schmücken sollte. Gerührt, still und bescheiden, wie es so seine Art ist, ging Meinrad von der Bühne ab und kehrte nie wieder in das Burgtheater zurück.

15
Das »hohe Alter«

»So mein lieber Herr von Wurzel!
Tun S' mich nur gut pflegen, damit
wir lang beisamm bleiben, mit mir
muß man gar heiklich umgehn ...«

Ferdinand Raimund
(Der Bauer als Millionär)

Im April 1985 stand Josef Meinrad im Stift St. Peter in Salzburg für weitere Folgen der Albino-Luciani-Lesungen vor der Kamera. Anfang Mai drehte Hermann Leitner mit dem Künstler ein *Meinrad-Special* in Cannes. Stundenlang wurde in praller Sonne bei glühender Hitze auf einem kleinen Schiff gedreht. Da Verzögerungen bei den Dreharbeiten ein kleines Vermögen kosten, wollte der Künstler keine Unterbrechung verlangen. So hielt er diszipliniert wie immer aus, bis ihm eine ernste Herzattacke endgültig Einhalt gebot. Das Schicksal ließ eine ernste Warnung ergehen, nicht mehr mit solcher Arbeitswut und vollem Terminkalender weiterzumachen. Die Natur und das Alter, Meinrad war jetzt zweiundsiebzig Jahre alt, forderten ihr Recht auf mehr Ruhe und Erholung. Der Künstler nahm sich den wohlmeinenden Rat seiner Ärzte zu Herzen, mußte aber noch einige Termine wahrnehmen.

Im Juli und August drehte er für den Bayerischen Rundfunk den TV-Film *Herschel und die Musik der Sterne.* Der Film basierte auf einer Begegnung zwischen dem österreichischen Komponisten Joseph Haydn und dem deutsch-britischen Astronomen Friedrich Wilhelm Herschel anläßlich des Aufenthalts Haydns im Jahre 1795 in London. Herschel, ursprünglich Musiker in Hannover, studierte in England Astronomie und Optik. Er konstruierte das damals größte Spiegelteleskop von zwölf Metern Länge; er entdeckte den Uranus und die Eigenbewegung des Sonnensystems. Josef Meinrad spielte den Part Joseph Haydns.

Am 15. April 1986 fand im Großen Festsaal des Wiener Rathauses ein Empfang anläßlich des Besuches des britischen Thronfolgers Charles und seiner Gemahlin Prinzessin Diana statt, zu dem zahlreiche Honoratioren und Künstler geladen waren. Als nach Ende des Empfangs Charles den Saal verlassen wollte, entdeckte er Josef Meinrad an einem Tisch und eilte protokollwidrig zum »Frosch« aus Covent Garden, den er sofort erkannt hatte.

Bei der Schubertiade im Jahre 1986 in Feldkirch war Meinrad als Raimund- und Nestroy-Interpret an mehreren Abenden engagiert. Zurück in Wien, ging es sogleich ins Atelier zu den Aufnahmen der Scheiderbauer-Produktion *Der Vorhang fällt* mit Meinrad und Axel von Ambesser. Ende November folgte bei der Neuen Thalia-Film *Ringstraße* unter der Regie von Marcel Wang. Am 20. Januar 1987 wirkte Josef Meinrad bei der Feierstunde des Burgtheaters anläßlich des 80. Geburtstages von Paula Wessely mit und las Johann Nestroys *Liebesbrief.* Im Februar drehte Meinrad mit Hermann Leitner Aufnahmen für den Satel-Film *Weihnacht,* und im März begannen die Proben in der Bürgersaalkirche in München für das Stück *Ich schweige nicht.* Pater Rupp, ein Zeitzeuge, hatte die entscheidenden Jahre des Pfarrers der Bürgersaalkirche in München, Pater Rupert Mayer SJ, dramatisiert. Pater Mayer war ein unerschrockener Gegner der Nazis und stadtbekannten Prediger gegen das damalige Unrechtregime. Das gesamte Stück ist ein Monolog am Altar der Kirche. Während Pater Mayer die Messe zelebriert, wird er von einem Sekundenherztod dahingerafft.

Die Aufführung, unter der Regie von Földessy, war für Josef Meinrad äußerst anstrengend und verlangte ihm alles an Konzentration ab. Er mußte einen eineinhalbstündigen Text fast allein bestreiten, und der Text war nicht gerade einfach. Das Ärgste für den Künstler war jedoch die Kälte in diesem Gotteshaus. »Wir hatten im April zwanzig Vorstellungen bei eisiger Kälte«, erinnert er sich noch heute. »Ich dachte, ich spiele nicht in einer Kirche, sondern in einem Eiskeller. Es war so kalt, daß ich jeden Tag binnen kürzester Zeit steifgefrorene Finger hatte und zu zittern begann. Dazu kam noch, daß sie mir mit festen Bandagen das Knie versteiften, denn Pater Mayer war Schwerkriegsbeschädigter des Ersten Weltkrieges und trug eine Oberschenkelprothese. Ich mußte herumhumpeln und mich steif bewegen, was bei dieser Kälte fast von selbst gelang. Ich war jedesmal froh, wenn die Vorstellung zu Ende war.«

Die Aufführung in München fand in Deutschland durch eine Fernsehaufzeichnung große Beachtung. Bundeskanzler Dr. Helmut Kohl richtete einen Brief an Josef Meinrad, in dem er ausführte: »Besonders gefreut hat es mich, daß Sie sich mit der Persönlichkeit von Pater Rupert Mayer künstlerisch auseinandergesetzt haben; Ihre eindringliche Darstellung dieses großen deutschen Priesters, Widerstandskämpfers und Patrioten hat einen tiefen Eindruck hinterlassen und mit dazu beigetragen, daß das Vermächtnis Pater Rupert Mayers einer breiten Öffentlichkeit deutlich wurde ...«

Eines Abends kam der Künstler nach der Vorstellung ins Hotel zurück und gestand seiner Frau, daß er zum erstenmal in seinem Leben einen Souffleur benötigt hätte. Plötzlich war der Text weg! Das war für den Künstler ein Schockerlebnis. Der Mann, der in seinem jahrzehntelangen Künstlerleben auch die schwierigsten und kompliziertesten Wortfolgen beherrscht hatte, stand in dieser eisigen Gruft und hatte den Text vergessen!

Nach langen Aussprachen und Überlegungen mit seiner Frau zog Josef Meinrad die Konsequenzen. Kein Theater mehr! Vielleicht bestärkte ihn auch der Ausspruch seiner berühmten Kollegin Charlotte Wolter in seinem Entschluß, die einmal gesagt hatte: »Spielen ist keine Kunst, aber aufhören zu spielen, *das* ist eine Kunst!«

Am 21. April feierte der Künstler seinen fünfundsiebzigsten Geburtstag in Großgmain im Kreise seiner Freunde. Wieder erreichten ihn zahlreiche Glückwünsche.

Viele seiner Verehrer und Verehrerinnen haben sich seiner erinnert. Hier eine kleine Auswahl:

»Ich bin 16 Jahre alt und aus Hamburg. Seit ich Sie in mehreren Film- und TV-Rollen gesehen habe, bin ich ein großer Verehrer von Ihnen und Ihrer großen Schauspielkunst ... Sie sind einer der wenigen Schauspieler, die nicht spielen, sondern ihre Rollen ganz einfach leben und einfach von ausgefeilter Körperbeherrschung und sprachlicher Gewandtheit und Gestik leben. Hiermit möchte ich Ihnen noch einmal meinen Dank für die Freude aussprechen, die Ihre Kunst mir bereitet hat.«

»... möchte ich Ihnen für ungezählte Stunden der Freude und Besinnung danken, die Sie mir und vielen vielen anderen geschenkt haben. Immer ist das Menschsein im Vordergrund Ihrer Kunst gestanden ...«

»Wer zählt die schönen Stunden, Sternstunden in meinem Theater-Erleben von Ihnen geschenkt, und dafür möchte ich Ihnen danken. Durch Sie habe ich das Theater entdeckt, in jungen Jahren, und die Liebe dazu hat mich ein Leben lang nicht verlassen!«

Es folgten Fernsehangebote sonder Zahl, doch Meinrad wurde immer wählerischer. Noch einmal spielte er in der TV-Serie *Ora et labora*. Sie handelte von den stillen Freuden, den kleinen Intrigen und der großen Zufriedenheit und Abgeklärtheit eines Konvents in einem bayerischen Kloster. Regie führte Georg Lohmeier. Natürlich und wie selbstverständlich spielte Meinrad den alten, weisen Abt des Klosters.

Josef Meinrad und seine Frau Germaine haben sich nun ganz in ihre »Scheune« nach Großgmain zurückgezogen. Die Jugendstilvilla in Wien-Mauer wurde verkauft. Es ist still geworden um den Künstler. Ab und zu wird er in Salzburg gesehen, regelmäßig bei Theaterproben und Aufführungen der Salzburger Festspiele, die ihm Sternstunden des Sprechtheaters verdanken. Man trifft ihn bei Vernissagen, auf Antiquitätenmessen, bei Lesungen und in Galerien. Er scheut nach wie vor größere Empfänge und Gesellschaften. Das war auch früher nicht sein Metier. Er liebt die Geborgenheit in seinem Haus und die Stille. Sein »Genio« lebt nicht mehr. Dafür folgen ihm zwei Katzen, »Bine« und »Wurzel«, auf dem Rundgang durch seine »Scheune«. Sichtlich genießt er all die schönen Dinge, die er im Laufe der Jahre erworben hat, erinnert sich an dieses und jenes Stück, das er mühsam restaurieren mußte. Die Werkstatt ist noch vorhanden, aber die Motorsäge und die Drehbank sind verstummt.
Der Künstler lebt ein pünktliches Leben, wie er es immer geführt hat, die Disziplin eines langen Künstlerlebens geht auch im Alter nicht verloren. Nach dem Frühstück tritt er bei jedem Wetter seinen Rundgang durch Großgmain an und holt die Zeitungen, die er bis mittag studiert. Er freut sich immer noch, wenn er von Fremden und Touristen angesprochen oder um ein Autogramm gebeten wird. Nach einem bescheidenen Mittagstisch schläft er eine Stunde, der Nachmittag vergeht mit Besuchen, Plaudereien, Spaziergängen, oder es wird ein kleiner Ausflug in das benachbarte Bayrischgmain oder nach Bad Reichenhall unternommen. Mit den Nachbarn lebt man in gutem Einvernehmen. Nach einem kargen Abendessen wird

ferngesehen, und pünktlich um zehn Uhr abends ist für Meinrad Zapfenstreich.

Es ist ruhig geworden im Hause Meinrad. Das Schicksal hat die besten Freunde genommen: Alfred und Marianne Stöger, Hans Olden, Hugo Gottschlich, Franz Böheim, Georges Creux, den bekannten Verleger Rudolf Kremayr, Angelika Hauff und andere. Freunde aus Wien kommen regelmäßig zu Besuch: Edith Böheim, Elisabeth Creux, Gusti Wolf und die Familie des Verfassers. Es sind keine spektakulären Dinge, die man mit den Meinrads erlebt. Aber man lernt, wie kostbar Alltäglichkeiten sein können.

Noch einmal stand der Künstler im Mittelpunkt internationalen Interesses. Es war im April 1993 zu seinem achtzigsten Geburtstag. Fast fünfhundert Briefe, Glückwunschschreiben und -telegramme flatterten den Meinrads ins Haus, aus Österreich, Deutschland, der Schweiz, Holland, Amerika und selbst aus Südamerika. Jeder der Gratulanten hatte Josef Meinrad auf der Bühne oder im Film gesehen und erinnerte sich an ihn. Vielen hat er unbeschwerte Stunden oder Momente großer darstellerischer Kunst geschenkt und sie mit seinem Spiel glücklich gemacht. So lebt Josef Meinrad in vielen Herzen weiter.

Seine neue Heimatgemeinde Großgmain ehrte ihn. Mit Musikkapelle und weißer Kutsche wurde er vom Gemeinderat eingeholt und durch den Ort begleitet. Im Kurpark fand dann eine kleine Feier statt, und eine neue Tafel – »Josef Meinrad Park« – wurde enthüllt. Von nun an trägt dieser hübsche Park den Namen des großen Schauspielers.

Von den vielen Briefen, die der Künstler erhielt, seien einige hier zitiert:

»Ich verbinde meine Gratulation mit dem besonderen Dank für die zahllosen unvergeßlichen Stunden, die Sie über so viele Jahrzehnte hinweg meinen Landsleuten und mir durch Ihre große Schauspielkunst geschenkt haben. Bei aller

Spannweite Ihres eindrucksvollen künstlerischen Wirkens gilt meine besondere Bewunderung doch vor allem dem großen, liebenswerten wienerisch-österreichischen Volksschauspieler Josef Meinrad – eine Gabe, die Ihnen in so reichem Maße die besondere Zuneigung Ihres treuen Publikums gesichert hat ... Dr. Thomas Klestil, Bundespräsident.«

»Ihnen in alter Dankbarkeit und Bewunderung herzlich verbunden, grüße ich Sie mit meinen besten Wünschen ... Ihr Richard von Weizsäcker, Präsident der Bundesrepublik Deutschland.«

»Die Feier des 80. Geburtstages ist mir ein willkommener Anlaß, Ihnen meine aufrichtigen Glückwünsche zu entbieten und Ihnen Gesundheit, persönliches Wohlergehen und uns allen noch viele großartige Bühnenerlebnisse mit Ihnen zu wünschen. Franz Vranitzky, Bundeskanzler.«

»... Zu Ihrem 80. Geburtstag gratuliere ich Ihnen sehr herzlich. Mein Glückwunsch gilt einer großen, herausragenden Schauspielerpersönlichkeit, die auf ein erfülltes Leben von ungewöhnlicher Schaffenskraft zurückblicken kann. Menschlichkeit und Glaubwürdigkeit sind die Attribute, die eine große Anhängerschar mit Ihrer Darstellungskunst und Persönlichkeit gleichermaßen verbindet. Sie haben mit großer Eindringlichkeit und Feinsinnigkeit Ihrem Spiel ein unverwechselbares Gepräge gegeben und das Publikum immer wieder in Ihren Bann gezogen. Das hohe Ansehen, das Sie genießen, hat in zahlreichen Ehrungen und Auszeichnungen eine verdiente Würdigung gefunden ... Ihr Helmut Kohl, Bundeskanzler.«

»Sie haben als Schauspieler nicht nur unzählige Menschen begeistert im üblich-gewöhnlichen Sinn, sondern Sie haben diesen auch den guten Geist vermittelt, von dem Ihr künstlerisches Leben und Wirken geprägt war. Ja, ich meine wirklich den Geist Gottes, den heiligen Geist! Mit welcher Kraft haben Sie oft auf Ihre Weise die Botschaft des Evangeliums verkündet! Wir alle sind Ihnen immer noch dafür dankbar. Dr. Georg Eder, Erzbischof von Salzburg.«

»Der besondere Reiz des Theaters ist, daß man mit Angsterfüllten zittert, um ein wenig Glück zu finden«, schreibt Jean Louis Barrault in seinem Buch »Erinnerungen für morgen« über das Theater. Diese Worte könnten das Motto Josef Meinrads für sein gesamtes Künstlerleben gewesen sein. Auch wenn der Künstler so tat, als ob er ruhig und gelassen den Premieren entgegensähe, so war das doch nur ein Schutzmechanismus nach außen. Innerlich war er genauso aufgewühlt wie jeder andere Schauspieler, den das Lampenfieber zittern macht. Meinrad gibt heute zu, daß er vor jeder Vorstellung nervös war. »Auf das mußt du heute abend besonders achten, jenes Wort mehr betonen, hoffentlich treffe ich den ersten Ton meines Couplets punktgenau auf Anhieb, und so fort.« Dieses leise Zweifeln und die guten Vorsätze steigerten sich im Laufe des Nachmittags bis zum Abend, wenn er in die Vorstellung fuhr. Kurz vor dem Auftritt ging es ihm so, wie es Hans Weigel treffend geschildert hat: »Man gäbe alles, was man zu geben hat, für ein Elementarereignis, das die Vorstellung unmöglich macht. Ehe man um die letzte Ecke biegt, hofft man inständig, das Theater möge lichterloh brennen oder zusammengestürzt sein. Doch nein, da steht es, in seiner ganzen grausamen Unversehrtheit. Und aus dem nichtsahnenden Alltag draußen tritt man über die Schwelle, hinein in die Stätte des Hochgerichts, dem man nun erbarmungslos ausgeliefert ist. Wie kann man souverän sein, wenn einem nach Sterben zumute ist?«

Meinrad gibt heute zu, daß ihn die Gedanken an die abendliche Vorstellung eigentlich nie verlassen haben und er den ganzen Tag in einem angespannten Zustand verbrachte, so lange, bis der Vorhang hochging. Wenn das Glockenzeichen seines Auftritts in seiner Garderobe ertönte, steigerte sich diese Anspannung noch um eine Nuance. Er gibt zu, daß er, wenn er in der Kulisse stand, auf sein Stichwort harrend, weiche Knie hatte, doch mit dem Stichwort fiel plötzlich alles von ihm ab. Er wurde sozusagen ein anderer Mensch und schlüpfte in seine neue Identität. Er spielte immer »irrsinnig gerne«, wie er einmal erklärte. Auf der Bühne ging er aus sich heraus und wurde tatsächlich ein »anderer Mensch«. Es ist der »ganze Mensch in seiner lauteren und reinen Wirkungskraft, der absichtslos Liebe erzwingt. Der milden strahlenden Wärme seines Wesens kann sich niemand entziehen, man nimmt sie hin wie ein Geschenk der Natur«, schrieb einmal ein Kritiker über ihn. Trotz der enormen psychischen Anspannung fand Meinrad hier sein Glück. Jede Probe, jede Vorstellung, jede Szene vor einer Kamera, jede Stunde vor einem Mikrophon waren für ihn Erfolgserlebnisse der besonderen Art, wie sie uns anderen Sterblichen versagt sind.

Und irgendwie muß er dieses stumme Glück auch ausgestrahlt haben, denn »Pepi« war der von allen Kollegen anerkannteste und beliebteste Künstler. Fritz Muliar über ihn: »Der Meinrad verdient das, was man *Verehrung* nennt! Er war im *Verschwender* zum Abbusseln. Er ist ein Schauspieler, ein Komödiant, den es nicht mehr gibt!«

»Er war ein liebenswerter Kollege«, sagt heute Kammerschauspielerin Gusti Wolf, die jahrzehntelang mit ihm auf der Bühne stand und mit ihm Triumphe feierte. »Er war ein begnadeter Schauspieler und privat ein wunderbarer Mensch. Aus unserer Arbeit ist eine Freundschaft fürs Leben geworden.« Vergnügt erinnert sie sich an frühe Gemeinsamkeiten anläßlich einer Einladung des österreichischen Kulturinstituts nach Rom, wo sie Szenen aus Johann Nestroys *Färber* gestalteten. Sie entdeckten gleiche Interessen an der »Altertumsforschung« auf dem Forum Romanum, wo sie heimlich »alte Scherben« aufklaubten.

Wenn wir heute mit Josef Meinrad über seine Bühnenlaufbahn sprechen, kann er sich kaum mehr erinnern, *was* er alles gespielt hat. Erst anhand von Fotos erinnert er sich, und es überkommt ihn Verwunderung über sich selbst: »Ich habe alles gespielt, was mir gelegen ist, denn Spielen war mein Leben. Ein Abend ohne Vorstellung war ein verlorener Tag. Die Vielfalt der Rollen war das Faszinierende an diesem schönen Beruf, aber auch das Schwierige. Ich mußte mich in jede neue Rolle hineindenken, ja hineinleben, um mit ihr eins zu werden. Sonst hätten die Leute ja gesagt, der Meinrad spielt immer nur den Meinrad. Nein, ich wurde tatsächlich der Herr Weinberl und der Herr von Lips. Ich *war* der Liliom und der Valentin, der Franziskus und der Papst – und nicht der Pepi Meinrad, der zufällig die Tiara auf dem Kopf trug. Daß ich so viel und so Verschiedenes spielen durfte, das war ja das Beglückende an meinem Beruf, und daß ich dafür auch noch Geld bekam! Eigentlich hätte *ich* für das Vergnügen noch zahlen müssen!«

Josef Meinrad hat mit den einhundertfünfundneunzig Theaterrollen keinen Rekord aufgestellt. Da gab es am Burgtheater Kollegen, die wesentlich mehr Premiererollen auf ihr Konto buchen konnten. Etwa Ludwig Gubillon (1825–1896), der mit vierhundertfünfzig Rollen die Spitze hält. Ihm folgten Otto Treßler mit dreihundertdreiundachtzig Rollen und Heinrich Anschütz (1785–1865) mit zweihundertsiebenundfünfzig Rollen.

Josef Meinrad spielte in vierhundertdrei Vorstellungen den Theodor im *Unbestechlichen* von Hofmannsthal, in zweihundertneunundneunzig den *Mann von La Mancha,* in zweihundertneunundneunzig den Blau in Nestroys *Der Färber und sein Zwillingsbruder,* in zweihundertsiebenunddreißig den Weinberl in *Einen Jux will er sich machen,* in einhundertneunundsechzig den Herrn von Lips in Nestroys *Der Zerrissene,* in einhundertneunundvierzig den Professor Higgins in *My Fair Lady,* in einhundertsiebenunddreißig den Valentin in Raimunds *Der Verschwender,* in einhundertsechsunddreißig den Papst *Hadrian VII.* von Luke, in achtundachtzig den Nebel in *Liebesgeschichten und Heiratssachen,* in neunundsechzig den Herrn Schnoferl in Nestroys *Das Mädel aus der Vorstadt.* Neunundvierzigmal sah das Wiener Theaterpublikum Meinrad als Hutschenschleuderer in *Liliom* von Molnár, neunundzwanzigmal als *Kampl.* Siebenunddreißigmal verkörperte der Künstler den Frosch in der Straußschen Operette *Die Fledermaus.*

Weniger bekannt sind vielleicht die zahlreichen Plattenaufnahmen Meinrads mit Chansons von Wolfgang Russ-Bovelino, die er seinerzeit schon in der Kleinkunst interpretiert hatte, wie »Der fleißige Jodocus«, »Lieber Gott, ich wünsch' mir ein Engerl von Dir. Ich wär' Dir so dankbar dafür«, »Ich bin vielleicht ein Don Juan, ich komm' nur nie dazu«. Von fast sämtlichen Rollen, die Meinrad auf der Bühne verkörperte, sind Aufnahmen entstanden, ebenso von diversen Lesungen. Bekannt wurde die Lesung Meinrads zum »Salzburger Advent« mit Beiträgen von K. H. Waggerl und »Humoresken aus dem Wien der Jahrhundertwende« von Rudolf Förster und Anton Vorscheritz. Diese Beiträge sind köstliche Beweise Meinradscher Beobachtungsgabe.

In der großen Halle mit dem offenen Kamin sitzen wir Josef Meinrad gegenüber – vor ihm steht der unvermeidliche Orangensaft – und blättern in einer seiner zahlreichen Fotomappen. Fast ungläubig schüttelt er den Kopf und kann das alles kaum fassen. »So viele Rollen sind es im Laufe meines Lebens geworden?« fragt er. »Was für eine Gnade, was für ein Geschenk Gottes!«

Sein glückliches Naturell machte Meinrad immun gegen

Angriffe und Intrigen. »Mir hat noch nie jemand etwas Böses getan«, sagt er heute noch mit voller Überzeugung. »Genauso, wie ich nie eine Aufführung erlebt habe, in der ich das Gefühl hatte, nur eine Schachfigur des Regisseurs zu sein. Ich habe mich immer so verhalten, wie ich es von anderen erwartet habe. Vielleicht habe ich aber auch zuviel geträumt. Ich bin der festen Überzeugung, daß man alles versuchen muß, selbst immer so zu sein, wie man es sich von anderen wünscht. Ich gebe zu, daß man für diese Welt keine allgemeine Lösung finden wird. Das vermögen weder politische Parteien noch Religionen, weil die Träger ja immer nur Menschen sind, die schwach sind und irren können. Aber ich sehe nur das Gute im Leben.«

»Er ist und bleibt ein Traumtänzer«, wirft wohlwollend Frau Germaine ein. »Aber einer zum Lieben!«

»Mein Gott«, fährt Meinrad fort und klopft mit der Faust auf die Platte des klobigen Bauerntisches, zitiert dabei Nestroy: »Wenn ich nur von ein paar Täg' sagen könnt': Da war ich ein verfluchter Kerl! Aber …«

»Aber?«

»Es war besser so, daß ich kein verfluchter Kerl war. So ist alles in ruhigen Bahnen gelaufen. Da hab' ich mehr Energie für meinen Beruf aufbringen können und wurde nicht abgelenkt.«

»Und was wäre gewesen, wenn Kinder in die Familie gekommen wären?«

»Kinder?« fragt Meinrad und sieht fast hilfesuchend seine Frau an. »Ich habe so viele Kollegen gehabt, die mit Kindern gesegnet waren, und was deren Kinder bei diesem Zigeunerleben, wie es eben Künstler führen, mitgemacht haben! Unsere Kinder wären bei fremden Menschen daheimgeblieben, und für Germaine war es schon schwer genug, wenn sie die Tiere zurücklassen mußte. Was erst bei Kindern. Aber vielleicht war auch unsererseits ein wenig Egoismus im Spiel.«

Was fragt man einen Josef Meinrad noch, um ihm die letzten Geheimnisse zu entreißen?

Was mag er: Spaziergänge, Mittagsschläfchen, Suppen aller Art (bevorzugt Knoblauchsuppe mit Croutons), Salate aller Art, Fußball, Salzburg, besonders Großgmain, Tiere, Albrecht Dürer, Volkskunst, Tischlern und Malen, die Farbe Rot. Seine Lieblingsblume ist die Rose, seine Lieblingsgestalt in der Geschichte ist Sokrates, in der Literatur Doktor Faustus. Lieblingskomponisten sind Franz Schubert und Frederik Loewe. Er schätzt beim Mann die Selbstbeherrschung, bei der Frau die Nachgiebigkeit. Lieblingsgetränk ist Orangensaft.

Was lehnt er ab: Alkohol, Nikotin, Nervosität, naßkaltes Wetter, viel Aufsehen um seine Person, atonale Musik, laute Auseinandersetzungen.

Wir wollen wissen, welche Rollen ihm besonders ans Herz gewachsen waren. »Eigentlich *alle,* denn ich hatte wunderschöne Urteile und Kritiken, viel Anerkennung und Applaus von meinem Publikum.«

»Aber einige Rollen«, bohren wir weiter, »müssen doch besonders hervorgestochen haben, müssen für dich doch besonders befriedigend gewesen sein?«

Nach langem Nachdenken: »Das waren alle Nestroy-Rollen. Da hat mich das Burgtheater direkt aufgebaut und mir mit Inge Konradi und auch mit Gusti Wolf kongeniale Partnerinnen beigegeben, mit denen ich mich sofort wunderbar verstanden habe. Wir haben mit größter Spielfreude den Leuten gezeigt, was alles in Nestroy steckt. Dann habe ich mit Inge Konradi und Hans Moser *Liliom* gespielt. Das war etwas ganz anderes und ein ganz neues Milieu, aber es hat große Freude gemacht. Mein Gott, der Moser! Ich stand mit ihm im *Bauer als Millionär* auf der Bühne. Ich war der Fortunatus Wurzel und er das ›hohe Alter‹. Was hat er mir damals alles prophezeit, wenn ich in das entsprechende Alter kommen werde: schön warmhalten und nur ein Supperl

mittags und abends. Gottlob, so schlimm ist es nicht geworden, aber ich spür' doch jeden Jahresring, den ich in der Zwischenzeit angesetzt hab'!«

»Und was war die Lieblingsrolle?«

Josef Meinrad überlegt wieder und meint dann, daß man als
österreichischer Schauspieler den Valentin in Raimunds *Verschwender* als Traumrolle ansehen muß, wenn einem das
Glück beschieden ist, diese Rolle angeboten zu bekommen:
»Sie kam sicher meinem Naturell entgegen, denn man spürt,
man sagt was Richtiges. Zum Beispiel mit den Worten des
Raimund-Textes: ›Ein Mensch, dem ich Dank schuldig bin,
der kann mir gar nicht fremd werden.‹ Ich weiß gar nicht, wie
oft ich das Hobellied bei allen möglichen Gelegenheiten gesungen habe. Einige hundertmal war es sicher. Als meine
Lieblingsrolle möchte ich aber doch den Theodor im *Unbestechlichen* bezeichnen. Wie ich jetzt erfahre – es ist nicht zu
fassen –, habe ich diese Rolle vierhundertdreimal gespielt.
Der Theodor ist mir sehr gelegen und dabei hatte ich so wunderbare Mitspieler wie die Gessner, die Wessely, Gusti Wolf,
Lotte Ledl, die Lukan, den Lindner, den Liewehr und die vielen anderen. Anfangs war die Rolle für mich eine Belastung,
denn manche Kritiker und viele aus dem Publikum hatten ja
noch den Pallenberg in dieser Rolle gesehen und stellten
selbstverständlich Vergleiche mit ihm und mir an. Ich glaube,
ich hab' sie alle mit meiner Darstellung überzeugen können.
Zu meinem siebzigsten Geburtstag hat mir das Burgtheater
einen Wunsch freigestellt, was ich spielen möchte. Ich habe
gebeten, noch einmal den Theodor spielen zu dürfen. Ich war
Achim Benning dafür sehr dankbar, denn ich hätte mir zu
meinem Abschied vom Burgtheater gar nichts Schöneres vorstellen können. Claus Peymann hat mir dann den Vorschlag
gemacht, ich sollte auch zu meinem fünfundsiebzigsten Geburtstag den Theodor spielen. Aber das habe ich abgesagt.
Das Publikum sollte mich in meiner Höchstform in Erinne-

rung behalten. Ob ich sie mit fünfundsiebzig noch erreicht hätte, war zu unsicher; auf alle Fälle sehr anstrengend. Ich beherzigte die alte Erfahrung, daß man aufhören soll, wenn es am schönsten ist. So hat man wenigstens eine gute Nachrede.«

»In einem Interview wurdest du einmal gefragt, ob du in deinem langen Künstlerleben auch einmal *die* Traumrolle gespielt hast. Die Antwort kam ohne Überlegung und prompt: *Der Mann von La Mancha*. Du sagtest damals sogar, ›eigentlich könnte man mit dieser Rolle aufhören!‹«

»So ist es. Nur war ich damals zu jung, um von der Bühne abzutreten, doch hatte ich mit dieser Rolle den Gipfel meiner schauspielerischen Darstellung erreicht. Don Quichotte war für mich das, was für andere die Erfüllung ist, wenn sie Hamlet oder Faust spielen. Als ich noch jung war, habe ich auch von diesen Rollen geträumt, so wie jeder zu seinem Berufsbeginn noch große Träume hat. Mir hat man nie den Hamlet, den Don Carlos oder den Faust angeboten. Dafür den Don Quichotte, der mein Faust wurde! ›Der Ritter von der traurigen Gestalt‹ kam mir in allen Belangen, schon von der Physis her, entgegen. Als ich dann in Spanien an den Originalschauplätzen zwischen Toledo und Guadelupe auch noch einen Film über ihn drehte, verstand ich diese Figur der Weltliteratur und konnte mit ihr eins werden. Diese Weite der ausgebrannten roten Erde, und darüber der tiefblaue Himmel der Mancha. Nur dort konnte sich so ein Fossil eines verschrobenen Ritters und Idealisten entwickeln und halten. Als ich das Angebot erhielt, den Don Quichotte zu verkörpern, ging tatsächlich für mich ein Traum in Erfüllung. Ich habe mich förmlich in diese Rolle hineingekniet. Oft hatte ich das Gefühl, ich sei tatsächlich schon der echte Don Quichotte!«

»In der Kritik einer ausländischen Zeitung hieß es damals sinngemäß: Da singt einer, ohne singen zu können; da tanzt einer, ohne Tänzer zu sein, und doch sitzt das Publikum angespannt und fasziniert, atemlos im Parkett und starrt weltvergessen auf diesen Mann, der auf der Bühne sein Leben darstellt und glaubhaft macht, indem er eins wird mit seiner Rolle.«

»Ich habe in allen Vorstellungen mein gesamtes psychisches und physisches Potential ausgeschöpft und meinem Publikum gegeben.«

»Fritz Muliar hat einmal erzählt, wie er als Sancho Pansa jedesmal, wenn es zur Sterbeszene kam, in echte Tränen ausbrach, so sehr hat ihn deine Darstellungskunst erschüttert. ›Achtundneunzigmal hab ich mit ihm gespielt, zweiundneunzigmal davon hab i' rear'n müssen. Ich hab mich darüber geärgert, mir geschwor'n: Heut' rearst nicht. Du bist doch ein alter Theaterhase, alles ist doch nur Spiel und Show. Doch dann war es wieder soweit. Wenn sich der Pepi noch ein letztes Mal sterbend von der Bahre erhob, mit eingeknickten Beinen, am ganzen Körper zitternd neben mir stand, mit letzter Kraft ›Sancho Pansa, mein Schwert!‹ keuchte und dann sterbend auf die Bahre zurücksank, hab ich doch wieder weinen müssen.‹«

Fast ungläubig lauscht Josef Meinrad meiner Erzählung. Ein altersweises Lächeln huscht über sein Gesicht: »Mein einziger Traum war das Spielen, war das Theater. Wie Don Quichotte habe ich mein Leben lang diesen unmöglichen Traum geträumt. Aber für mich ist er in Erfüllung gegangen und hat mich glücklich gemacht.«

Anhang

Auszeichnungen

Mai 1953	Ehrenbürgerschaft von New Orleans (USA)
30. September 1955	Ernennung zum Kammerschauspieler
23. November 1959	Iffland-Ring
April 1961	Blue Ribbon Award (USA)
20. September 1963	Josef-Kainz-Medaille
9. Oktober 1963	Österreichisches Ehrenkreuz für Wissenschaft und Kunst I. Klasse
15. März 1967	Lieber-Augustin-Hut
17. März 1973	Goldener Rathausmann
17. April 1973	Ehrenmitgliedschaft des Burgtheaters
22. Mai 1978	Ehrenmedaille der Stadt Wien in Gold
12. August 1980	Ehrenring der Stadt Bregenz
12. April 1983	Ehrenring der Stadt Wien
20. April 1983	Ferdinand-Raimund-Ring
25. November 1985	Johann-Nestroy-Ring

Rollenverzeichnis (soweit feststellbar)

Datum	Theater	Stück
1923		
Oktober	Volksschule, Wien 17. Bezirk	Wilhelm Tell
1924		
November	Volksschule, Wien 17. Bezirk	Doktor Allwissend
Dezember	Kloster in der Habsburggasse, Wien	Krippenspiel
1926		
	Gymnasium in Katzelsdorf	Julius Caesar
	Gymnasium in Katzelsdorf	Eiserne Maske
1928		
	Gymnasium in Katzelsdorf	Krippenspiel
	Gymnasium in Katzelsdorf	Krippenspiel
1929		
Juli	Korneuburg	Hans Sachs Spiele
	Arnethgasse, Wien	Der G'wissenswurm
1931		
	Klemenshofbauersaal, Wien	Dämon Alkohol
	Lehrerhaus, Wien 18. Bezirk	Weh dem, der lügt
	Arnethgasse, Wien	Das Apostelspiel
	Volkstheater, Wien	Totentanz
	Stadttheater, Baden	Das Dreimäderlhaus
	Josefssaal, Wien	Der Böhm in Amerika
	Arnethgasse, Wien	Familie Schimek
1934		
30. Oktober	Tribüne, Wien	Drei entzückende Soldaten
1935		
30. Januar	Volksbildungsheim, Wien 16. Bezirk	Im weißen Rössl

Autor	Rolle	Regisseur
Friedrich Schiller	Wächter	
	Frau	
	Hirte	
William Shakespeare		
	Teufel	
	Maria	
Hans Sachs		
Ludwig Anzengruber	Wastl	
Leo Wurst		Leo Wurst
Franz Grillparzer	Atalus	
Max Mell	Johannes	Liko
August Strindberg		Eduard Volters
Heinrich Berté nach		
Franz Schubert		Paul Naderny
	Indianer	
Gustav Kadelburg	Zawadil	
Owen Hill	Bill	C.H. Roth
Oscar Blumenthal, Gustav Kadelburg	Doktor Siedler	Kossak

Datum	Theater	Stück
16. Februar	Urania, Wien	König Spitznas
12. April	ABC City, Wien	Siebzehn Kleinig-keiten
7. Mai	ABC City, Wien	Viva Don Quichotte
15. Mai	ABC City, Wien	Zwischen über-morgen und vor-gestern
21. Juni	ABC City, Wien	ABC-D-Zug

1936

Datum	Theater	Stück
9. Januar	ABC Regenbogen, Wien	Wienerisches allzu Wienerisches
18. Februar	ABC Regenbogen, Wien	Grenzfälle
10. Mai	ABC Regenbogen, Wien	Zwischen Himmel und Erde
19. Juni	ABC Regenbogen, Wien	Heiteres Sommer-programm
1. August	Graz	Gemischtes Pro-gramm

1937

Datum	Theater	Stück
16. März	Philadelphiatheater, Wien	Gemischtes Pro-gramm

1938

Datum	Theater	Stück
20. Januar	Hagenbund, Wien	Mäcenas
20. Februar	Schutzhausbühne, Wien	Tangotraum
15. März	Komödie, Wien	Toni
21. April	Theater an der Wien, Wien	Gymnasiasten
1. Juni	Theater an der Wien, Wien	Löwinger
18. Juni	Die Insel, Wien	Lanzelot und Sanderein

1939

Datum	Theater	Stück
1. März	Moulin Rouge, Wien	Wiener Werkel
1. September	Komödie, Wien	Lilofee
13. Oktober	Komödie, Wien	Mädchen Till

Autor	Rolle	Regisseur
Hans Walter Boese	Wanderbursch	Carl Boese Schade
		Leon Askin, Willy Hufnagl Leon Askin
Moritat		Leon Askin
		Tedd Bill
		Rudolf Stein-boeck Rudolf Stein-boeck Peter Preses
		Peter Preses
Matthias		Erich Engel
Sprowacker	Student	Hans Pascher
Gina Kaus	Student	C. H. Roth
Wolfgang Boese	Lehrer	Ringhofer Paul Löwinger
Anonym	Ritter	Leon Epp
Räntz	Senator Wi-Li	Adolf Müller-Reitzer
Manfred Hausmann	Kulle	Leon Epp
Wolfgang Gondolatsch, Alexander Deissner	Pfunderer	Helmut Brand

Datum	Theater	Stück
3. November	Komödie, Wien	Land ohne Herz
10. November	Komödie, Wien	Eismeervolk

1940

25. Januar	Komödie, Wien	Was sagen Sie zu Monika
14. Februar	Komödie, Wien	Der Reiter
15. März	Komödie, Wien	Hochzeitsreise ohne Mann
10. April	Komödie, Wien	Unwiderstehliches Subjekt
16. April	Komödie, Wien	Moisasurs Zauberfluch
20. April	Komödie, Wien	Die Dampfmaschine
2. Mai	Komödie, Wien	Irrfahrt der Wünsche
10. Juni	Komödie, Wien	Goldregen
26. Oktober	Burgtheater, Wien	Der Franzl
10. Dezember	Deutsches Theater, Metz	Der verkaufte Großvater
25. Dezember	Deutsches Theater, Metz	Flitterwochen

1941

12. Januar	Deutsches Theater, Metz	Die vier Gesellen
22. Januar	Deutsches Theater, Metz	Schach der Eva
21. Februar	Deutsches Theater, Metz	Ingeborg
17. März	Deutsches Theater, Metz	Parkstraße 13
11. Mai	Deutsches Theater, Metz	Straßenmusik
14. Mai	Deutsches Theater, Metz	Was sagen Sie zu Monika
2. Juni	Deutsches Theater, Metz	Die schöne Welserin
16. Juni	Deutsches Theater, Metz	Hochzeitsreise ohne Mann
1. September	Deutsches Theater, Metz	Brillanten aus Wien
22. Dezember	Deutsches Theater, Metz	Der 18. Oktober
25. Dezember	Deutsches Theater, Metz	Der G'wissenswurm
28. Dezember	Deutsches Theater, Metz	Der gestiefelte Kater

Autor	Rolle	Regisseur
Wolfgang Boese	Wanderbursch	Wolfgang Boese
Max Hansen, Karl Holter	Halvard	Leon Epp
Wolfgang Boese	Angestellter	Heinz Brunnar
Heinrich Zerkaulen	Hutter	Leon Epp
Leo Lenz	Gatten	Leon Epp
Martin Luserke	Subjekt	Leon Epp
Ferdinand Raimund		Leon Epp
Robert Michel	Dolansky	Helmut Brand
Paul Helwig	Matrose	Leon Epp
Manfred Rössner		Leon Epp
Hermann Bahr	Reisl	Philipp von Zeska
Franz Streicher	Loisl	Heinz Brunnar
Paul Helwig	Doktor Stiebl	Karl Bachmann
Jochen Huth		Karl Bachmann
Julius Pohl	Sohn	Karl Bachmann
Curt Goetz	Peter	Heinz Brunnar
Axel Ivers	Miecke	Rabe
Paul Schurek	Lunk	Heinz Brunnar
Wolfgang Boese	Lux Hofer	Heinz Brunnar
Josef Wenter	Erzherzog Ferdinand	Meister
Leo Lenz	Steiner	Meister
Rudolf Oesterreicher, Curt Lessen, Alexander Steinbrecher	Weigersheim	Alfred Huttig
Walter Erich Schäfer	v. Henkel	Hermann
Ludwig Anzengruber	Wastl	Alfred Huttig
	Müllersbursch	Alfred Huttig

Datum	Theater	Stück
1942		
2. Januar	Deutsches Theater, Metz	Lauter Lügen
9. März	Deutsches Theater, Metz	Bezauberndes Fräulein
7. April	Deutsches Theater, Metz	Der Raub der Sabinerinnen
18. Mai	Deutsches Theater, Metz	Der zerbrochene Krug
2. Juni	Deutsches Theater, Metz	Don Carlos
1. Juli	Passau	Heinrich VI.
12. Oktober	Deutsches Theater, Metz	Die Frau ohne Kuß
19. Oktober	Deutsches Theater, Metz	Mädchen Till
3. Dezember	Deutsches Theater, Metz	Frühstück um Mitternacht
21. Dezember	Deutsches Theater, Metz	Meine Schwester und ich
1943		
25. Januar	Deutsches Theater, Metz	Die goldne Meisterin
10. Februar	Deutsches Theater, Metz	Der Gigant
	Deutsches Theater, Metz	Faust I
	Deutsches Theater, Metz	Ein Windstoß
	Deutsches Theater, Metz	Meisterboxen
	Deutsches Theater, Metz	Romeo und Julia
	Deutsches Theater, Metz	Der Blaufuchs
	Deutsches Theater, Metz	Emilia Galotti
	Deutsches Theater, Metz	Der Etappenhase
	Deutsches Theater, Metz	Der Vetter aus Dingsda
	Deutsches Theater, Metz	Axel an der Himmelstür
	Deutsches Theater, Metz	Lieber reich aber glücklich
	Deutsches Theater, Metz	Heimliche Brautfahrt
	Deutsches Theater, Metz	Die Nacht in Siebenbürgen
1944	Deutsches Theater, Metz	Großer Herr auf kleiner Insel

Autor	Rolle	Regisseur
Hans Schweikart	Dörr	Artel
Ralph Benatzky	Paul	Alfred Huttig
Franz und Paul von Schönthan	Neumeister	Meister
Friedrich von Kleist	Ruprecht	Heinz Brunnar
Friedrich Schiller	Parma	Hermann
Josef Wentner	Heinrich VI.	Hermann
Walter Kollo	Hartwig	Fuchs
Wolfgang Gondolatsch	Pfunderer	Meister
Ernst Rottluff	Mann	Meister
Ralph Benatzky	Fleuriot	Alfred Huttig
Franz von Schönthan	Peter	Starkmann
Richard Billinger	Tony	Böhm
Johann Wolfgang von Goethe	Valentin	Alfred Huttig
Giovacchino Forzano	Defabris	Meister
Otto Schwartz		Meister
William Shakespeare	Benvolio	Böhm
Franz Herczeg	B. Drill	Alfred Huttig
Gotthold Ephraim Lessing	Conti	Böhm
Karl Bunje	Feldmann	Artel
Eduard Künneke	Fremder	Alfred Huttig
Ralph Benatzky	Axel	Alfred Huttig
Franz Arnold, Ernst Bach	Teddy Brand	Alfred Huttig
Leo Lenz		Meister
Nicola Asztalos	Kaiser Josef	Leopold Rudolf
Just Scheu, Peter A. Stiller	Franz	Artel

Datum	Theater	Stück
	Deutsches Theater, Metz	Prinz Friedrich von Homburg
	Deutsches Theater, Metz	Die Piccolomini
	Deutsches Theater, Metz	Wallensteins Tod
	Deutsches Theater, Metz	Du, mein Papa und ich
	Deutsches Theater, Metz	Kabale und Liebe
	Deutsches Theater, Metz	Lumpazivagabundus
	Deutsches Theater, Metz	Maccaroni
	Deutsches Theater, Metz	Isabella von Spanien
15. August	Deutsches Theater, Metz	Vagabunden

1945

Datum	Theater	Stück
3. September	Volkstheater, Wien	Anuschka
22. Oktober	Die Insel, Wien	Zu wahr, um schön zu sein

1946

Datum	Theater	Stück
5. Januar	Die Insel, Wien	Das Leben ist doch schön
10. Januar	Die Insel, Wien	Lysistrata
14. Februar	Die Insel, Wien	Überfahrt
6. April	Die Insel, Wien	Mit meinen Augen
12. Mai	Die Insel, Wien	Emilia Galotti
26. Juni	Die Insel, Wien	Braut ohne Mitgift
18. Juli	Renaissancebühne, Wien	Warum lügst Du, Cherie
18. September	Die Insel, Wien	Der Zerrissene
29. Oktober	Die Insel, Wien	Die beiden Veroneser
2. November	Tabarin, Wien	Potpourri
23. Dezember	Die Insel, Wien	Helden

1947

Datum	Theater	Stück
6. Februar	Die Insel, Wien	Maria Magdalene
27. März	Die Insel, Wien	Die schlaue Verliebte

Autor	Rolle	Regisseur
Friedrich von Kleist	Reuss	Momber
Friedrich Schiller	Isolani	Walter Felsenstein
Friedrich Schiller	Isolani	Walter Felsenstein
Ernst Rudolph	Spickermann	Leopold Rudolf
Friedrich Schiller	Wurm	Walter Felsenstein
Johann Nestroy	Leim	Alfred Huttig
Toni Jmpekoven		Alfred Huttig
Hermann Heinz Ortner	Kaiser Ferdinand	Walter Felsenstein
Juliane Kay	Mann	Alfred Huttig
Georg Fraser	Wendt	Günter Haenel
George Bernard Shaw	Freundlich	Leon Epp
Marcel Achard	Bonaparte	Leon Epp
Aristophanes	Kinesias	Alfred Stöger
Sotton Vane	Tom Prior	Erich Ziegel
Curt Johannes Braun	Kai	Alfred Stöger
Gotthold Ephraim Lessing	Conti	Leon Epp
Alexander Ostrovskij	Karandischeff	Erich Ziegel
Hans Lengsfelder	Pompon	Paul Barnay
Johann Nestroy	v. Lips	Leon Epp
William Shakespeare	Lanz	Erich Ziegel
Marc Gilbert Sauvajon	Dichter	Frederick Loewe
George Bernard Shaw	Bluntschli	Leon Epp
Friedrich Hebbel	Sekretär	Dunkel
Lope de Vega	Hernando	Alfred Stöger

Datum	Theater	Stück
7. Mai	Die Insel, Wien	Junge Herzen
17. Juni	Die Insel, Wien	Sensation
3. September	Burgtheater im Ronacher, Wien	Lumpazivagabundus
27. Juli	Salzburger Festspiele, Domplatz	Jedermann
17. Oktober	Burgtheater im Ronacher, Wien	Der Lügner
30. November	Burgtheater im Ronacher, Wien	Ein Sommernachts-traum

1948

Datum	Theater	Stück
18. Januar	Burgtheater im Ronacher, Wien	Die Marquise von O
7. Februar	Burgtheater im Ronacher, Wien	Faust I
6. März	Redoutensaal, Wien	Der rosarote Fürst de Ligne
17. April	Akademietheater, Wien	Die Irre von Chaillot
8. Mai	Akademietheater, Wien	Fährten
22. Mai	Akademietheater, Wien	So war Mama
11. September	Akademietheater, Wien	Der Unmensch
23. Oktober	Burgtheater im Ronacher, Wien	Der Himmel voller Geigen
30. November	Burgtheater im Ronacher, Wien	Egmont

1949

Datum	Theater	Stück
22. Januar	Akademietheater, Wien	Die Glasmenagerie
12. Februar	Burgtheater im Ronacher, Wien	Der öffentliche Ankläger
19. März	Burgtheater im Ronacher, Wien	Julius Caesar
11. Mai	Burgtheater im Ronacher, Wien	Der seidene Schuh
22. Juni	Burgtheater im Ronacher, Wien	Major Barbara
18. September	Akademietheater, Wien	Die beiden Nacht-wandler

Autor	Rolle	Regisseur
Alexander Afigonou	Borisowitsch	Dunkel
John Galsworthy	Reporter	Leon Epp
Johann Nestroy	Lumpazi	Josef Gielen
Hugo von Hofmannsthal	Guter Gesell'	Hans Thimig
Carlo Goldoni	Octavio	Karl Eidlitz
William Shakespeare	Flaut	Herbert Waniek
Heinrich von Kleist	Ein Abenteurer	Wilhelm Heim
Johann Wolfgang von Goethe	Schüler	Ewald Balser
Martin Costa	Berlitschek	Philipp von Zeska
Jean Giraudoux	Polizist	Walter Felsenstein
Ferdinand Bruckner	Lorenz	Herbert Waniek
John van Druten	Thorkelson	Herbert Waniek
Hermann Bahr	Doktor Gustav Harb	Ulrich Bettac
Rudolf Holzer	Ferdinand Sauter	Ulrich Bettac
Johann Wolfgang von Goethe	Jetter	Ernst Lothar
Tennessee Williams	O'Connor	Berthold Viertel
Fritz Hochwälder	Fabricius	Adolf Rott
William Shakespeare	Bürger Casca	Josef Gielen
Paul Claudel	Weibl	Josef Gielen
George Bernard Shaw	Cusins	Berthold Viertel
Johann Nestroy	Fabian Strick	Oscar Fritz Schuh

Datum	Theater	Stück
19. Oktober	Burgtheater im Ronacher, Wien	Der Herr vom Ministerium
17. Dezember	Akademietheater, Wien	Cyprienne
23. Dezember	Burgtheater im Ronacher, Wien	Faust II

1950

1. August	Salzburger Festspiele, Landestheater	Was ihr wollt
15. August	Salzburger Festspiele, Festspielhaus	Der Verschwender
16. Dezember	Akademietheater, Wien	Vogel Strauß

1951

16. Februar	Burgtheater im Ronacher, Wien	Der Gesang im Feuerofen
11. Juni	Akademietheater, Wien	Zu ebener Erde und im ersten Stock
20. Dezember	Akademietheater, Wien	Der Färber und sein Zwillingsbruder

1952

8. März	Akademietheater, Wien	Herbert Engelmann
29. März	Burgtheater im Ronacher, Wien	Wallenstein
8. Mai	Burgtheater im Ronacher, Wien	Wegen der Leute
13. Juni	Akademietheater, Wien	Anatol

1953

10. Januar	Burgtheater im Ronacher, Wien	Der Arzt am Scheideweg
13. März	Akademietheater, Wien	Bobosse
20. Juni	Burgtheater im Ronacher, Wien	Viel Lärm um nichts
1. Oktober	Burgtheater im Ronacher, Wien	Donadieu
31. Oktober	Burgtheater im Ronacher, Wien	Der Kaiser von Amerika

Autor	Rolle	Regisseur
Madeleine Bingham	Weston	Theo Lingen
Victorien Sardou	De Gratignan	Hans Thimig
Johann Wolfgang von Goethe	Baccalaureus	Josef Gielen
William Shakespeare	Bleichenwang	Josef Gielen
Ferdinand Raimund	Valentin	Ernst Lothar
Archibald Norman Menzies	Charles	Ulrich Bettac
Carl Zuckmayer	Imwald	Josef Gielen
Johann Nestroy	Johann	Oscar Fritz Schuh
Johann Nestroy	Blau	Axel von Ambesser
Gerhart Hauptmann, Carl Zuckmayer	Goldstein	Berthold Viertel
Friedrich Schiller	Isolani	Josef Gielen
Noel Coward	Graf Nigel	Theo Lingen
Arthur Schnitzler	Max	Curd Jürgens
George Bernard Shaw	Dubedat	Ewald Balser
André Roussin	Edgar	Theo Lingen
William Shakespeare	Holzapfel	Leopold Lindtberg
Fritz Hochwälder	Escambarlat	Adolf Rott
George Bernard Shaw	Boanerges	Ernst Lothar

Datum	Theater	Stück

1954

8. Januar	Volksoper, Wien	Giroflé-Giroflá
6. Februar	Akademietheater, Wien	Zwickmühle
15. Mai	Akademietheater, Wien	Ein Engel kommt nach Babylon

1955

24. Februar	Burgtheater im Ronacher, Wien	Ein Tag mit Edward
25. März	Akademietheater, Wien	Der Privatsekretär
11. Juni	Akademietheater, Wien	Die unsichtbare Kette
10. September	Akademietheater, Wien	Viktoria
7. November	Burgtheater, Wien	Der Verschwender
17. November	Burgtheater, Wien	Das Konzert
29. Dezember	Burgtheater, Wien	Schafft den Narren fort

1956

20. Juni	Burgtheater, Wien	Einen Jux will er sich machen

1957

12. Januar	Akademietheater, Wien	Der Unbestechliche
13. Februar	Akademietheater, Wien	Kaiser Joseph und die Bahnwärterstochter
30. März	Burgtheater, Wien	Die Herberge
4. Dezember	Akademietheater, Wien	Olympia

1958

31. März	Akademietheater, Wien	Eine etwas sonderbare Dame
5. April	Burgtheater, Wien	Faust I

1959

6. Februar	Akademietheater, Wien	Platonow
7. März	Akademietheater, Wien	Der Zerrissene

Autor	Rolle	Regisseur
Charles Lecocq	Mourzouk	Hans Jaray
Samson Raphaelson	Ambler	Josef Glücks-mann
Friedrich Dürrenmatt	Engel	Josef Glücks-mann
Hans Friedrich Kühnelt	Edward	Ulrich Bettac
Thomas Stearns Eliot	Kagan	Josef Gielen
Charles Morgan	Major John Lang	Ernst Lothar
Knud Hamsun, Richard Billinger	Johannes	Josef Gielen
Ferdinand Raimund	Valentin	Franz Reichert
Hermann Bahr	Jura	Ulrich Bettac
John Boynton Priestley	August	Adolf Rott
Johann Nestroy	Weinberl	Leopold Lindtberg
Hugo von Hofmannsthal	Theodor	Ernst Lothar
Fritz von Herzmanowsky-Orlando	Kaiser Joseph	Leopold Lindtberg
Fritz Hochwälder	Smelte	Josef Gielen
Franz Molnár	Krehl	Josef Glücks-mann
John Patrick	Hannibal	Josef Glücks-mann
Johann Wolfgang von Goethe	Wagner	Adolf Rott
Anton Tschechow	Platonow	Ernst Lothar
Johann Nestroy	v. Lips	Rudolf Stein-boeck

Datum	Theater	Stück
27. April	Burgtheater, Wien	Gefangene 91
26. September	Akademietheater, Wien	Sechs Personen suchen einen Autor
3. Oktober	Burgtheater, Wien	Wallensteins Lager
1. Dezember	Burgtheater, Wien	Donnerstag
22. Dezember	Burgtheater, Wien	Der Schwierige

1960

Datum	Theater	Stück
12. April	Akademietheater, Wien	Der Arzt wider Willen
12. April	Akademietheater, Wien	Die wundersame Schustersfrau
4. Juni	Stallburg, Wien	Das Nachfolge-Christispiel
19. Juni	Burgtheater, Wien	Ein Sommernachtstraum
25. Dezember	Staatsoper, Wien	Die Fledermaus

1961

Datum	Theater	Stück
7. Februar	Burgtheater, Wien	König Heinrich V.
20. März	Burgtheater, Wien	Die unheilbringende Krone
24. April	Burgtheater, Wien	Antigone
27. Juni	Salzburger Festspiele, Felsenreitschule	Der Bauer als Millionär
15. September	Akademietheater, Wien	Die Reise

1962

Datum	Theater	Stück
7. Juni	Theater an der Wien, Wien	Das Mädel aus der Vorstadt
7. September	Tournee, Landestheater, Salzburg	Don Juan in der Hölle

1963

Datum	Theater	Stück
14. Februar	Theater an der Wien, Wien	Liliom
18. März	Akademietheater, Wien	Die Physiker

Autor	Rolle	Regisseur
František Langer	Melchior	Helmut Schwarz
Luigi Pirandello	Vater	Willi Schmidt
Friedrich Schiller	Kapuziner	Leopold Lindtberg
Fritz Hochwälder	Pomfrit	Werner Düggelin
Hugo von Hofmannsthal	Hechingen	Ernst Lothar
Molière	Sganarelle	Hans Thimig
Frederic Garcia Lorca	Schuster	Günter Haenel
Max Mell	Meister	Adolf Rott
William Shakespeare	Zettel	Werner Düggelin
Johann Strauß	Frosch	Leopold Lindtberg
William Shakespeare	Fluellen	Leopold Lindtberg
Ferdinand Raimund	Zitternadel	Rudolf Steinboeck
Sophokles	Teiresias	Gustav Rudolf Sellner
Ferdinand Raimund	Wurzel	Rudolf Steinboeck
Georges Schehadé	Strawberry	Axel Corti
Johann Nestroy	Schnoferl	Leopold Lindtberg
George Bernard Shaw		Josef Meinrad
Franz Molnár	Liliom	Kurt Meisel
Friedrich Dürrenmatt	Einstein	Kurt Horwitz

Datum	Theater	Stück
21. Juli	Bregenzer Festspiele, Theater am Kornmarkt	Franziskus
28. November	Theater an der Wien, Wien	Der Verschwender

1964

Datum	Theater	Stück
16. Mai	Burgtheater, Wien	König Heinrich VI.

1965

Datum	Theater	Stück
23. Juli	Bregenzer Festspiele, Theater am Kornmarkt	Tag des Zorns
21. Oktober	Burgtheater, Wien	Kabale und Liebe
2. Dezember	Burgtheater, Wien	Peer Gynt
23. Dezember	Burgtheater, Wien	König Ottokars Glück und Ende

1966

Datum	Theater	Stück
25. Februar	Tournee, Theater der Stadt, Schweinfurt	Die fehlenden Blätter
22. September	Burgtheater, Wien	3. November 1918
20. November	Akademietheater, Wien	Wir sind noch einmal davongekommen

1967

Datum	Theater	Stück
8. September	Burgtheater, Wien	Einen Jux will er sich machen

1968

Datum	Theater	Stück
4. Januar	Theater an der Wien, Wien	Der Mann von La Mancha

1969

Datum	Theater	Stück
28. Februar	Staatstheater a. Gärtnerplatz, München, im Dt. Theater	Der Mann von La Mancha
12. April	Akademietheater, Wien	August, August, August
14. August	Salzburger Festspiele, Kleines Festspielhaus	Der Alpenkönig und der Menschenfeind
11. November	Theater an der Wien, Wien	My Fair Lady

Autor	Rolle	Regisseur
Max Zweig	Franz	Kurt Hoffmann
Ferdinand Raimund	Valentin	Kurt Meisel
William Shakespeare	Heinrich	Leopold Lindtberg
Roman Brandstätter	Emanuel Blatt	Wolfgang Liebeneiner
Friedrich Schiller	Kammerdiener	Leopold Lindtberg
Henrik Ibsen	Peer Gynt	Adolf Rott
Franz Grillparzer	Horneck	Kurt Meisel
Michael Redgrave	Jarvis	Josef Gielen
Theodor Csokor	Doktor Grün	Eduard Volters
Thornton Wilder	Mr. Antrobus	Helmut Schwarz
Johann Nestroy	Weinberl	Axel von Ambesser
Dale Wasserman, Mitch Leigh	Don Quichotte	Dietrich Haugk
Dale Wasserman, Mitch Leigh	Don Quichotte	Dietrich Haugk
Pavel Kohout	August	Jaroslav Dudek
Ferdinand Raimund	Rappelkopf	Kurt Meisel
Alan Jay Lerner, Frederick Loewe	Henry Higgins	Rolf Kutschera

Datum	Theater	Stück
1970		
21. März	Burgtheater, Wien	Hadrian VII.
1971		
9. September	Akademietheater, Wien	Damenbekannt-schaften
1972		
30. April	Akademietheater, Wien	Onkel Wanja
10. August	Salzburger Festspiele, Landestheater	Was ihr wollt
1973		
17. Februar	Burgtheater, Wien	Der Bürger als Edelmann
1976		
14. Februar	Akademietheater, Wien	Liebesgeschichten und Heiratssachen
8. September	Burgtheater, Wien	Der Verschwender
1978		
29. Oktober	Burgtheater, Wien	Kampl
1980		
20. Mai	Minoritenkirche, Wien	Büßer Boleslaw
29. Mai	Karlskirche, Wien	Das große Welttheater
1983		
17. April	Burgtheater, Wien	Der Unbestechliche
1985		
20. Oktober	Burgtheater, Wien	Burgtheater 1955–1985, Galaabend
1987		
9. April	Bürgersaal-Kirche, München	Ich schweige nicht

Autor	Rolle	Regisseur
Frederick William Rolfe	Hadrian	Dietrich Haugk
Lotte Ingrisch	Goldhörndl	Wolfgang Liebeneiner
Anton Tschechow	Wojnizkij	Leopold Lindtberg
William Shakespeare	Malvolio	Otto Schenk
Molière	Jourdain	Jean-Louis Barrault
Johann Nestroy	Nebel	Leopold Lindtberg
Ferdinand Raimund	Valentin	Leopold Lindtberg
Johann Nestroy	Kampl	Leopold Lindtberg
Roman Brandstätter	Boleslaw	Adolf Rott
Pedro Calderón de la Barca	Bettler	Wolfgang Glück
Hugo von Hofmannsthal	Theodor	Rudolf Steinboeck
Raoul Aslan	Rede Raoul Aslan 1945	
Pater Rupp	Pater Rupert Mayer	Geza von Földessy

Fernsehen

(Fernsehfilme und -serien, Aufzeichnungen von Theateraufführungen
und andere TV-Arbeiten – soweit feststellbar)

Datum	Titel
28.12.1954	Labrige
17.4.1955	Auszüge aus:
	Was ihr wollt
	Der Färber und sein Zwillingsbruder
	Labrige
15.12.1960	Der gutmütige Teufel
5.6.1961	Der Unbestechliche
22.6.1961	Das große Welttheater
15.8.1961	Der Bauer als Millionär
27.9.1961	Der Färber und sein Zwillingsbruder
14.3.1962	Die Rebellion
11.4.1963	Kardinal Innitzer
28.6.1963	Hary Janos
3.7.1964	Don Quichotte (vier Teile)
22.11.1964	Klaus Fuchs
25.8.1965–1971	Pater Brown (sechs Folgen)
28.8.1967	Deckname Gilbert
27.9.1967	Adalbert Stifter
1967	Der Tod läuft hinterher (drei Folgen)
30.4.1968	Einen Jux will er sich machen
30.12.1968	Casanova-Lieder, Mann v. La Mancha
27.6.1969	Der Bürger als Edelmann
9.8.1971	Der fidele Bauer
24.8.1973	Die Biedermänner
10.2.1974	Die schöne Helena
24.4.1975	Burgtheater
30.4.1975	Porträt Hugelmann
20.5.1975	Der Tod des Apothekers
	(Kriminalfilm aus der Serie »Der Kommissar«)
1.2.1976	Abschied Ronacher
15.2.1976	Gaslicht

Autor	Regie	Produktion/Drehort
Georges Courteline		Hamburg
		Hamburg
William Shakespeare		
Johann Nestroy		
Georges Courteline		
Johann Nestroy		München
Hugo v. Hofmannsthal		ORF, Wien-Rosenhügel
Hugo v. Hofmannsthal		ORF, Wien-Rosenhügel
Ferdinand Raimund	Alfred Stöger	Salzburger Festspiele, Felsenreitschule, Thalia-Film Wien
Johann Nestroy		ORF, Wien-Ronacher
Joseph Roth	Wolfgang Staudte	ARD, Hamburg
		ORF, Wien-Rosenhügel
Kodaly	Imo Moszkowicz	Köln
Miguel de Cervantes	Carlo Rim	ZDF, Spanien
	Grospierre	
Skardon	Kraemer	München
Gilbert Keith Chesterton	Wolfhardt	München
Gaston		München
		ORF, Wien-Rosenhügel
Herbert R. Reinecker	Wolfgang Becker	ZDF
Johann Nestroy	Leopold Lindtberg	Tokio
		ORF, Wien-Rosenhügel
Molière	F. Matiasek	ORF, Wien-Rosenhügel
Leo Fall	Axel von Ambesser	ZDF, Wien-Rosenhügel
Bruckner	W. Dietrich	München
Jacques Offenbach	Axel von Ambesser	ZDF, Berlin
Scheiderbauer		ORF, Wien-Rosenhügel
		ZDF München
		München
Hans Weigel		ORF, Wien-Ronacher
Hamilton	G. Cremer	ARD, Stuttgart

Datum	Titel
15.9.1977	Laßt mich den Löwen auch spielen
13.4.1978	Der Mann von La Mancha
19.11.1978	Kampl
2.3.1979	Wunder einer Nacht
13.11.1979–1981	Froschperspektiven (drei Folgen)
14.4.1980–1982	Die Tuba bläst der Huber (zwei Folgen)
24.7.1980	60 Jahre Festspiele Salzburg
6.12.1980–1983	Traumschiff (vier Folgen)
16.2.1981	Ringstraßenpalais (24 Teile)
20.5.1981	Büßer Boleslaw
13.8.1981	Liebe hat ihre Zeit
24.10.1981	My Fair Lady
14.3.1982	Spuk im Spielzeugladen
26.5.1982	Waldheimat (39 Teile)
16.8.1982	Kalksteine
30.11.1982	Der letzte Ritt
26.4.1983	Operetten intim
7.6.1983–1985	Josef Meinrad liest Albino Luciani (Serie)
30.5.1984	Der Sonne entgegen (Serie)
1984	Ich lade gern mir Träume ein
6.5.1985	C'est la vie
25.7.1985	Herschel oder die Musik der Sterne
25.6.1986	Der Vorhang fällt
25.11.1986	Die Ringstraße
29.11.1986	Der Gang durch den Advent
14.2.1987	Weihnacht
16.4.1987	Ich schweige nicht
18.8.1987	Ein Heim für Tiere
16.2.1988	Ora et labora

Autor	Regie	Produktion/Drehort
		Wien-Rosenhügel,
		Neue Thalia-Film, Wien
Dale Wasserman,	Dietrich Haugk	Berlin
Mitch Leigh		
Johann Nestroy	Leopold Lindtberg	ORF, Wien
		ORF, Wien-Rosenhügel
Dr. Boesch	Jochen Bauer	ORF, Wien-Rosenhügel
Georg Lohmeier	Georg Lohmeier	ZDF, München
Braxton-Bauer		ORF, Salzburg
Umgelter	W. Rademann	Hamburg
Helmut Andic	Rudolf Nußgruber	ZDF, Wien-Rosenhügel
Roman Brandstätter	Adolf Rott	ORF, Wien
		Berlin, Union Film
Alan Jay Lerner,	H. Reinecker	ORF, Wien
Frederick Loewe	Mateja	
Henno Lohmeyer,	Trevor Evans	Hamburg, Toronto,
Glen Warren		Multigramprod.
Peter Rosegger	Wolf Dietrich	ZDF, Wien
Adalbert Stifter	Imo Moszkowicz	Eisenkappel
		ORF, Wien
		ORF, Wien-Rosenhügel
	G. Schwarzbach	ZDF, Klosterneuburg
	Hermann Leitner	ARD, Cres
		ORF, Wien
Hermann Leitner	Hermann Leitner	Cannes, Multimedia
	Percy Adlon	ARD, München
		ORF, Wien-Rosenhügel
Helmut Andicz	Marcel Wang	ORF, Wien-Rosenhügel
	Hinreiner	ORF, Salzburg
F. Reuterer	Hermann Leitner	München
Pater Rupp	G. Földessy	München
Martin Fiedler	Th. Nikel	Berlin
	Georg Lohmeier	München

Filmographie

(Kinofilme – soweit feststellbar)

1947

Die Welt dreht sich verkehrt
Produktion: I. A. Hübler-Kahla u. Co.
Regie: I. A. Hübler-Kahla

Triumph der Liebe
Produktion: Mundus-Film
Regie: Alfred Stöger

1948

Der Prozeß
Produktion: I. A. Hübler-Kahla u. Co.
Regie: Georg Wilhelm Papst

Rendevous im Salzkammergut
Produktion: Mundus-Film
Regie: Alfred Stöger

Anni
Produktion: Styria-Film, Berna-Film
Regie: Max Neufeld

Fregola
Produktion: Styria-Film
Regie: Harald Röbbeling

1949

Das Siegel Gottes
Produktion: Mundus-Film
Regie: Alfred Stöger

Nichts als Zufälle
Produktion: Berolina
Regie: E. W. Emo

Mein Freund Leopold
Produktion: Mundus-Film, Helios-Film
Regie: Alfred Stöger

Mein Freund, der nicht nein sagen kann
Produktion: Mundus-Film, Helios-Film
Regie: Alfred Stöger

1950

Der Theodor im Fußballtor
Produktion: Zeyn-Film, Styria-Film
Regie: E. W. Emo

Prämien auf den Tod
Produktion: Alpenfilm-Austria, Graz
Regie: Curd Jürgens

Es schlägt dreizehn
Produktion: Helios-Film
Regie: E. W. Emo

Kraft der Liebe (Der Wallner-bub)
Produktion: Mundus-Film
Regie: Alfred Stöger

Erzherzog Johanns große Liebe
Produktion: Patria-Filmkunst, Graz
Regie: Hans Schott-Schöbinger

Das Jahr des Herrn
Produktion: Mundus-Film
Regie: Alfred Stöger

Schatten über Neapel
(Camorra)
Produktion: Comedia
Regie: Hans Wolff

1951

Eva erbt das Paradies
Produktion: Alpenländische
Filmproduktion, Linz
Regie: Franz Antel

1952

Der bunte Traum
Produktion: Pontus-Film
Regie: Geza von Cziffra

Symphonie Wien
Produktion: Schönbrunn-Film
Regie: Albert Quendler

1. April 2000
Produktion: Wien-Film
Regie: Wolfgang Liebeneiner

1953

Fräulein Casanova
Produktion: Mundus-Film
Regie: E. W. Emo

Der Verschwender
Produktion: R. Dillenz
Regie: Leopold Hainisch

1954

Kaisermanöver
Produktion: Hope-Film,
Neusser-Film
Regie: Franz Antel

Geld aus der Luft
Produktion: Arion-Film, Hamburg
Regie: Geza von Cziffra

Pepi Columbus
Produktion: USA Public affair
division film section
Regie: Ernst Haeussermann

Weg in die Vergangenheit
Produktion: Paula Wessely
Filmproduktion
Regie: Karl Hartl

1955

Die Deutschmeister
Produktion: Erma-Film
Regie: Ernst Marischka

Don Juan
Produktion: Akkord-Film
Regie: Walter Kolm-Veltée

Seine Tochter ist der Peter
Produktion: Öfa-Schönbrunn-
Film
Regie: Gustav Fröhlich

Sarajewo – um Thron und Liebe
Produktion: Mundus-Film
Regie: Fritz Kortner

Der Kongreß tanzt
Produktion: Cosmos-Neusser-Film
Regie: Franz Antel

Sissi
Produktion: Erma-Film
Regie: Ernst Marischka

1956

Ein tolles Hotel
Produktion: Mundus-Film
Regie: Hans Wolff

Opernball
Produktion: Erma-Film
Regie: Ernst Marischka

Sissi – die junge Kaiserin
Produktion: Erma-Film
Regie: Ernst Marischka

Die Trapp-Familie
Produktion: Divina
Regie: Wolfgang Liebeneiner

1957

August der Halbstarke
Produktion: Mundus-Film
Regie: Hans Wolff

Familie Schimek
Produktion: Mundus-Film
Regie: Georg Jacoby

Die unentschuldigte Stunde
Produktion: Sascha-Film
Regie: Willi Forst

Einen Jux will er sich machen
Produktion: Thalia-Film
Regie: Alfred Stöger
(Filmische Aufbereitung einer Inszenierung des Wiener Burgtheaters aus dem Jahre 1956)

Auf Wiedersehen, Franziska
Produktion: Wien-Film
Regie: Wolfgang Liebeneiner

Sissi – Schicksalsjahre einer Kaiserin
Produktion: CCC
Regie: Wolfgang Liebeneiner

1958

Man ist nur zweimal jung
Produktion: Mundus-Film
Regie: Helmut Weiss

Die Trapp-Familie in Amerika
Produktion: Divina
Regie: Wolfgang Liebeneiner

Solang' die Sterne glüh'n
Produktion: Hope-Film
Regie: Franz Antel

1959

Rendezvous in Wien (Whisky, Wodka, Wienerin)
Produktion: Cosmopol-Film
Regie: Helmut Weiss

Die Halbzarte
Produktion: Cosmopol-Film
Regie: Rolf Thiele

Bezaubernde Arabella
Produktion: Rhombus
Regie: Axel von Ambesser

Die schöne Lügnerin
Produktion: Real (Regina)
Regie: Axel von Ambesser

1961

Der Bauer als Millionär
(Inszenierung der Salzburger
Festspiele, Felsenreitschule,
1961)
Produktion: Thalia-Film
Regie: Alfred Stöger

Das Wunder einer Nacht
Regie: Rolf Kutschera

Kaiserliche Hoheit
Produktion: Matignon
Regie: Claude Boissol1963

Der Kardinal
Produktion: Gamma
Regie: Otto Preminger

1964

Der Verschwender
Produktion: Thalia-Film
Regie: Kurt Meisel
1973

Der Räuber Hotzenplotz
Produktion: Ehmck-Film
Regie: Gustav Ehmck

Literatur

Barrault, J. I.: »Erinnerungen für morgen«, Frankfurt/Main 1973
Burgtheater: »Aufführungen und Besetzungen von 200 Jahren«, Wien 1976
Girardi, A. M.: »Das Schicksal setzt den Hobel an. Der Lebensroman Alexander
     Girardis«, Braunschweig 1941
Haeussermann, E.: »Das Wiener Burgtheater«, Wien – Zürich – München 1975
Hauessermann, E.: »Die Welttournee des Burgtheaters«, Berlin – Wien 1969
Handl, J.: »Schauspieler des Burgtheaters«, Wien – Frankfurt/Main 1955
Hering, G.: »Der Unbestechliche« aus: »Ruf der Leidenschaft«, 1959
Marboe, E.: »1. April 2000«, Wien 1954
Markus, G.: »Mein Elternhaus«, Wien – Düsseldorf 1990
     »Schuld ist nur das Publikum«, Wien – München – Berlin 1994
Ott, E.: »Hans Weigel quergelesen«, Graz – Wien – Köln 1994
Sealsfield, Ch.: »Austria as it is«, Hamburg 1828
Weigel, H., Melchinger, S., Rühle, G.: »Josef Meinrad« aus: »Theater heute«, Vol-
     ber bei Hannover 1962
Weigel, H.: »Masken, Mimen und Mimosen«, Stuttgart 1958
     »Gerichtstag vor 49 Leuten«, Graz – Wien – Köln 1981
     »1001 Premiere«, Graz – Wien – Köln 1983
     »1001 Premiere«, Wien 1961
Weissensteiner, F.: »Publikumslieblinge«, Wien 1993

Register

Wegen der Häufigkeit des Vorkommens sind Josef und Germaine
Meinrad sowie die Autoren nicht in das Register aufgenommen
worden.

Abott, John 139
Ackermann, Trude 216
Agoston, Irma 36
Albach-Retty, Rosa 56,
91, 94, 124
Albers, Hans 210
Ambesser, Axel von 109,
136, 145, 249, 268, 277,
302
Andergast, Maria 114
Anschütz, Heinrich 310
Antel, Franz 111, 116,
128, 139
Askenasy (Askin), Leo
34, 36, 44
Aslan, Raoul 78, 89 ff, 99,
124, 166, 182, 235
Aubry, Blanche 244

Baer, Walter 42
Bahner, Willi 28
Bahr, Hermann 57
Balser, Ewald 91, 94, 96,
107, 114 f, 128, 159, 209
Banini, Betti 11
Barrault, Jean Louis 273,
308
Barth, Dr. 68
Bassermann, Albert 148 f,
152, 238
Bassermann, Else 179
Bekker, Mimi 36
Benning, Achim 135, 197,
282, 300
Berg, Jimmy 38 f
Bergerac, Jacques 139
Bergner, Elisabeth 182,
238
Bernhard, Thomas 280
Berry, Walter 195
Berzsenyi, I. 262
Bettac, Ulrich 95, 99, 107,
111, 121, 132
Bettac, Fide 131

Birgel, Willy 209
Blaha, Paul 140, 197, 282
Böheim, Franz 105, 131,
203, 210, 306
Böheim, Edith 131, 276,
306
Böhm, Anton 12
Böhm, Karlheinz 102
Böhm, Alfred 131, 260
Boissol, Claude 200
Bösch, Ruthilde 243
Brand, Hans 53, 71
Braun, Viktor 134
Brel, Jacques 248
Breuer, Siegfried 98
Breuer, Siegfried jun. 128
Bronner, Gerhard 263
Bruck, Karl 36
Brückelmeier, Inge 122,
131, 134, 192

Carniciu, Nincia 265
Caron, Leslie 139
Carsten, Lina 277
Caspar, Horst 91
Charles, Prinz 302
Chevalier, Maurice 139
Corti, Axel 203
Cremer, Ludwig 226, 283
Creux, Georges 103, 131,
238, 306
Creux, Elisabeth 306
Cziffra, Géza von 111, 116
Czokor, Franz Theodor
28, 44

Danegger, Theodor 84,
97 f
Danera, Ursula 53
Darion, Joe 242
Deblamont, Lt. 11
Deutsch, Ernst 96, 159,
249
Devrient, Ludwig 148

Devrient, Max 276
Devrient, Emil 148
Diana, Prinzessin 302
Diessl, Gustav 96
Dorena, Rosi 48
Döring, Theodor 148
Dorsch, Käthe 91, 111,
166, 182
Drimmel, Dr. Heinrich
152, 169, 199
Dudek, Jaroslav 259
Düggelin, Werner 186, 190

Eckhardt, Fritz 36, 48
Eckermann, Johann Peter
30
Eglisdottir, S. 244
Ehmck, Gustav 277
Eidlitz, Karl 105
Eis, Maria 96
Eisenschimmel, Ölma-
gnat 39
Elger, Gustav 71
Emo, E. W. 103 f, 114
Epp, Leon 46, 53 f, 56, 59,
71 f, 77, 79, 88
Epp, Elisabeth 71
Evans, Trevor 296
Ewig, Dr. 61, 68 f, 72
Eybner, Richard 57, 114,
122, 207, 210, 222

Fabricius, Hinz 96
Farkas, Karl 98
Felsenstein, Walter 64, 95
Ferstl, Hella 297
Fessl, Ulli 216
Fichte, Eva 297
Fischer, Otto Wilhelm 89
Fischer-Karwin, Heinz
102
Földessy, G. 303
Fontana, Oskar Maurus
28, 235, 270

**DIETMAR
GRIESER**
*Stifters
Rosenhaus
und Kafkas
Schloß*
Reisebilder eines
Literaturtouristen
Rainer Maria Rilke · Franz Werfel
Hugo von Hofmannsthal · Mark Twain · Robert Musil
Joseph Roth · Hugo Bettauer · Heimito von Doderer
Ludwig Wittgenstein · Ingeborg Bachmann
Peter Handke
AMALTHEA

Ist Joseph Roths »Hotel Savoy« ein Phantasiegebilde?
Hat Adalbert Stifters »Rosenhaus« ein reales Vorbild?
Der Autor zeigt eine repräsentative Galerie bedeutender
Dichter mit den Schauplätzen
ihrer großen Werke - eine originelle Anregung für jeden
Literaturtouristen.